Joë Bousquet

Une vie à corps perdu

Edith de la Héronnière

Joë Bousquet

Une vie à corps perdu

Albin Michel

Ouvrage publié
sous la direction de Jean Mouttapa

Ce livre a bénéficié d'une bourse de préparation
de la part du Centre national du Livre

A mon frère Rémy.

« Contempler la chose, quelle qu'elle soit, qui suscite une émotion, jusqu'à ce que l'on parvienne au point secret où douleur et joie, à force d'être pures, sont une seule et même chose ; c'est la vertu même de la poésie. »

SIMONE WEIL.

« Tout semble perdu, mais il nous reste l'issue de sauver le mal. »

JOË BOUSQUET.

Introduction

Retournant en arrière dans ma mémoire, je m'arrête à ce jour de ma vingt-cinquième année où une personne aimée déposa sur la table de mon bureau, à Vézelay, un petit livre de la collection Blanche de Gallimard en me disant d'y jeter un coup d'œil *car cela devait me plaire*. Le livre, mis au rebut par une bibliothèque parisienne des beaux quartiers, avait échoué là, entre des mains attentives. Il s'agissait des *Lettres à Poisson d'Or* de Joë Bousquet.

Je n'y jetai pas seulement un coup d'œil, je me plongeai dans sa lecture jusqu'à la dernière ligne de la dernière page. J'eus même envie de le secouer pour voir s'il ne tomberait pas encore quelques lignes de cette écriture miraculeuse. Une émotion m'avait saisie : la certitude que je venais de rencontrer un écrivain qui n'allait plus jamais me quitter.

Chacun d'entre nous a pu connaître un tel choc à la découverte d'un auteur. Dans mon cas, je peux dire que les réflexions, la pensée, les aphorismes poétiques de Joë Bousquet se sont rappelés à moi dans tous les temps de ma vie. Ils m'ont conduite ou éclairée. Ils m'ont surtout servi d'amers, ces repères terrestres pour les marins égarés dans la nuit. Un écrivain qui vous accompagne devient un ami – toujours lointain, de par l'impossibilité de communiquer avec lui, et pourtant très intime. Il semble avoir deviné, par une sorte d'intuition faite d'ubiquité, ce qu'il devait dire à quelqu'un qui allait vivre à une tout autre époque et dans une tout autre réalité – ce quelqu'un étant à la fois unique et légion – pour que celui-ci puisse à son tour aller là où la vie le menait. Car il s'agit bien de vivre.

Mystère.

Cela me conduit à cette question que pose Carlo Ossola [1] dans son dernier livre, *L'Avenir de nos origines* : à quoi sert la littérature ?, et à laquelle l'écrivain répond qu'elle ne sert strictement à rien, mais qu'elle se déploie « comme un chant de solidarité ».

Quelques jours après la rencontre du livre, une étrange coïncidence s'est produite à son sujet. Un ami me faisait connaître à Paris Carlo Suarès. C'était un homme âgé, d'une grande expérience et d'une grande sagesse, un juif d'Alexandrie, cabaliste, peintre et écrivain, auteur de textes assez hermétiques et fort peu orthodoxes en matière de judaïsme. Un vieux rebelle intéressé par la pensée de Krishnamurti. Tout l'après-midi nous avons parlé, un peu comme si nous nous connaissions déjà depuis longtemps, pourtant j'ignorais tout de la Cabale et de Krishnamurti. Dans le feu de la conversation, je lui racontai ma découverte des *Lettres* de Joë Bousquet. C'est alors qu'il me jeta un regard à la fois étonné et perçant. « Joë Bousquet a été un de mes très grands amis. Le saviez-vous ? Nous avons écrit deux livres ensemble. »

Je ne le savais pas, bien sûr.

Carlo Suarès devait mourir peu de temps après. Dans mon esprit, il est à tout jamais associé à Joë Bousquet et à l'ami qui me le fit connaître.

Le nécessaire, l'indispensable, il arrive souvent que l'on en prenne conscience *a posteriori*. Cette conjonction de hasards heureux – et parfois terribles – a déterminé ma vie et mon rapport à l'écriture. Si la chose était encore possible, j'adresserais une requête à Cristina Campo : celle d'ajouter Joë Bousquet à la liste de ses Impardonnables, ou plus exactement de demander à Simone Weil et à Tchekhov de se pousser un peu pour lui faire une place au milieu de leur émouvante assemblée d'écrivains de « l'impossible miracle de la vie dans le malheur ».

Il me fallait, des années après, une fois le parchemin de ma vie déroulé (en partie ou tout à fait, qui le sait ?), revenir à la source de Joë Bousquet pour continuer ce « chant de solidarité » et permettre à d'autres de l'entendre à leur tour. C'est la seule intention de ce livre, qui ne se prétend nullement exhaustif au sujet du poète, loin s'en faut.

1.

« Le jour trouble de ma naissance »

« Je n'étais pas né que j'étais mort. »

Il fallut deux heures pour ranimer l'enfant qui venait de naître, à onze heures du soir, ce 19 mars 1897 à Narbonne. Les médecins présents, dont son père, le tiennent pour mort-né. Une sage-femme s'obstine néanmoins à cette tâche et elle y parvient. Sage : l'adjectif est juste pour qualifier celle qui, refusant de baisser les bras, s'acharne à faire passer du côté de la vie le fils de Jeanne Cazanave et de Joseph Bousquet, médecin militaire. La besogne fut rude et il est probable qu'elle laissa une trace dans l'inconscient du poète : « Chaque matin, éveillé dans l'angoisse, je ressens l'horreur d'un nau-fragé, chaque jour ressuscite le jour trouble de ma naissan-ce[1]. » Ainsi, dès l'origine survient la menace, cette manière aussi de se tenir à la frontière entre la vie et la mort qui sera une constante de son existence : une façon d'être au monde qu'il n'a pas choisie mais qui s'impose dans les premières minutes de sa vie, celle d'une difficulté inhérente à l'existence physique, d'une mort logée dans sa naissance même.

Un petit corps émerge du néant et veut de toutes ses forces y retourner. Les femmes l'en empêchent, tandis que les hom-mes se résignent. Après l'accouchement, la mère entend son mari s'écrier : « Quel dommage, c'était un garçon ! » Plus d'une fois, Joë Bousquet prêtera à son père la pensée qu'il eût été préférable pour lui de n'être jamais né. Pensée qui ne le traverse jamais, lui, semble-t-il, tant est grand son amour pour cette vie précaire.

Par une nuit de printemps, il entre à grand-peine dans sa vie. Un peu après une heure du matin, le 20 mars, l'enfant commence à respirer, à crier, à téter. Désormais, la nuit sera décisive. Soir, nuit, connaissance – *cognitio vespertina* – iront de pair. Enfant, il faut l'endormir. Adulte, il s'anime la nuit venant, ne songeant à dormir qu'au petit matin. A partir d'un certain moment, il renonce tout à fait au jour, ne distinguant plus les heures diurnes des heures nocturnes dans sa chambre aux volets toujours fermés.

Un an plus tard, un épisode jette sur sa vie un éclairage inquiétant. Une femme de chambre découvre l'enfant en train de jouer dans les bras de sa nourrice qui vient de mourir brusquement. Pour la seconde fois, on l'arrache des bras de la mort et, cette fois, c'est au sens propre. La nourrice était originaire de Montségur, la ville des cathares.

L'événement sans doute le plus décisif de sa petite enfance survient lorsqu'il a trois ans. Une fièvre typhoïde le tient pendant plusieurs semaines entre la vie et la mort. On le croit perdu. Sa mère n'est pas auprès de lui, mais auprès de son mari qui est en mission, si l'on en croit *Le Livre heureux*. C'est un oncle médecin qui le soigne. L'enfant le supplie : « Laisse-moi mourir. Je ne veux pas que tu me guérisses. Ne le dis pas à papa : *il ne faut pas que je vive* ! »

La mère, éplorée, a recours aux croyances populaires. Elle se rend à Carcassonne, dans l'église où une Vierge noire a sa chapelle. La mère promet à la Vierge ses deux plus beaux diamants. La guérison de l'enfant est considérée comme miraculeuse. Il aura maintenant pour patronne et protectrice Notre-Dame de la Parade...

« Avant d'avoir appris à lire, j'ai vu mon nom sur une plaque de marbre devant la niche de la Madone couleur de nuit. Les diamants ne brillaient que les jours de fête aux oreilles de l'idole[2]. »

Ce vœu de la mère à la Vierge noire va le suivre toute sa vie. Il apparaît de manière récurrente comme une ombre, tantôt protectrice tantôt maléfique, dans les événements de son existence. Car, peu après la donation de Jeanne Bousquet à la Vierge noire, surviennent le conflit entre l'Eglise et l'Etat et la saisie des biens du clergé. Un prêtre conseille à la famille de racheter les diamants, ce que s'empresse de faire le grand-père. C'est alors que Jeanne Bousquet les monte en bague et les porte. Acte impie, fatal à plus d'un titre aux yeux du poète qui y voit la source de tous ses malheurs.

« Alors, je suis parti à la guerre et j'en suis revenu brisé. Sans doute ma mère s'est reproché d'avoir, après la Vierge noire, porté les diamants. Elle a l'intention de les restituer à l'idole.

L'IDOLE NOIRE. Ma vie est là... Cette histoire effacée où j'avais cru lire mon destin et qui me montre tout enfant, dans les bras d'une nourrice morte, elle était un mythe pour eux, non pour moi... Je ne dois plus oublier cela. Tous les faits de ma vie oscillent autour de ces mythes, et mes goûts d'homme : violettes humides... terre noire, silence et nuit noire[3]. »

Quelques années plus tard, en faisant des recherches sur l'histoire de cette statue, il découvre quelles catastrophes elle a entraînées dans son sillage. Car la Vierge de Notre-Dame de la Parade suscita, au début du XIXe siècle, une véritable émeute dans la ville. Le curé de l'église s'était pris de passion pour elle. La nuit, il se relevait pour la parer des plus beaux habits du trésor de l'église, chasubles dorées, dentelles et mousselines. Puis il prenait son violon et se mettait à jouer en dansant pour sa dame, à la manière des ménestrels de jadis. L'histoire remonta jusqu'aux oreilles de l'évêque qui voulut faire déplacer le pauvre abbé. Mais la population, très attachée à son curé, se souleva et se rendit à l'église pour empêcher le départ du prêtre que l'on emmenait en voiture. La troupe dut charger. Il y eut un mort. Et l'abbé Bataillé, désespéré d'avoir été éloigné de sa paroisse et de sa dame, en perdit la raison.

Attentif aux signes, Joë Bousquet entretient le sentiment qu'une malédiction pèse sur sa vie et sur celle de ceux qui le côtoient. Il a conscience de traîner derrière lui un sillage mortel. Homme du Sud, il a hérité de ce magma de superstitions et de magie, qu'il reprend en toute lucidité à son compte comme étant le ferment d'un imaginaire que la réalité se charge plus que de raison chez lui de confirmer. Un étonnant va-et-vient entre le rationnel et l'irrationnel, le réel et le magique se produit dans son esprit. Là se constitue un grand pan de son intuition poétique. La Vierge noire de son enfance revient à maintes reprises dans ses textes, y prenant chaque fois une signification nouvelle, comme si la statue de bois noirci était en réalité une présence de chair étendant sur le poète une protection ambivalente, aussi bénéfique pour lui que maléfique pour son entourage, une sorte de mandorle sacrée hors de laquelle il n'est point de salut.

Ce sombre attrait, pourtant, ne ressortit pas avec évidence de ses antécédents familiaux. Si l'on se penche sur la généalogie familiale, c'est plutôt le goût de la vie – et du bien-vivre – qui émerge des origines très terriennes des deux parents. Les ancêtres sont joyeux chez les Bousquet comme chez les Cazanave, du côté maternel. Le grand-père paternel s'appelle Joseph, comme son fils et son petit-fils dont le nom sera abrégé en Joë. Viticulteur à Lapalme dans l'Aude, bon vivant, mais aussi homme cultivé, doté de l'esprit de finesse, il considère la vie d'un regard doucement ironique. Il aime peindre et marcher dans la campagne, ne rechignant pas à une halte au café, ce qui *escagace* sa femme. Le petit-fils aime se promener avec lui et partager son insouciance, son bonheur de vivre, son amour des arts qu'il transmet à l'enfant.

« Lapalme, odeur des chèvres et du sel ; et le brin de lilas blanc que j'avais cueilli dans le jardin d'une fillette, désolé de ne pouvoir me souvenir qu'elle me l'eut donné [...] Sous les coups de vent et dans l'odeur des muscats et des varechs il y avait la même essence voluptueuse dont un transparent visage approche de moi la vertu [4]. » Quant à la grand-mère, elle a la langue bien pendue, en bonne Méditerranéenne. Ses reparties amusent jusqu'au point où elles se font redoutables. La bonne humeur règne à Lapalme.

Du côté maternel, la fantaisie et le bonheur sont le fait du grand-père Cazanave. Ayant perdu sa femme, il passe, de ce fait, beaucoup de temps avec la famille Bousquet. Artisan, fabricant de meubles, il a pour spécialité le ciel-de-lit. Vaste programme, diversifié par un réel talent de peintre, lui aussi. Son imagination embellit le décor dans lequel vit l'enfant, auquel il apprend également le savoir-faire, le goût de la perfection et l'observation du monde. « Celui qui ne sait pas tout voir, n'assemblera jamais un meuble simple ! », lui dit le grand-père. Une leçon de vie jamais oubliée.

Au moment de la naissance de Joë Bousquet, son père Joseph est attaché à la garnison de Narbonne. Huit ans plus tôt, le poète Pierre Reverdy est né dans le port languedocien. Joë Bousquet sera marqué par ses écrits, notamment par son essai intitulé *Le Gant de crin*. Mais l'un et l'autre ne seront pas amenés à se rencontrer, ni d'ailleurs à rester à Narbonne. Dès l'année 1900, Joseph Bousquet quitte l'armée et ouvre un cabinet à Carcassonne où va se dérouler l'enfance du poète. Reverdy, quant à lui, s'oriente vers l'abbaye de Solesmes près de laquelle il s'installe à partir de 1926.

Une enfance des plus heureuses, dont la toile de fond est un profond amour entre les parents. Et sans doute, en arrière-plan, un secret de famille auquel Joë Bousquet fait très souvent allusion, sans jamais le préciser, lorsqu'il évoque son père. Aurait-il eu un enfant naturel qu'il aurait caché à sa famille ? Aurait-il été trompé par sa femme ? Le père aurait-il des doutes sur sa paternité ?

19

L'enfant dévore la vie, au sens propre. Il est violent, vigoureux, sensible à l'extrême aux odeurs, aux couleurs, aux chairs, à la beauté de cette campagne écrasée de soleil, aux lumières et aux pénombres du canal du Midi, amoureux des petites filles au point de les mordre à pleines dents : « Dans ma petite enfance, on m'appelait *l'homme-chien* : ma cruauté m'avait acquis ce sobriquet. J'éventrais les poupées ou bien je les coupais en tranches, je mordais les filles. Leur chair serrée dans l'étau de mes dents, de toutes mes forces je secouais ma tête à l'imitation des dogues qui tiennent un rat. Les hurlements de la victime rassemblaient un parterre de mères vociférantes et essoufflées. Puis, toute cette basse-cour reculait en montrant mes traits durcis. Sur l'ordre de mon père, le cocher me foutait au lit. En passant devant les glaces, je regardais avec orgueil ma face livide et mes lèvres tachées de sang. Les menaces que je proférais dans la colère ne me laissaient aucun souvenir. De mon lit j'entendais les domestiques courir. Le lendemain, j'apprenais avec étonnement qu'ils s'étaient hâtés de cacher les fusils[5]. »

Un voyou ? C'est ce qu'il laisse lui-même entendre. Au commencement de cette vie, deux pôles s'opposent violemment en lui : celui, très noir, de la mort et celui, lumineux, de l'enfance heureuse, de la vie débordante sur laquelle rayonne la lumière de Lapalme et de Marseillens, les campagnes familières, les jeux sauvages dans l'espace du jardin, une jubilation solaire, la joie des corps, des odeurs, des couleurs qui auront toujours une grande importance pour le poète. Ses cahiers portent chacun le nom de la couleur la plus propre à donner une idée de leur contenu – noir, blanc, bleu, ivoire, etc. Quant à ses amies, elles sont parées de noms colorés – Princesse Abricot, Poisson rouge, Abeille blanche – qui ressemblent à des *senhals*, ces noms d'emprunt que les troubadours donnaient à leurs belles afin de cacher leur identité réelle tout en exprimant leur tendresse ou leur admiration

Sa violence, l'intensité de son caractère s'affirment très tôt.

Seul son père tente de le dompter, bien en vain, semble-t-il.
La mère, quant à elle, a pour son fils toutes les faiblesses
possibles. Mais avec le père c'est une autre affaire. Leurs tem-
péraments diffèrent :

« Mon père était un homme réfléchi, méditatif, surtout
sérieux, c'est-à-dire que, boudant les amusements ordinaires,
il ne jouait qu'avec ses biens[6]. »

Le conflit avec cet homme de devoir, dont l'apparente
droiture n'est pas sans abriter des zones d'ombre qui n'échap-
peront pas à son fils, prend des allures plus graves à l'adolescence : « Je me revois adolescent, sous les scènes écrasantes
que me faisait mon père, fuyant dans la nuit vers la gare.
C'était après un événement domestique qui m'avait opposé
à ma mère. "Tu peux croire que tu n'es pas à moi, s'était-il
écrié avec rage, au moins es-tu bien sûr que tu es son fils..."
Déjà j'avais compris son désespoir. [...] Mon père m'a aimé,
mais ce n'est pas ainsi qu'on aime un fils. Il cherchait ses
traits dans les miens. Il m'aurait pardonné tout sauf un mensonge. "Un mensonge, me disait-il, m'a rendu malheureux
pour la vie."[7] »

Fugue, suicide, ces tentations traversent l'esprit du jeune
garçon. Des doutes le taraudent. Il se demande souvent s'il
est bien le fils de ce père qui dit de lui : « Il ne me ressemble
pas. » Père difficile, qui, cependant, ne relâche jamais son
amour paternel et accompagne son fils dans toutes les tentati-
ves pour recouvrer la santé, sans pour autant le comprendre :
« Mon père ne m'a pas compris. Il m'a souvent et inutilement peiné. Il me trouvait si différent de lui qu'il ne pouvait
imaginer ma douleur. Il me prêtait une vie, une conscience
de misère. Heureusement ! Il m'a rendu étranger à son idée
de la vie[8]. » Un peu plus loin, Joë Bousquet le décrit comme
injuste avec lui et cruel envers son épouse. L'interprétation
qu'il en donne est très fine : « L'homme qui a trop aimé sa
femme ne reconnaît pas son fils. Il voit en lui ce qu'il aimait
en elle et qu'il n'a pu tuer[9]. »

A l'intérieur de cette famille heureuse en apparence, où père et mère se complètent, où une jeune sœur vient apporter de la douceur, au sein de ces complexités psychologiques comme il en existe dans toute famille, le fils rebelle va développer un fort attachement à sa mère et à la mythologie qu'elle représente, en opposition à la rigueur austère du père. La présence du père comme celui qui surveille et punit subsiste longtemps pour réapparaître dans les lettres à Marthe, alors que Joë a déjà vingt-deux ans.

La mère est l'une des premières Carcassonnaises à se maquiller. C'est une belle femme qui, sur les portraits photographiques faits à la fin de sa vie par Denise Bellon, ressemble à une cartomancienne. D'elle, Joë tient sans doute la part intuitive, le goût de conter et le sens de la magie. Un instinct animal, un sens prémonitoire, issu d'une intimité avec la nature, à commencer par la sienne propre. En toutes circonstances, le poète est au plus près de ses sensations, aussi bien corporelles que psychologiques, et le don d'écrire lui permet d'exprimer avec une surprenante justesse ses émotions les plus intimes, ses pensées les plus fugitives. Comme sa mère, il est capable de pressentiment, comme elle, il peut percevoir ce que d'autres ne perçoivent pas ; il est sensible à ces forces souterraines qui traversent l'homme souvent à son insu. C'est ainsi qu'il se décrit :

« Un enfant heureux, qui sent de la tristesse dans l'affection qui l'entoure. Un père docteur. Un vieillard très bon dont il sent quelquefois la main trembler dans la sienne.

» Malade, il a eu très peur, il a demandé à son oncle, médecin, de le laisser mourir. Puis un soir de neige, à la petite sœur, il s'est confié :

» Je vois un poète malade dans une pièce où il fait très noir... Des femmes l'entourent... Les poèmes... [10] »

Prémonitions, hallucinations, dédoublement. L'enfant est sujet à d'étranges phénomènes. Un jour qu'il explore la clairière du prieuré de Marseillens pendant ses vacances, dans ce jardin enchanté où il se plaît à regarder vivre les insectes au ras de l'herbe, il relève la tête et voit un moine qui l'observe. Le moine disparaît subitement et l'enfant ne comprend pas où il a pu passer car il n'y a pas de passage. Il pense alors qu'il s'agit d'une apparition. Est-ce le double de lui-même ? Celui qu'il fut dans une autre vie ? Est-ce le fantôme de l'ancien prieur ? le reflet de ce qu'il sera ? Il lui arrive aussi de prévoir la manière dont finiront certains de ses amis. Son don de double vue le prépare peut-être à lire entre les lignes le sens du destin qui fondra sur lui au printemps de l'année 1918.

Le mode spéculaire entre pour une bonne part dans ses récits où les personnages se trouvent mis « en abyme », selon la figure littéraire du même nom. Cet art de faire apparaître les êtres et les choses comme dans une glace est peut-être sécrété par l'immobilité. Ne pouvant aller vers le monde pour en saisir les différentes facettes, il amène le monde à se refléter, par la magie de l'écriture, dans le miroir de son imagination. Lorsqu'il s'agit de la femme aimée, le procédé est flagrant. Nécessité vitale, sans doute : à celui qui ne peut se déplacer et par conséquent tourner autour de ce qu'il regarde pour en apercevoir la face cachée, l'imagination donne le pouvoir de faire apparaître ceux qu'il désire auprès de lui, de dédoubler le réel en personnages infiniment les mêmes et infiniment autres. C'est ainsi que le magicien peut faire jaillir trente tourterelles de la main censée n'en contenir qu'une seule. Dom Bassa et Sabbas, Paule Duval et Paule Deval dans *La Tisane de sarments*, sont des personnes démultipliées à partir d'un seul être, tout comme sans doute le moine rencontré dans le jardin de son enfance : un autre lui-même, vision prémonitoire de la vie qui l'attend ou réminiscence d'une vie antérieure ?...

Curieusement, ce type de rencontre en forme d'apparition a l'aptitude à se réengendrer chez certains de ses proches : elle se répète, comme en écho, chez une jeune femme qu'il a aimée. A huit ans, la petite fille séjournait en vacances chez des cousins à Villalier, lorsqu'elle eut l'idée de quitter le cercle familial, de franchir le ruisseau du jardin et de pénétrer dans la prairie des voisins. Elle se trouva alors face à un jeune homme assis dans un fauteuil. Ce regard la subjugua, à tel point qu'elle se mit à trembler de tous ses membres. « Ses yeux ne marquèrent aucun étonnement. Peu à peu, je m'aperçus qu'il était impossible de détacher mon regard du sien [...] Chacun de nous deux savait qui était l'autre. J'avais brusquement tout désappris, attirée, fascinée, effrayée devant l'insistance de ce regard qui ne me quittait pas. Ni un geste, ni un mot, aucun sourire ne vint rompre l'enchantement. Enfin je m'enfuis[11]. »

Elle revint cependant. Bien plus tard et très réellement.

2.

Le diable au corps

Un futur écrivain l'a précédé au lycée de Carcassonne, une quinzaine d'années auparavant, c'est Henri de Monfreid. Il y a fait ses études comme interne, en raison de l'éloignement de la maison familiale, et il y a passé son bac. Il était né en 1879 à La Franqui, sous le cap Leucate, tout près de Lapalme où le grand-père Bousquet avait sa maison. En dépit de leurs existences si différentes, les deux hommes sont appelés à se rencontrer et à se lier d'une profonde amitié. Joë Bousquet, quant à lui, a ses parents près de lui et il se révèle un brillant cancre, qui réussit sans effort grâce à une mémoire prodigieuse. De cette mémoire, il ne se flatte guère dans l'une de ses lettres à son amie Marthe où il trace un portrait intellectuel de lui-même sans concession pour sa réputation d'intelligence, la mettant tout simplement sur le compte de la médiocrité provinciale qui l'entoure. De cette intelligence, il critique les manifestations avec férocité, établissant l'inventaire lucide de ses failles :

« Tu disais bien que tu me croyais intelligent. C'est là, ajoutais-tu, ma seule qualité. Si ce jugement était fondé, elle me dispenserait d'en avoir aucune autre. Mais j'ai bien peur que l'avenir ne t'oblige d'en rabattre beaucoup de cette foi en mon intelligence. [...] Aucun sens pratique... Aucun sens commun. – Et pas de bon sens... ajoutent les fats. Car ils semblent croire que le sens commun est le bon sens [...] et, chose déplorable, une mémoire de crétin. Car cette mémoire dont tu as admiré certaines manifestations particulières ne me trahit jamais ; [...] elle me restitue des pages entières de tous les écrivains possibles des tirades épiques, les fureurs amoureuses de Phèdre [...] la prière d'Esther, des pages de romans graveleux dont ainsi je déplore que le passage se soit gravé dans mon esprit... Cela, c'est d'un crétin, ou plutôt d'un médiocre. Il est reconnu que les gens vraiment brillants n'ont pas de mémoire[1]. »

Cette faculté qu'il dénigre lui vaut cependant des réussites faciles, par exemple en anglais, langue dont il découvre les charmes très jeune et qu'il lit couramment. Sa maturité et son penchant pour la poésie vont faire de lui un grand connaisseur de la littérature et de la poésie anglo-saxonnes. A son chevet, il n'a qu'à tendre la main pour trouver Shakespeare, dont il ne se sépare jamais.

Pressé de devenir adulte, il enrage de son allure trop juvénile. Un jour, regardant ses mains fines, il déplore qu'elles ressemblent à des mains de femme, enviant les grandes mains poilues de son père. Ou alors, passant devant une glace, il a un sursaut de révolte : « Qu'il était triste de tomber sur mon visage d'enfant dans les coulisses du Palace où il y avait tant de miroirs ! La pipe n'y changeait rien que de m'obliger à regarder de travers comme un chien qui emporte un plumet !...[2] »

Hâte de grandir, impatience à vivre, Joë Bousquet adolescent semble habité par une frénésie, comme si le temps lui était compté. Garçon bien nourri, il se promène cigarette au bec, son Lamartine sous le bras. Arrogant. Dès quatorze ans, c'est un petit don juan de province, séducteur et vaniteux, en verve dès qu'il aperçoit un jupon. Cela pour l'extérieur. Mais tout autre en son for intérieur, aspirant follement au grand amour, au pur amour, agacé de ne pas encore être tout à fait considéré comme un homme, quand son cœur le porte déjà à tous les extrêmes de la passion.

Au lycée, il a pour camarade et ami Jean Mistler, lequel ne tardera pas à « monter » à Paris où il acquiert une légère condescendance à l'égard de son ami resté en province. Jean Mistler fait l'ENS et devient agrégé de lettres, ensuite il enseigne à l'étranger avant d'être intégré au Quai d'Orsay. Elu député de l'Aude en 1928, il commence une carrière politique qui le ramène souvent à Carcassonne. Parallèlement, il poursuit une activité de romancier qu'admire Joë Bousquet. Leur échange de lettres est fréquent à partir de 1930. Bousquet alimente Mistler en anecdotes sur la vie locale, lesquelles ressortent parfois sous forme romancée dans ses écrits. *La Route des étangs* en est un exemple : le romancier a doublé le récit d'un tragique épisode de la vie carcassonnaise d'un émouvant portrait de Joë Bousquet.

L'autre ami de jeunesse, c'est le neveu du comte de Rolland, l'aristocrate de Carcassonne, chez lequel il découvre une autre manière de vivre que celle de sa famille, dans une maison vaste comme un palais.

Ses écarts de conduite et ses allures de dandy le font très mal voir dans la petite ville à laquelle il voue un attachement ambivalent. Dans ses descriptions de Carcassonne subsiste toujours un résidu d'agacement ou de moquerie : « Ce pauvre Carcassonne sue l'ennui. Il m'atteint à travers portes et murs et je le respire sur la figure des amis qui viennent me voir[3]. » Dans la ville qui l'a vu grandir, il se heurte à un conformisme provincial dont il aura à souffrir toute sa vie. Viendra le moment où sa chambre, à Carcassonne, sera considérée comme le lieu de toutes les perditions. Certains parents interdisent à leurs enfants (surtout aux filles) de se rendre chez le poète, ce qui n'empêche pas les transgressions, en ce domaine, d'être légion ! A Carcassonne, tout se voit, tout se sait, tout se commente à l'ombre des portes cochères. La haine pour la ville, qu'il exprime dans ses lettres à Marthe et tout au long de son œuvre, a une contrepartie : l'amour qu'il voue, au fond, à Carcassonne – devenue Carqueyrolles dans

27

ses livres –, laquelle lui offre le plus bel échantillon d'humanité qui soit : une palette de caractères et de travers, de ridicules et de méchancetés, d'avidités et de perversions ; une palette aussi de bontés et de folies, de tolérances et de saintetés qui constitue pour le poète un magnifique terreau dans lequel il peut puiser à volonté, trouvant toujours là une illustration de la comédie humaine si présente au cœur de ses livres. Il n'aura pas d'autre géographie que Carcassonne, mais c'est déjà beaucoup que cette ville, dont il connaît chaque individu, soit directement, soit par les confidences de ses amis, par les indiscrétions de voisins ou par les cancanages de sa servante dont les échos parviennent jusqu'au pied de son lit et dont il fait son miel. Ces histoires l'enchantent par l'humanité qu'elles lui découvrent, au point qu'il consacrera un ouvrage entier aux Carcassonnais – *Le Médisant par bonté* –, un livre de maturité dans lequel il a rassemblé ses observations psychologiques et sociales, ethnologiques aussi, sous l'éclairage de cette tendresse impitoyable qui lui est propre, à lui dont l'empathie naturelle se double d'une férocité qui met en perspective la bonté à l'égard de ceux qu'il connaît comme lui-même, en lesquels il se reconnaît dans toutes les fibres de son être.

« La raillerie est détestable quand elle n'est pas amoureuse. Et il ne faut pas écrire sur les habitants de Carqueyrolles si on n'a pas partagé leur espoir qui est le nom le plus léger de leurs peines[4]. »

Il est des leurs. Il les connaît un par un, de l'intérieur, les peureux, les envieux, les parvenus, les arrogants, les innocents et les saints de cette cité enroulée sur elle-même : « La familiarité de la petite ville est celle d'un paquebot où toutes les classes se mêleraient[5]. »

Carcassonne est pour lui un cocon, un plasma dont il nourrit ses textes d'observations aiguës, de bruits et de fureurs, de sentences et de sagesses montées au fil des jours de la cité bouillonnante et pathétique dont le poète extrait la substance. Les portraits qu'il trace d'une plume amoureuse et amusée sont autant de types humains reconnaissables comme des intimes.

Le Médisant par bonté révèle un Joë Bousquet nouvelliste à la manière de Pirandello ou de Tchekhov, un écrivain qui a longuement observé la nature humaine et se fait le témoin de ses charmes et de ses travers, sans porter de jugement. Ceux qui s'y reconnaissent ne sont pas toujours contents. L'abbé Sarraute a noté la crainte qu'avaient les Carcassonnais d'être « foutus dans *Le Médisant* », comme ce fut le cas pour certaines bourgeoises de la ville dont Bousquet révèle le stratagème de « vaccination [6] » qui leur permettait de mieux tromper leurs maris. En fait, on peut se demander quel est le Carcassonnais qui n'a pas alimenté son moulin ! Mais Bousquet n'est pas un moraliste : ses « histoires d'avares, de fols, de peulucres, de pouillacres, contarailles et contaraignes » sont autant de portraits envisagés sous l'angle d'une tendresse sarcastique, d'un bonheur à saisir tous ces proches humains dans leurs faiblesses et leurs ridicules, dans leur grandeur aussi.

Il est des leurs, il peut écrire sur eux. Mais, à l'époque de sa jeunesse, le voyou, tel que l'observent les bourgeois de Carcassonne – y compris son propre père –, cache un esprit à la maturité extrêmement précoce, à la profonde détresse, un être inconsolable, dont le désespoir lucide prend, plus souvent qu'à son tour, l'allure du défi, oscillant dangereusement entre le désir de vivre et le désir de mourir. A dix-sept ans, ce désespoir le pousse à charger une carabine, à s'agenouiller devant le canon de l'arme et à caresser la détente sans pour autant appuyer dessus. L'adolescent accomplit tous les gestes du suicide, sauf le plus fatal. Une autre fois, il tente une fugue. Il se cache au grenier en espérant que l'on remarquera son absence, ce qui l'aiderait, pense-t-il, à s'enfuir en bateau, par la mer. Mais personne ne remarque son absence et la faim le fait sortir de sa cachette.

« A dix-huit ans déjà, sous toutes mes folies, au plus obscur des intoxications (morphine, cocaïne, éther) je retrouvais avec la même angoisse un désespoir si grand, si irraisonné et si plein de tout un ciel qu'il devrait être comme la rançon de la joie véritable qui est tout ce qui ensoleille aujourd'hui mon île déserte[7]. »

Aveu d'adulte qui s'éclaire par une autre réflexion, la reconnaissance en lui, à l'adolescence, d'un refus forcené de ce que l'on appelle l'identité sociale : « Je voulais m'empêcher de devenir quelqu'un, avoir le plus de réalité possible sous les espèces d'un être que nul ne pourrait définir. Je voulais être une *épave*[8]. » En reconnaissant son aversion pour les rôles et les identités comme autant de pièges dans lesquels il risquait de tomber, à l'âge où la vie n'a pas encore de contours précis, Joë Bousquet affirme son désir d'échapper à la forme, à toute forme, à toute incarnation sociale ou psychologique. Surprenante parenté avec Witold Gombrowicz dont l'œuvre, inlassablement, s'est appliquée (et enchantée) à dénoncer l'entrée dans la forme. C'est là, très tôt, une véritable résolution intime, une détermination et un travail intérieur qu'il entame pour se déconditionner – un but qu'il va ensuite poursuivre toute sa vie :

« Ne jamais se conformer à soi-même. Echapper à la nécessité d'incarner au milieu des hommes une figure prévue[9]. »

Troublante prémonition.

La douleur d'avoir à vivre d'après modèle se double chez lui d'un amour de la vie et d'un amour de l'amour. Sur cette ambivalence, qui n'est pas contradiction, se joue sa vie/œuvre puisque la vie que mena, par force, le poète, devint la matière même de son œuvre de telle sorte qu'il parvint à ce à quoi il aspirait, c'est-à-dire abolir tout espace entre l'un et l'autre, afin de rendre obsolètes le jeu social, la façade ou la parade, et ce dans un but bien précis : démultiplier le territoire poétique de manière à le laisser occuper entièrement l'espace vital.

Dès son adolescence, à l'âge des prises de conscience, au

cœur de ce désespoir, qui est l'une des cristallisations de son amour de la vie, se rencontrent le refus, chez lui, d'aller vers le possible et cette tension naturelle vers ce qui tourne le dos à l'ordinaire de la vie provinciale bourgeoise.

La lecture d'*Hamlet* le bouleverse. Le jeune prince, image de l'adolescent intemporel, révolté par le monde des adultes et ses tricheries à cet âge fragile, tremblant entre deux abîmes, « être ou ne pas être », représentait le dilemme métaphysique qui le tourmentait, le désespoir devant les turpitudes humaines et la prison des chemins tout tracés :

> Allez où vos affaires vous appellent, ou votre désir,
> car chaque homme a bien ses affaires, ou son désir,
> Qu'ils soient ceci ou cela. Pour ma pauvre part, voyez-vous,
> J'irai prier [10].

L'impossibilité d'exprimer ce qu'il a en lui, le refus d'accepter que sa mère soit une femme, la douleur « d'entrer dans l'homme qu'il est, dans l'*humanité* de l'homme qu'il est » lui fait dire : « Je me suis très jeune intoxiqué d'*Hamlet*. Je l'avais – à quinze ans – préparé seul pour mon bac (sans le comprendre). A vingt-cinq ans le drame m'a bouleversé. J'ai compris qu'on ne pouvait pas dire : mon père, ma mère, *sans fabuler*. Mais cette fabulation est la vie même [11]. »

Au lycée, on lui a donné un surnom : « l'Anglais », et dans sa famille, son nom est anglicisé en « Joë » pour toujours. Un séjour de quatre mois en Grande-Bretagne va parachever son attachement à la culture anglo-saxonne. En 1912, son père l'envoie à Southampton, dans « la tendre atmosphère » d'un port de mer et d'une famille de femmes – le père, voyageur de commerce, est presque tout le temps absent. L'enfant exilé est tout de suite adopté par la mère de famille, la chaleureuse Mrs Johanipper, une ardente jeune femme quelque peu délaissée par son mari, et ses deux filles plus sages et plus rigides. A Holly Rood, la maison de banlieue s'appelle Rhodesia, les petites Irlandaises papillonnent autour de lui en l'appelant « Kid » ; les unes le dévorent de baisers, les autres se battent avec lui. Après la Méditerranée de son enfance, l'atmosphère saturée d'iode et de lumière douce de ce port de la Manche lui ouvre une fenêtre sur le bonheur des sens et la tendresse. La famille l'emmène au music-hall, lui fait découvrir la poésie anglaise. Cet été-là, une volupté nouvelle se découvre à lui, dont il se souviendra toujours avec émotion :

« Ce matin, pour avoir regardé un peu longuement deux photographies, je revoyais la ville anglaise où se sont écoulés mes seize ans. Il y avait un aspect de la ville que l'on découvrait comme par surprise, au retour du bain, vers midi. C'était, entre la plage et les premières maisons, comme une avenue se formant dans la clarté de l'air, un élargissement dont les yeux prenaient conscience, ou plutôt comme la présence sensible du large dans la ville où il allait s'absorber ; c'était, étroitement mêlés sur le trottoir que nous gravissions, le soleil de l'espace et le soleil des murs [12]. » A ce souvenir de découverte, de bonheur, la nostalgie le saisit.

En août 1914, la guerre est déclarée à l'Allemagne. Joë n'a que dix-huit ans, mais derrière lui, déjà une vie tumultueuse. Les hommes s'en vont. Il s'éprend d'une belle Carcassonnaise, mariée, dont le mari est à la guerre, n'hésitant pas à s'afficher avec elle dans les rues de la petite ville où le scandale n'est pas mince de voir le fils du médecin, cigarette au bec, l'air avantageux au bras d'une maîtresse élégante et parfumée. Défi, provocation, mais aussi amour réel et toutes les peines qu'il induit.

« L'amie plus âgée qui t'a laissé comme un dérisoire trophée la clé de sa porte [13]. » Joë gardera précieusement cette clé qui deviendra lourde de sens au fil d'autres amours bien plus déchirantes.

En attendant, les amants doivent se quitter : le père Bousquet est réquisitionné à Paris où toute la famille le suit. Les

Bousquet s'installent à Creil où le père est mobilisé. Bien rares, à cette époque, les familles qui suivaient le conscrit. Mais dans ce cas précis, le conscrit est médecin, attaché à l'hôpital de Creil, ce qui facilite les choses. Après le baccalauréat, il a fallu choisir une voie pour le fils. Le père le veut banquier, la mère le préférerait commerçant, et Joë penche pour le droit. L'Ecole des hautes études commerciales représente un consensus assez satisfaisant. Nous savons cependant par René Nelli que Joë Bousquet, dès sa quinzième année, était résolu, du moins en son for intérieur, à se consacrer « à la vie de l'esprit et à la disponibilité amoureuse », l'un et l'autre en lui indissociables. Déjà il n'est plus là où on le croit : tout naturellement le jeune homme s'est inscrit, à l'aube de sa vie, dans la grande lignée des poètes d'oc, pour lesquels amour et poésie ne faisaient qu'un.

Paris ne compte pas. La ville n'aura aucun effet sur son imaginaire et l'on n'en trouve pas trace dans l'immense cohorte de ses écrits, au contraire de l'Angleterre. Dans l'appartement du boulevard Malesherbes, il est vissé. Il a commencé H.E.C., la comptabilité l'ennuie à mourir, l'espace d'une chambre de ville n'a plus rien à voir avec celui de la maison et du jardin du Tivoli, ou la cave immense qui lui était dévolue rue de Verdun. A l'étroit, surveillé de près par des parents avertis des frasques de leur fils, il doit subir les sorties du dimanche en famille, la visite des monuments... rien de bon, quand on sait à quoi il aspire. Une découverte va le sauver pour quelque temps : derrière une grande armoire de l'appartement, il découvre une porte condamnée : en découpant le fond de l'armoire, il peut s'enfuir discrètement lorsque la maisonnée est endormie. Chaque soir, il file « à l'anglaise » et passe la nuit dehors. Il arpente les rues de la capitale, drague et rêve. De ces errances, il revient heureux, l'esprit saturé d'impressions envoûtantes, avant que le soleil ne pointe du côté de Vincennes. Jusqu'au jour où sa sœur le découvre et le dénonce.

Sortir de l'appartement... Faut-il voir une métaphore, dans ces fugues clandestines, du désir de s'échapper de la vie qui l'attend et dans laquelle il ne veut pas entrer ? Casser une porte, casser un moule, afin de tuer en lui le bourgeois qu'il pourrait devenir, au nom d'un appel qu'il ne sait pas encore reconnaître comme « fureur poétique ». Pour commencer, il lui faut briser, c'est-à-dire ne se donner aucune chance d'un retour en arrière : un geste en lequel se reconnaît un instinct très sûr, mais très peu conscient, sans doute. Cette fureur a beaucoup à voir avec l'exigence qui conduira sa vie. Elle prouve qu'un mouvement de fond s'empare de lui dès le début, pour le conduire jusqu'aux rivages de la poésie. Lâchant la proie pour l'ombre, ce mouvement est sans retour. Et bientôt « sortir » sera devenu pour lui un geste impossible.

3.

La blessure

Le père, de nouveau affecté à l'arrière, retourne dans son ancienne garnison de Narbonne et la famille se réinstalle dans le Sud. Joë reprend ses études. Mais l'ennui le terrasse à tel point qu'il décide de devancer l'appel de quelques mois :

« Je ne trouvais pas d'autre issue à une situation morale qui me semblait chaque jour plus étouffante. Dès ce moment-là, j'avais vu que la vie ne pouvait rien me donner hors la satisfaction passagère d'en bafouer les mœurs. Satisfaction qui n'est pas susceptible de survivre à l'extrême jeunesse[1]. »

Les choses ne traînent pas. Il s'engage le 10 janvier 1916 dans l'infanterie. Peu après, il part faire ses classes à Aurillac, dans le Cantal, une petite ville aux toits d'ardoises, une région où les hivers sont glacials. Aurillac va réapparaître dans son roman *Le Rendez-Vous d'un soir d'hiver*. En choisissant l'infanterie, il n'opte pas pour la facilité. Le 156ᵉ corps d'attaque est un régiment composé en partie de condamnés de droit commun en voie de réhabilitation. A peine sortis du bagne, ces hommes auxquels on n'en conte pas, durs, austères, ont des vies qui n'ont rien à voir avec celle qu'a menée Joë jusque-là. Pourtant, immédiatement, il est à son aise avec eux : « ... une jeunesse pareille à la mienne, moins frelatée peut-être. Une franchise dans les regards, une loyauté dans les relations, un ton pour parler des morts qui me faisaient aspirer comme à un bonheur incroyable au privilège d'être nommé par ces soldats un ami. Ah ! comme la qualité de Méridional m'a pesé tout d'abord ! Combien j'ai senti qu'il fallait – à tout prix – que je m'assimile moralement à ces hommes silencieux et souples et sur qui pesait le plus inconcevable fardeau tragique[2]. »

Celui qui les commande est un jésuite réputé pour son originalité et sa bravoure, le père Louis Houdard. Entre lui et Joë Bousquet naît une amitié intense dont les braises ne s'éteindront jamais dans le cœur du poète. Le jeune homme est indiscipliné, rebelle, au fond, à tout ce qui est d'ordre militaire. Le capitaine Houdard comprend tout de suite à qui il a affaire. Son exigence prend alors la forme d'une sévérité accrue à l'égard de celui chez qui il a reconnu une nature d'envergure peu commune. Les deux hommes s'affrontent parfois violemment en présence des soldats. Pour se faire pardonner ses écarts, Joë se porte volontaire pour des missions dangereuses. Dans le régiment, on l'appelle « l'aiglon », c'est dire sa jeunesse et sa bravoure. Entre lui et Houdard règnent une émulation, une fraternité, même si l'un commande à l'autre. Plus tard, Joë Bousquet dira de son capitaine qu'il n'a jamais rencontré d'homme aussi parfaitement noble, aussi extraordinairement humain que Louis Houdard : « Me sachant incroyant, il m'avait déclaré qu'il me punirait s'il me voyait à la messe. Il y aurait trouvé la preuve – me disait-il – que je cédais à l'intention sacrilège d'y montrer mon uniforme[3]. »

Le jésuite interdit à ses soldats de s'arrêter auprès des blessés lorsqu'ils montent au combat. Cette mesure apparaît au jeune homme plus dure encore que la guerre elle-même. Bien plus tard, il s'en est confié à Simone Weil lorsque la philosophe, venue le voir à Carcassonne, lui a exprimé son désir de s'engager comme infirmière de première ligne. « Cet excellent jésuite avait le souci de former en moi un homme en même temps que d'en tirer un officier. "Le soldat qui attaque, me dit-il, appartient à sa mission, à son devoir, il appartient à la grande bataille qu'avec étonnement il voit se former ; il est la proie de son imagination et de son devoir ; il ne s'appartient pas. Une conversation avec un mourant le rend à lui-même et décompose la volonté que lui avait faite l'événement [...] A l'homme qui ne craint que la mort, n'imposez pas la vision d'une agonie." [4] »

Le jour de son baptême du feu, le 16 avril 1917, Joë Bousquet se conduit de façon si héroïque, si folle même, dans sa manière de braver la mort, qu'il est immédiatement cité à l'ordre de l'armée et décoré de la médaille militaire. Mais il reste lucide sur lui-même :

« Je voyais lentement, avec l'uniforme d'officier et le premier galon descendre enfin sur moi une livrée bourgeoise, une sorte d'avenir sans surprise me cacher tout ce qui dans mon cœur d'adolescent demandait à vivre, à crier [5]. »

Au cours de l'année 1917, Joë s'applique sans difficulté à honorer sa réputation de trompe-la-mort.

Un épisode troublant se situe le 2 juin 1917. Il l'a évoqué une seule fois, à l'occasion d'un questionnaire lancé par André Breton dans la revue *Minotaure*, comme étant l'une de ces coïncidences fatales reconnues si souvent par lui comme clés de sa vie. A la question : « Pouvez-vous dire quelle a été la rencontre capitale de votre vie ? », Joë Bousquet a répondu : « *Celle d'un homme dont j'ai causé la mort* [6]. » Et le poète raconte comment, un soir du mois de juin 1917 sur le chemin des Dames, il se trouvait en faction avec ses camarades face aux Allemands, à quelques mètres d'eux. Les combattants, d'un côté comme de l'autre, étaient figés dans une attente angoissée. Soudain, contrairement aux ordres et à toute prudence, il prit un fusil et se mit à tirer sur les Allemands, en tuant au moins un. La réponse ne tarda pas : l'ennemi répliqua par un assaut sanglant au cours duquel son régiment fut décimé et son ami, le sergent Canet, blessé à la colonne vertébrale. Honteux de ce qu'il avait déclenché, Joë

Bousquet fit ce qu'il put pour panser son ami et l'emporter. Malgré tout, le sergent mourut le lendemain.

Un an plus tard, presque au même endroit, Joë Bousquet reçut une balle dans la colonne vertébrale, blessure identique à celle de son ami, comme s'il s'agissait de l'exacte réponse à son geste meurtrier. « Tuer, c'est se tuer », écrit-il en conclusion à cet aveu.

La guerre n'en finit pas. Il continue de se proposer pour toutes les missions où l'on réclame des volontaires, jusqu'au jour de juillet 1917 où il est blessé en Lorraine. Transporté à Nancy, il est soigné à l'hôpital de la ville. Sa convalescence est celle d'un fêtard désabusé. Il prise de la cocaïne en compagnie de prostituées. L'une d'elles est retrouvée morte d'une overdose, un matin, dans sa chambre.

La mort... Toujours la mort de ceux qui l'approchent, comme si la Faucheuse distribuait ses coups de griffes autour de lui en guise d'avertissements. Un immense dégoût de soi et de la vie le submerge : cette longue guerre, en amputant l'avenir immédiat, atteint aussi le goût de vivre, dans l'interminable succession des batailles, des attentes au fond des tranchées, des montées au feu dont bien peu revenaient. Cette dissolution du temps et de l'espoir est ressentie de manière plus aiguë encore par celui que sa sensibilité pousse à créer et non point à subir.

De Nancy, il décide sur un coup de tête de demander une permission d'une semaine pour Béziers où son père, médecin-chef, pourra continuer de le soigner. Mais une tout autre raison le rappelle en réalité dans cette ville. Lors d'une précédente permission, il a rencontré au théâtre, au cours d'une représentation du *Werther* de Massenet, une jeune femme blonde aux grands yeux sombres. Il l'a vue de loin dans sa loge et n'a plus songé qu'à la revoir : « L'amour unique serait possible avec une femme chargée du mystère que celle-ci a dans les yeux[7]. » La jeune femme a formulé le désir de lui écrire.

Il retrouve donc Marthe Marquié lors de cette permission impromptue. La jeune femme a été mariée quelques jours seulement à un bourgeois de Béziers, un homme qu'elle n'aimait pas. Elle est alors en instance de divorce, entourée d'une réputation plutôt sulfureuse. Ils se revoient donc et cette fois ils deviennent amants. Cette liaison fulgurante et passionnée va, en trois jours, sceller le destin de Joë Bousquet. Il faut, pour le comprendre, écouter le poète : il s'en est expliqué de façon très précise dans une lettre à Carlo Suarès du 3 mai 1936, mais aussi longuement dans ses lettres à Marthe, lorsque la colère et la déception le pousseront à dire à son amie la vérité de ce qui s'est passé durant cette période de sa vie.

« C'était un doux mois d'octobre dont je n'oublierai jamais la beauté. Dans cette ville si tiède avec des nuits si bleues, je devais revoir une jeune femme très belle [...] Elle avait de grands yeux sombres si profonds qu'on ne se demandait pas, dès qu'elle ouvrait la bouche si elle parlait, si elle chantait, si elle se souvenait [8]. »

Devenus amants, ils se promettent de se marier après la guerre. Mais déjà, en son for intérieur, une fêlure le fait douter de la possibilité d'une telle éventualité.

« Dans mon uniforme d'enfant joueur, avec ma pacotille de décorations, j'étais un condamné, quelqu'un qui ne croyait pas à la vertu des projets que l'on formait pour lui. »

Son père et sa sœur le supplient de ne pas repartir à Nancy, de rester se soigner à Béziers. Tout devrait l'inciter à rester, et plus que tout l'amour de celle qu'il a élue, belle, libre et riche... Tout lui sourit et pourtant Joë sent monter en lui un flot d'objections dont la plus simple est la crainte de la colère maternelle à l'idée qu'il épouse une divorcée, et la plus obscure, ce sentiment qu'il éprouve continuellement d'une sorte de décalage entre le rôle que l'on attend de lui et ce qu'il sent au fond de lui comme son être réel. A Carlo Suarès il avouera qu'il se sent toujours « tangent » à la réalité sociale. Tandis qu'à Jean Cassou, il écrira plus tard assez lucidement qu'il voyait très clairement à ce moment-là la vie qui l'attendait : « Je vois, et mon ventre et mes titres et mes cornes [9]. » Derrière l'humour se peut lire la panique, et derrière la panique, une nécessité, trop absolue pour être différée, à se défaire de tout lien social afin de se recueillir en vue d'une tâche dont il ne connaît pas les contours. Etrange instinct de survie spirituelle, puisque c'est bien de cela qu'il s'agit, au prix d'une mort sociale, affective et partiellement physique. Mais il ne le sait pas encore.

Il écrit alors au colonel de son régiment pour lui demander de lui éviter le séjour obligatoire par le dépôt de la division. Quelques jours plus tard, Joë Bousquet est en première ligne à Verdun.

Une fois remonté au front, il se conduit de manière héroïque. Il manque plusieurs fois d'être tué. Ses lettres sont tristes. Quelque chose est en train de s'achever. Il en a le pressentiment. En janvier 1918, il reçoit de Marthe une lettre terrible dans laquelle la jeune femme lui annonce qu'elle ne sera plus de ce monde lorsqu'il lira cette lettre : son intention est de se suicider. Dans la soirée de ce même jour, fou de douleur, il prend les risques les plus insensés au cours d'un violent combat − ce qui lui vaut non pas la mort attendue, mais une nouvelle citation à l'ordre de l'armée. Quelques mois plus tard, une nouvelle lettre écrite d'une écriture « bouleversée » s'excuse de la précédente et lui apprend que son père, ayant trouvé les lettres de Joë à sa fille, la met en demeure de se marier, ce qui oblige Joë à rendre publique son intention de l'épouser.

Ce qui aurait dû le réjouir le consterne.

En réalité, Joë Bousquet n'est pas plus prêt à cet engagement qu'il n'est désireux de faire souffrir Marthe, aussi ne répond-il pas, espérant une issue naturelle à l'affaire − et de quelle autre issue peut-il s'agir, sinon d'être tué au combat ? Des années plus tard, le 27 mars 1923, après sa rupture définitive avec elle, il lui avouera : « Quand tu m'as écrit le

24 mai, au front, que ton père savait tout, qu'il t'avait battue, qu'il fallait que je lui écrive mes intentions, c'est poussé par mon chagrin d'être obligé de t'écrire que je te quittais, que je me suis exposé sottement [10]. » Il confirmera ce fait dans sa lettre à Carlo Suarès.

Et pourtant, il a aimé Marthe passionnément :

« Songez que je vous ai aimée pendant la guerre où mes permissions étaient des îles de joie sur des océans d'horreur, lui écrit-il, à vingt-six ans, en avril 1923 ; songez que vous étiez l'âme de ma jeunesse, que mon amour pour vous était si neuf, si miraculeux que je rêvais, le soir, bercé par les murmures de la Mort, qu'un charme tenait le sourire de Dieu enchanté dans votre chair [11]. »

Et il l'aimera encore longtemps, aussi longtemps que celle-ci voudra bien lui en donner la possibilité. Cet amour le fera entrer pleinement dans sa destinée littéraire. Avec la correspondance qu'il entreprend pour regagner – et surtout ne plus perdre – l'amour de cette jeune femme devenue idéale par son éloignement (Marthe ne viendra le voir que deux ou trois fois en l'espace de cinq ans), Joë Bousquet commence à exercer son magnifique don pour la prose poétique, cet art d'exprimer une authenticité émotionnelle et spirituelle – érotique aussi – en réussissant à se tenir toujours au plus près de ses sensations, de ses impressions, sans craindre de dire à l'autre, quel qu'il soit, ce qu'il ressent exactement, et, de ce fait, sans jamais tracer de lui-même un portrait erroné. Déjà il tient bien en main cette disposition remarquable au réel qui constitue l'une des grandeurs de son écriture : cet amour du vrai, ce refus instinctif de l'enjolivement ou de l'idéalisation, disposition qui se révèle essentielle dans la situation où il se trouve parce qu'elle permet de suivre son évolution intérieure avec les gages d'une authenticité de sa parole, lesquels gages sont sans cesse soutenus par une magie de l'écriture. Grâce et gravité seront les constantes de ce chemin que se trace le jeune homme au plus profond d'une détresse sans nom, encore teintée d'espoir par l'horizon que lui dispense cet amour.

Lorsqu'il reçoit la lettre de Marthe le 24 mai 1918, il lui reste trois jours à vivre debout.

Le 27 mai au soir, un ordre d'alerte est lancé. Un camion vient les prendre, lui et sa division, et les dépose dans une verte campagne où les blés sont si hauts qu'ils empêchent de voir les corps de ceux qui sont déjà tombés. Le capitaine Houdard, soudain mortellement inquiet, interdit à Joë de dépasser une certaine route, celle de Vailly. Joë Bousquet désobéit et s'avance sous le feu ennemi. A la limite des bois, un village brûle. De nombreuses colonnes allemandes sont postées : les Allemands sont quarante fois plus nombreux. Joë voit tomber les hommes autour de lui. Certains tentent de s'enfuir, il les ramène de force dans le fossé où il s'est retranché. Mais il est bientôt évident qu'ils sont cernés. C'est alors qu'il se dresse face à l'ennemi.

« Et alors, j'ai compris que c'était fini et je suis resté debout. [...] Je n'ai pas eu à attendre longtemps. Une balle m'a atteint en pleine poitrine, à deux doigts de l'épaule droite, traversant obliquement mes poumons pour sortir par la pointe de l'omoplate gauche ; ce qui faisait, du même coup, traverser au projectile mes deux poumons et la partie avant du corps vertébral [12]. »

Il est sept heures du soir. Blessé, Joë Bousquet a le temps d'ordonner à ses hommes la retraite. Deux d'entre eux, malgré tout, refusant de le laisser là, reviennent le chercher, sous le feu ennemi, pour le ramener, inerte mais conscient, vers l'arrière. Ses pensées, à ce moment-là, il les a décrites dans l'une de ses lettres à Carlo Suarès. Il se sent très calme. Il sait qu'il est gravement touché. Dans la transparence du crépuscule, il voit défiler les squelettes de ses projets. Son avenir se défait de soi-même. Seul subsiste l'instant présent.

« J'ai senti alors que tout ce qui en moi n'était pas s'évanouissait », écrit-il à son ami.

Il avait tenu à monter au front chaussé de bottes rouges. Ce sont elles qui ont probablement conclu son nouvel avenir puisqu'elles attiraient nécessairement l'attention de l'ennemi. Coquetterie, sans doute, mais aussi défi et surtout mystère des objets simples dont se sert le destin. « Des bottes rouges ont disposé de mon sort », écrira-t-il plus tard. D'abord, il regarde ses jambes et ses pieds ainsi chaussés de rouge. Il ne les reconnaît pas, comme s'ils ne lui appartenaient plus. Quant aux bottes auxquelles il tenait tant, elles lui font l'effet de « compléter la toilette d'un mort ». Il les regarde et croit les voir pour la première fois : « Elles paraissaient bourrées de coton, gonflées de vent, entrées déjà dans une vie où je ne les suivrai point [13]. » Il a compris en un instant qu'il ne marcherait plus jamais. Puis il perd connaissance. Il décrit son état à Carlo Suarès : « Je suis revenu à moi à l'ambulance. Paralysie complète. C'était la deuxième vie qui commençait. Tu sais exactement mon état. Je ne me suis jamais levé, sauf l'été pour m'asseoir dans un fauteuil. Je suis impuissant. Bref, tout [14]. »

« Tout », c'est-à-dire plus rien, ou presque – un presque rien dont il fera de l'or. D'abord par le degré de conscience de son état, dont il ne se masquera aucune réalité.

Le capitaine Houdard vient le voir. Il lui parle mais il ne lui donne pas, comme on pourrait s'y attendre, la bénédiction aux mourants, bien qu'il le croie perdu. Sachant Joë Bousquet incroyant, il lui murmure pourtant à l'oreille : « Vous prierez pour moi. » Joë voit des larmes dans ses yeux et comprend alors combien cet homme l'aimait. Le capitaine, se penchant sur le blessé, l'embrasse sur la bouche : « Un homme grand comme la foi. M'embrasser sur la bouche, c'était souscrire à la superstition, répandue parmi les religieux, que ce baiser d'un être consacré avait le pouvoir de faire durer l'agonie jusqu'à l'illumination de l'âme. »

Etait-ce la mort de Joë ou la sienne propre qu'anticipait le religieux ?

Quelques heures plus tard, Houdard repart à l'attaque. Il est assommé par les Allemands à coups de crosse et jeté dans la Vesle, d'où il ne sortira pas vivant.

Leur rencontre se poursuivra au-delà de la mort du capitaine par une fidélité de Joë à sa mémoire jusqu'à son dernier jour. Il évoquera souvent dans ses écrits celui qui fut peut-être le premier à le comprendre vraiment – son premier grand ami –, l'amitié, on le verra, comptant comme une sorte de paternité spirituelle dans la vie du poète. Sa vertu maïeutique lui permit en effet d'accoucher de son être à venir, de mettre au jour, par le dialogue exprimé, par la parole généreuse qui était la sienne, cet univers poétique qu'il portait en lui. L'amitié virile et l'amour des jeunes femmes furent les deux catalyseurs grâce auxquels une parole magnifique vint au monde, dans les ornières du chemin des Dames, dans la boue des tranchées. Que cet officier héroïque et bon ait reconnu en lui ce qu'il pouvait devenir eut sans doute pour Joë Bousquet l'effet d'une exigence maintenue en permanence au-dessus de son existence. Au moment même où il se crut perdu, il demanda, d'ailleurs, à son capitaine s'il avait bien fait tout ce qu'il attendait de lui, s'il était content de l'avoir eu sous ses ordres. Les larmes de cet homme ont sans doute ouvert dans le cœur de Joë Bousquet la brèche par laquelle il pouvait commencer d'entrer dans sa vie d'adulte, lui renvoyant soudain une image de lui-même qu'il ne connaissait pas, tant l'occupait alors le souci de ne pas se conformer à l'attente sociale.

Inerte, à demi conscient, Joë Bousquet est transporté à l'hôpital anglais de Ris-Orangis. On lui demande s'il comprend l'anglais, il fait signe que non, désireux de connaître la vérité sur son état. Une infirmière s'exclame en anglais qu'il est perdu. Joë ne bronche pas. Mais lorsqu'un médecin américain, le docteur Jack, lui rétorque le contraire, c'est-à-dire qu'il est persuadé qu'il recommencera à marcher comme tout le monde, la satisfaction qui se lit sur le visage du jeune homme le trahit : « Vous nous comprenez donc ! », s'écrie le médecin.

Sur cette réflexion, autour de cet espoir va s'organiser son existence de grand blessé. Le docteur se trompait-il ? Ce n'est pas sûr. Quelques semaines plus tard, une certaine sensibilité revient dans une jambe et dans un pied, une amélioration se dessine. Le docteur constate de très infimes progrès que les soins attentifs permettent de soutenir. Mais l'impatience, le désir de revenir dans le Sud auprès de ses proches, renforcé par une demande de son père de le rapatrier à Toulouse, font échouer, semble-t-il, les efforts de ce médecin qui tente de s'opposer à un déplacement du malade, anticipant les risques graves qu'il lui ferait courir. A la consternation du docteur Jack, Joë Bousquet quitte, sur un ordre officiel, l'hôpital de Ris-Orangis pour Toulouse. Le long voyage se solde par une double pleurésie qui le laisse presque mourant et par une confirmation de sa paralysie. Dans le texte *D'une autre vie*, Joë Bousquet évoque le bouleversement et la fureur du médecin obligé de laisser partir le malade dont il accompagnait les progrès vers la guérison avec l'espoir de faire remarcher un jour ce jeune homme dont le sort lui tenait à cœur.

« Je suis un joueur », a avoué Joë Bousquet à la fin de sa vie à un ami. En effet, dans ce moment de grande fragilité physique, sa nature le pousse à porter vers un risque plus grand ce corps qui le lâche, afin de voir jusqu'où il pourra aller. Et d'une certaine manière il l'achève.

4.

Le supplice de l'espérance

« La douleur d'un grand blessé s'accroît de son incertitude. Il attendait la mort ; familiarisé déjà avec elle, il se reprend à espérer, mais ne sait pas quelle épreuve se lèvera au bout de cet espoir. Il souhaite la guérison, n'imaginant pas la vie sous une autre forme que celle qu'il vient de quitter[1]. »

Ramené à l'hôpital de Toulouse, puis à celui de Carcassonne, Joë Bousquet observe attentivement ce qui se passe autour de lui avec une clairvoyance légèrement ironique. Il sait débusquer les mensonges des médecins, leurs promesses d'espoir à long terme, leur art de reculer l'échéance de la guérison et celui d'user de termes techniques pour égarer les soupçons du blessé. Rien ne lui échappe non plus de l'arsenal de distractions dont use le personnel médical : « On le visite, on le masse, on le distrait. On ne veut pas le laisser en face de lui-même...[2] »

Dès lors, il mène une guerre contre le mensonge. Son entourage lui cache son état, mais surtout le veut debout, quel qu'en soit le moyen, naturel ou artificiel. A cet effet, on lui a fabriqué une carapace métallique qui doit lui permettre de tenir debout. L'épreuve physique de la douleur, car il souffre beaucoup, se double d'un supplice moral intense à devoir ainsi « parodier les actes qui mènent à la vie » tant il a horreur de toute tromperie sur soi ou sur les autres.

Cette période au cours de laquelle le blessé est censé se projeter dans un avenir qui ressemble en tous points à sa vie antérieure sera pour lui cruciale. Les lettres qu'il adresse à Marthe reflètent cette souffrance dans laquelle se mêlent l'espoir et le désespoir, l'impatience, la frustration, puisque le délai entre la blessure et la guérison promise se prolonge de mois en mois, s'étire indéfiniment jusqu'à se fondre dans l'horizon.

Marthe, la pierre d'angle de son espérance.

En avril 1919, soit un an après sa blessure, Joë Bousquet a la surprise de recevoir une carte postale de la jeune femme à l'hôpital de Carcassonne. Non sans réticence, il lui répond immédiatement, peu désireux qu'elle vienne le voir. Par ce geste, et malgré lui, il entame une correspondance amoureuse qui, entre eux, va durer six ans. Six années grâce auxquelles nous pouvons suivre semaine après semaine les pensées et les fluctuations de son esprit, les alternances d'espoir, de tendresse, de découragement, de rage, de jalousie et d'humour, car il y a chez lui un humour irrésistible secrété par la conscience aiguë de sa situation et de celle de son amie.

Dès le début, il décrit précisément son état, donne les pronostics des médecins qui lui affirment que le pire est derrière lui. Mais que se passe-t-il vraiment au fond de lui-même ? A Marthe, il écrit : « J'ai un peu le droit de penser comme ceux qui ne peuvent plus penser à l'avenir[3]. » En même temps, il ne cesse de se projeter vers le jour où il pourra enfin vivre avec elle. Dans cet amour parallèle à sa blessure, cet amour dont les courbes vont suivre celles de son état physique, nous voyons naître le grand Bousquet. Il n'a que vingt et un ans, mais déjà une maturité, une sagesse – à cette époque constituée en partie de désillusion – et une réelle propension à la poésie pour exprimer l'amour qu'il porte à la femme aimée. Son intelligence – qui, chez d'autres, est souvent fort éloignée des émotions et de la conscience de soi – colle à cette conscience, lui conférant un pouvoir de dire avec exactitude ce qu'il ressent, aidé en cela par un génie de la langue. Toute la finesse méditerranéenne est dans ces lettres où il joue son va-tout.

A partir du moment où Marthe a repris contact avec lui, son amour pour elle grandit. Elle lui renvoie, semble-t-il, un amour total et sans défense, du moins au début. Elle tient beaucoup à lui, mais elle ne peut venir le voir qu'en cachette de sa famille. Elle l'aime tout en étant, par ailleurs, très sollicitée, ce qu'apprend Joë Bousquet par les amis qu'il a à Béziers, où Marthe défraie la chronique, et par les commérages des matrones carcassonnaises. Plus qu'une jalousie, c'est une rage impuissante, puis un retour à la raison, des reproches de la belle, des trêves et des rechutes, auxquels rétorque le jeune homme par de sublimes déclarations d'amour. Un amour aussi réel que tragique parce que tous deux, emportés dans une tourmente qui n'a rien pour les réunir – un homme couché pour la vie et une jeune femme ravissante –, se débattent, chacun à sa façon, pour trouver une issue à une situation qui a pour socle le malheur. Ainsi commence à s'affirmer le poète, d'une manière très spontanée, par une écriture qui n'a plus qu'elle-même et le cœur qui la porte pour conquérir, retenir, s'acquérir à tout jamais celle qui s'éloigne un peu plus chaque jour. Dans son esprit à lui, ils sont déjà unis, il suffit d'être patients. Mais il lui rappelle aussi à maintes reprises leur situation, espérant peut-être un démenti : « Il faut regarder la vérité bien en face. Je suis bien abîmé et je dois guérir, m'a-t-on assuré[4] » ou encore : « Je pense quelquefois avec chagrin au jour où tu me demanderas ta liberté. Je te l'accorderai évidemment. » Mais aussi : « Tu es fiancée à ma grande douleur. »

L'espoir est bien là. Porté par cet amour sur la barque duquel il a déposé un fardeau trop lourd pour ne pas la faire couler un jour, il continue, six ans durant, à écrire à Marthe, animé à son égard d'une tendresse et d'un désir de pureté – d'une sorte d'amour absolu comme ont pu le chanter les troubadours. Car l'amour ne sera jamais seulement, chez lui, affaire de cœur ou de sexe. Il recèle un pouvoir quasi magique de transformer le corps autant que l'âme pour les amener à leur métamorphose : « Il y a dans l'amour vrai quelque chose de très noble et de très grand [...] et cette parcelle enchantée, je la garde en moi, précieusement, parce qu'elle est ma seule joie dans mes jours de malheur[5]. »

Un jour, évoquant ses seize ans en Cornouaille, il lui écrit : « Je découvrais la vie à chaque pas, sans savoir que m'attendait si vite une passion plus belle que tous mes rêves, un agenouillement devant un amour infini comme le ciel. [...] Et si, irrémédiablement perdu, je me demande un jour pourquoi j'ai souffert, pourquoi j'ai travaillé, pourquoi j'ai rêvé, les ombres éternelles de beauté, les caresses profondes de la nature à mon âme, me rappelleront que ma part fut trop belle puisqu'une fois tout seul dans une chambre de malade, et le cœur gros de larmes, j'ai touché les bornes de l'amour humain en évoquant ton visage[6]. »

Ces années placées sous le signe de l'attente – double attente : celle de la guérison et celle d'une visite de sa bien-aimée, qui ne peut venir que très rarement et en cachette – sont aussi celles de l'angoisse, car un épisode terrible a ébranlé la confiance de Joë à l'égard de Marthe.

En juillet 1920, au cours de leur première entrevue après la blessure, à Lamalou-les-Bains, où Joë fait une cure, Marthe, dans un moment de tendresse, lui fait un aveu. Les lettres qu'il recevait d'elle sur le front, ces lettres désespérées qui l'ont poussé à prendre des risques fous, n'étaient pas, en réalité, écrites de sa main. Marthe les faisait écrire par sa cousine, de peur, si Joë était tué, que leur liaison apparaisse au grand jour, ce qui aurait considérablement compliqué son divorce en cours. Ce calcul instillé dans un amour qu'il croyait très pur, ce mensonge d'une femme qu'il avait jugée si « spontanée et naturelle » à la seule fin de préserver ses intérêts matériels, est un choc terrible pour le poète. « J'ai senti que j'allais être blessé pour la deuxième fois », écrit-il à Carlo Suarès. Et il ajoute : « Ce jour-là, mon vieux, j'ai eu mon âge. J'ai tout compris. J'ai souri. Je venais de comprendre la guerre, de comprendre ce que c'était que la société. Depuis longtemps je n'avais pas été si gai ; et sans doute que cette exquise folle a pensé que la pilule passait très facilement[7]. »

Ces années sont décisives pour l'œuvre naissante, dans cette suspension instaurée par la double attente, dans le tremblement d'impatience qui l'accompagne. A l'avenir, qui est une promesse de commencer à remarcher et de revoir Marthe, Joë Bousquet va peu à peu substituer un présent de l'écriture – le seul champ d'action qui lui reste – et il va recréer Marthe absente dans un conte dont elle sera l'héroïne principale.

Pour l'instant, on le soigne attentivement. Son père suit et guide sa rééducation. Les médecins procèdent par essais, lui recommandant tantôt une cure de soleil, tantôt une cure thermale, ou alors des exercices chinois auxquels il se prête sans beaucoup d'enthousiasme, « le tout assaisonné d'horribles blasphèmes qui animent dans le rayon de ma pensée l'ombre bienveillante de Rabelais ; et je ne peux me résoudre à la cuisine des médicastres[8] ». Par moments, des crises de fièvre le terrassent. Cependant, il espère. Un jour où Marthe lui demande des détails sur sa blessure, il la lui décrit très précisément : « La fameuse damnée balle en me touchant une vertèbre a provoqué dans ma moelle épinière un ébranlement qui doit se remettre doucement et dans des délais qu'aucun médecin n'a pu me fixer : des blessés qui furent dans mon cas, il reste encore une cinquantaine soignés à Paris dans un institut spécial que mon père a visité[9]. »

En octobre 1922, sur sa demande, son père se rend à Paris pour rencontrer un chirurgien susceptible de l'opérer. Un certain espoir subsiste aussi du côté de la mécanothérapie, de l'électrothérapie et du radium. Son père revient de Paris en lui annonçant qu'aucun médecin ne veut tenter une opération qui risquerait d'aggraver son état ou, du moins, de le faire régresser de quatre ans et de perdre ainsi le bénéfice de cinquante mois de légers progrès. Les médecins jugent que son psychisme joue beaucoup dans sa paralysie et certains s'avancent à affirmer que celle-ci pourrait aussi bien disparaître du jour au lendemain. Le pronostic demeure inchangé : « guérison certaine, mais incertitude absolue du temps ». Et cette perspective se trouve ravivée par la visite qu'il reçoit en mars 1922 d'un jeune homme blessé comme lui et complètement guéri.

Son amour pour Marthe suit les courbes de cet espoir, pour finalement en épouser tout à fait le mouvement par l'écriture. L'expression de la douleur en devient la transmutation, comme si, dans ces années-là, le poète poussait la barrière d'un jardin extraordinaire où il allait découvrir que tout ce qu'il attendait de la vie était déjà en lui.

A travers cette correspondance, se révèlent chez lui un goût absolu de la vérité et une incapacité à éviter les écueils, sa seule force restant une spontanéité et un humour véritablement désarmants, car il ne cache à sa bien-aimée aucun des états par lesquels passe son esprit prisonnier d'un corps qui refuse de fonctionner. Une des nombreuses fois où il soupçonne Marthe d'avoir un amant, il lui écrit : « Marthe, faut-il que je t'oublie ? J'ai déniché un vieux petit livre habillé de poussière. Le remède à l'amour : il donne soixante-trois moyens d'oublier son amie : je l'apprendrai par cœur ; ne me demande pas où le trouver : tu n'y comprendrais rien : il est écrit en vers latins [10]. » Ou encore, apprenant que Marthe dépérit, car elle aussi souffre beaucoup de leur situation, il lui écrit une lettre très tendre : « Mon petit Marthou, si tu maigris encore, je vais pouvoir te cacher dans ma bibliothèque sous les œuvres de Platon ou sous quelque gros livre de même farine. Là, au moins, je serai sûr de toi, si tous les poètes revenus de leurs nuages, les philosophes échappés à la poussière et les romanciers à l'oubli ne quittent pas les in-octavo, les in-folio, les in-n pour se dandiner autour de la petite merveille échouée parmi eux dans l'ombre vitrée de la bibliothèque. Il y en a là, du reste là-dedans dont je me méfierais, tout morts qu'ils soient. Ils ont des idées ébouriffantes dont j'ai moi-même sans doute été un peu gâté. Au point qu'ils sont tous un peu coupables, avec ce qu'ils m'ont dit des femmes, des soupçons atroces que j'ai quelquefois sur toi, ma chérie [11]. »

Malgré, ou à cause, peut-être, de la beauté tragique de ces lettres, Marthe perd patience et l'on assiste à un douloureux débat, inévitable, à moins que Marthe n'eût été une sainte. En même temps que l'amour s'éloigne, le rendant presque fou, Joë se met à travailler beaucoup. Il apprend le grec, il lit et fait des recherches sur l'alchimie, sur les cours d'amour au Moyen Âge, il écrit. Il commence par un conte médiéval dont l'héroïne, Azolaïs de Mandirac, ressemble trait pour trait à Marthe. Il le publiera dix ans plus tard sous le titre *La Fiancée du vent.* Dans les écrits des troubadours, il découvre des analogies avec sa propre situation ; c'est chez eux qu'il va d'abord rencontrer une compréhension de cet étrange amour passionné pour une amante lointaine, à eux qu'il demandera la clé de cette souffrance pleine de jouissance qu'il connaît à cette époque-là, comme si l'éloignement devenait le garant de la pureté de ses sentiments, de la noblesse de son amour. Jusqu'au jour où il sera seul, la clé dans une main et ses écrits dans l'autre. Marthe aura alors décidé de se marier. Entre-temps, elle aura reproché plus d'une fois à Joë l'aspect littéraire de son amour : « Mon amour t'inspire de belles phrases. Pour toi, c'est beaucoup – pour moi c'est peu », lui écrit-elle cruellement. Il lui répond meurtri et pourtant encore une fois plein d'humour : « Cette idée que mon amour est de la littérature, c'est quelque imbécile qui te l'a suggérée [...] Ça sent à une lieue le mâle sans orthographe[12]. » Il y aura beaucoup d'accrocs, beaucoup de soubresauts encore et, lorsqu'ils se reverront en décembre 1922, Joë, dans la situation d'un animal aux aguets par rapport aux dispositions de son amie, saisira que quelque chose est profondément changé entre eux et il n'hésitera pas une seconde à le lui dire : « Ma chérie, jeudi, à un moment de notre tête-à-tête, il m'a semblé que quelque chose entre nous venait de se briser, et je n'aurais pu dire d'où me venait soudain cette tristesse étrange comme d'un froid que je sentais dans ton cœur. » Juste avant, il lui écrivait : « Je sens en moi, et qui brûle mon âme, comme le rayonnement d'un affreux malheur qui ne m'est pas encore arrivé[13]. »

Demeure le ferment qu'est l'amour pour son œuvre à venir. En mai 1921, Joë Bousquet écrit à Marthe une lettre très éclairante sur le lien qui existe entre son travail d'écrivain et cet amour lointain dont il est à la fois malheureux et désireux. Il révèle à Marthe que son caractère change, que la compagnie des livres et des philosophes le détache de beaucoup de préoccupations secondaires. Désormais, il a tout à fait abandonné le droit : « J'ai vite renvoyé dans le grenier poussiéreux qu'ils n'auraient pas dû quitter ces livres barbares qui n'envisagent l'amour que dans ses conséquences juridiques[14]. » et il ajoute : « Je ne fais plus que de la littérature. Ce n'est pas une vocation : c'est la conséquence logique de mon amour. » Déjà, il est conscient que l'éloignement entre pour une part importante dans la pureté de cet amour : « Peut-être si nous avions vécu ces trois ans l'un près de l'autre, je t'aimerais autant mais d'une façon moins belle. Il me semble que j'ai spiritualisé ton souvenir et j'ai pour lui une sorte de dévotion véritable[15]. »

Trobar clus, comme il en fut jadis en Languedoc, à l'image de ces poètes réputés « fermés », quelque peu obscurs par rapport aux *trobar leu* plus clairs et plus légers. Il est bon qu'à cette époque de sa première jeunesse, quand commençait à peine cette vie de reclus immobile qui l'attendait pour de longues années, le poète ait trouvé un modèle littéraire auquel raccorder la singularité de sa situation – raccorder sans pour autant s'identifier, en envisageant les analogies qui peuvent exister entre sa manière d'aimer et celle des lointains troubadours de la région de Carcassonne, dont beaucoup furent cathares – animés d'un véritable désir de pureté – et durent s'exiler vers l'Italie et le royaume de Sicile où les cours les accueillaient et les protégeaient des persécutions tout en s'honorant de leurs dons.

A la lecture de l'un de ces troubadours, Guionet, il comprend soudain que son amour pour Marthe sera toujours malheureux. Il cherche des lois à cette tourmente dans laquelle il est emporté, et croit en trouver dans ces lignes du troubadour du XIVe siècle : « L'amour entre deux êtres est comme une onde dont aucune puissance humaine ne peut augmenter le volume. Chaque fois qu'un peu plus tu aimes ta maîtresse tu lui prends un peu du sentiment qui l'attirait vers toi. Le jour où tu seras mûr pour toutes les folies... Regarde-la : elle t'a oublié. » Joë Bousquet se délecte aussi des questions que posaient au XIIIe siècle Vidal de Carcassonne ou Raimon Gaucelm de Béziers et qui animaient les débats des cours d'amour : ces *tensons*, questions quasi insolubles soulevées par l'amoureux troubadour, du genre : « Qu'est-ce qui vaut mieux : Voir un amant sortir de chez sa maîtresse quand on va entrer, ou quand on sort en voir un entrer ? [...] Qu'est-ce qui vaut mieux : de voir mourir sa dame ou de la savoir infidèle [16] ? »

Ce n'est pas simple question d'érudition. Joë Bousquet se passionne pour les écrits des troubadours auxquels il est affilié par nécessité vitale de transmuer une condition cruelle en une poétique. Homme du Sud, il trouve tout naturellement chez les *parfaits* et les *trobars* – qui furent, eux aussi, des hommes *empêchés*, soit par la persécution sociale ou religieuse, soit par leur propre nature – un éclairage et une direction pour son expérience poétique.

5.

« Ils m'ont fait le père de mon bonheur »

La poésie doucement s'impose.

En décembre 1920, encouragé par son père, Joë Bousquet décide de préparer un concours de littérature. Il a par ailleurs rencontré le poète François-Paul Alibert, un ami de Gide, qui l'incite vivement à écrire et le met en contact avec André Gaillard et Jean Ballard. Ce dernier a fondé avec Marcel Pagnol la revue *Fortunio*, laquelle devient en 1925 *Les Cahiers du Sud*. C'est ainsi que débutent pour Joë Bousquet non seulement des liens littéraires très solides mais aussi, à partir de 1928, une collaboration étroite aux *Cahiers du Sud*, laquelle durera jusqu'à sa mort.

L'amitié s'invite comme enchantement affectif, mais aussi comme catalyseur de ses dons. Elle sera toujours pour lui l'un des visages de la littérature et une véritable « force résurrectionnelle », selon l'expression d'Alain Freixe. Dès cette époque, grâce à l'attention particulière qu'il porte à chacun, grâce à sa générosité, il se voit entouré d'un réseau d'amis indéfectibles, lesquels se rencontrent et se relaient à son chevet, lui apportant la manne de leurs récits, de leurs débats intellectuels et de leurs recherches. Par eux, le monde extérieur vient à lui, mais aussi leur propre monde intérieur, car ils sont poètes, professeurs, écrivains, peintres, philosophes. Autour de lui se forme tout naturellement une conque d'amitié, composée de Claude Estève, professeur de philosophie au lycée de Carcassonne, du jeune philosophe Ferdinand Alquié, de René Nelli, de Pierre et Maria Sire, tous écrivains de la cité de Carcassonne, une sorte de berceau de camaraderie, de disputes et de polémiques. Certains d'entre eux apparaissent au milieu de l'après-midi, d'autres tard dans la nuit. Sa porte reste toujours ouverte. Chacun peut à tout moment le surprendre ou le déranger. Cette porte – ces deux portes, devrait-on dire, puisque l'une est officielle et l'autre, dérobée, réservée aux intimes et seulement accessible par un petit escalier secret – laisse passer professeurs et écrivains, jeunes poètes, prêtres, et une nuée de jeunes femmes fascinées par ce beau garçon foudroyé et pourtant si intensément vivant, dont l'énergie s'exprime en une parole pleine de verve, de provocation et d'humour, par la gravité aussi et la tendresse – une tendresse rare – dans le langage et dans le regard : symbole de ce que peut être la vie lorsque tout ce qui faisait ses attraits s'est retiré pour laisser sur la grève son écume.

Dans ces années-là, Joë Bousquet n'a pas encore renoncé à l'extérieur. Son ami James Ducellier, qui vient d'acheter une Bugatti jaune, l'emmène souvent faire un tour. L'habitude est vite prise de grandes virées en voiture à travers le pays cathare, vers Montségur ou la Montagne Noire, vers la mer et toutes ces campagnes vallonnées des alentours de Carcassonne : Lapalme, Saint-Ferréol, autant d'étapes où retrouver de belles amies qui pourront peut-être agir sur la guérison du jeune homme.

François-Paul Alibert, quant à lui, est l'auteur d'une quarantaine d'ouvrages de poésie, dont quelques fameux érotiques. Poète néoclassique, il est, à l'époque, placé aussi haut que Paul Valéry. Joë Bousquet soupçonnera même Valéry de lui avoir fait quelques « emprunts »... Il a connu Gide en 1907 à Bagnols-de-Grenade chez Eugène Rouart. Au début, il n'est pas très désireux de rencontrer Joë Bousquet : il se méfie comme de la peste des Carcassonnais. Il déteste la ville, où il est pourtant secrétaire de mairie et, après sa retraite, directeur du Théâtre de la Cité. Pourtant, chaque soir jusqu'à la fin de sa vie, il rendra visite à Joë Bousquet, même lorsqu'il commencera à perdre la vue. Il apprend à son jeune ami à se constituer un milieu intellectuel qui va agir comme une bulle de survie au cœur de cette ville. Marc Thivolet fait remarquer que Joë Bousquet, dans sa première lettre à Jean Cassou, emploie l'expression « former des amis », qui peut se comprendre au sens de « constituer » comme au sens de « modeler » : « J'ai dû, depuis dix ans, former des amis, et composer dans la ville la plus bête du Sud le milieu dans lequel je souhaitais vivre[1]. » De son côté, Alibert fait comprendre à Joë Bousquet qu'il n'y a rien à attendre de la province et qu'il n'est jamais bon de déployer son art dans le milieu où l'on est né. Le tout premier ouvrage publié par Joë Bousquet est un essai sur François-Paul Alibert. Pour ce faire, il a utilisé un pseudonyme, « Pierre Maugars », une contraction de « mauvais garçon », choix de nom qui en dit long sur son attachement, encore dans ces années-là, à l'image de l'adolescent rempli de fureurs et de défis.

Quant à Claude Estève, lorsqu'il fait sa connaissance en 1920, il le rencontre au bon moment. Estève est professeur agrégé de philosophie au lycée de Carcassonne. Leur grande amitié va se traduire par un travail commun, une confrontation de points de vue et la création de la revue *Chantiers*. Alibert connaît lui aussi Claude Estève et avoue, dans une lettre à André Gide, le fuir comme la peste en raison de son activité de philosophe et de critique. Dans la même lettre, il parle de la revue à laquelle il a donné un texte : « C'est moi, en effet, qui t'ai fait envoyer *Chantiers* ; ces jeunes gens sont bien gentils, et je les aide de mon mieux. Ils n'ont à mes yeux encore, et probablement aux tiens, qu'un tort grave : c'est de ne jurer que par l'Evangile de saint André Breton[2]. »

Estève occupe une place prépondérante dans les cahiers et les romans de Joë Bousquet. Il est le complice et l'intime, capable de devenir, sous l'effet de la jalousie, le traître qui lui vole une amie très aimée ; il est aussi le compagnon dans la sphère des paradis artificiels.

« Je suis un miracle de l'amitié », écrit Joë Bousquet. L'amitié va compter comme une donnée essentielle dans cette vie de reclus. Toute sa dynamique intellectuelle se trouve alimentée, soutenue, exaltée par cet agrégat d'affection et d'estime intellectuelle grâce auxquelles va s'affirmer peu à peu sa pensée et s'étendre sa culture. Ce réseau, il pourrait se comparer à une toile d'araignée, avec en son centre la tisseuse, Joë Bousquet – image caractéristique que l'on retrouve plus tard chez le poète, vers la fin de sa vie. Autour de lui, au cœur de cette chambre obscure qui fonctionne comme la *camera obscura* d'un photographe, se nouent des liens affectifs très forts qui vont, de fil en aiguille, relier le poète à ce que la France compte de plus vivant, à cette époque, en matière de création littéraire et artistique. Il en est le moteur, l'énergie en action.

Dans *Traduit du silence*, il donne des pages magnifiques sur l'amitié, sur la bonté qui s'ignore, celle qui ne se sachant pas bonne se voit dotée de ce fait du pouvoir de conférer le bonheur à l'infini. Joë Bousquet a souvent évoqué ses amis. Ils constituent son paysage. Ils appartiennent à la trame de ses livres. Le poète perçoit leurs humeurs, leurs désirs ; rien ne lui échappe de leurs mouvements intérieurs, de leurs gestes et l'on comprend que ceux qui l'entourent voient en lui ce qu'il est réellement, oubliant son état de grabataire, le traitant d'égal à égal, avec un peu plus de rigueur ou de sévérité peut-être en raison de la très haute exigence qui lui est propre, mais sans complaisance, voire sans douceur : une bonté sans bonté, dépourvue de ce que l'on appelle la pitié, c'est-à-dire parvenant à ne pas laisser s'introduire entre elle et l'autre le moindre interstice de connaissance de ce qu'elle fait.

« Ce qui me frappe le plus dans leurs traits, c'est que toute expression de bonté en soit absente. Que l'on me comprenne ! Le sentiment que j'ai de ce qu'ils me donnent d'immense est comme démenti par la façon naturelle qu'ils ont d'être "eux" et de compter pour rien la transformation qu'ils accomplissent en moi. [...] Je ne dis pas : "Ils m'ont donné le bonheur." L'acte de "donner" suppose que l'on peut reprendre. Or, la forme de ce qu'ils me donnaient leur ôtait le pouvoir de me le retirer. Ils ne m'ont pas donné le bonheur. Ils m'ont fait le père de mon bonheur[3]. »

L'œuvre de Joë Bousquet est puissamment née dans l'amitié. Le poète a eu des frères d'armes. Dans la vie qui lui était faite, c'est sans doute l'expression qui convient le mieux : « fraternité d'armes », tant il eut à lutter. Les amis, véritables phares, eurent dans sa vie bien plus d'importance que dans une vie ordinaire. D'abord parce qu'il devait commencer par vaincre l'écran de pitié qui s'élevait toujours entre lui et le regard de l'autre s'adressant à celui qu'il n'était pas, ou du moins pas exactement, à cette dépouille d'homme blessé à laquelle il ne pouvait pas s'identifier.

A lui se pose, d'une manière nouvelle, la question infinie de l'identité : celui qui a été blessé, qui est-il ? Entre son corps et sa conscience existe un abîme infranchissable que toute son œuvre de poète va tenter de réduire. Le blessé est aussi, à son corps défendant, un être social : celui que voient les autres, celui auquel chacun peut prêter une souffrance parce qu'il est vu essentiellement par ce qu'il a perdu – par ce qu'il n'a pas, ou n'a plus. La lecture dans les yeux des autres est elle-même une souffrance, du fait qu'elle porte sur de l'irréel, et cela Joë Bousquet le rappellera souvent. Il n'est pas là où on le voit et sa peine n'est pas celle qu'on lui prête, parce qu'il est tout entier dans la vie et nullement dans la part morte de lui-même. Il ignore le retour sur soi narcissique. Un travail immense est devant lui : « ne pas être celui qu'il est » ou encore s'incorporer sa blessure par la pensée, par le langage poétique, autrement dit réunifier le corps et l'âme que le traumatisme, et d'autres facteurs aussi, ont

59

cruellement dissociés. C'est une véritable mise au monde qui l'attend. L'amour y tient une grande place, élément catalyseur, maïeutique, éclairé par l'exemple de Raymond Lulle, de Novalis ou de Milosz, des poètes passés avant lui par le feu. L'amitié y sera tout aussi déterminante. En témoigne cette lettre qu'il écrit à René Char à la fin de la guerre, après des années d'inimitié :

« Les jours n'auraient été que des consolations si je n'avais dû recevoir de ce matin la nouvelle que nous étions des amis. Elle vient de loin cette nouvelle. Elle a traversé bien des années sans perdre de sa blancheur. Elle a traversé des années de suie, de larmes. La voici prête à nous apprendre la grandeur de cette époque : les découvertes de l'amitié, quand nous avions dans tant d'années pensé ne réinventer que l'amour. L'amour a été, mais il a souffert. Il a perdu de son innocence. Il a obtenu toutes les complaisances. On le voyait trop. Et de partout. Pendant ce temps, dans l'ombre et sans que jamais son nom parût, l'amitié se montrait seule capable de compenser les pires désespoirs. Elle pouvait descendre au fond de l'horreur sans s'éloigner de nous. Elle est désormais le seul espoir dont nous puissions dire qu'il a tiré parti de tout, le seul élément humain qui n'ait rien à maudire de ce qui a été la mort et le martyre des meilleurs[4]. »

L'extraordinaire qualité d'attention que suscitait Bousquet chez ses amis, Carlo Suarès en donne un bel exemple.

A l'automne 1928, un numéro des *Cahiers de l'Etoile* parvient entre les mains de Joë Bousquet. La revue est éditée par Carlo Suarès et Mme de Manziarly. Son projet « Rationalisons le boire, le manger, le monde des objets [...]. Irrationalisons l'être, être ne possède pas d'objet » l'attire immédiatement. Bousquet écrit alors à Carlo Suarès pour lui proposer de collaborer à cette revue dont l'intitulé lui plaît.

A cette époque, Carlo Suarès considère la guerre de 14-18 comme une criminelle imposture et le stalinisme comme une vaste tromperie politique. Il a défini une ligne de pensée, qu'il appelle le « présentisme », fondée sur l'avènement du présent « que l'homme ne parvient pas à percevoir parce que sa conscience est prisonnière de son moi ».

Une correspondance s'établit entre le poète et le penseur, une véritable connivence immédiate, profonde d'où va naître l'une des très grandes amitiés de la vie de Joë Bousquet.

Marc Thivolet introduit ainsi leur correspondance :

« Ces lettres sont plus que le témoignage de deux amitiés "littéraires", plus qu'un dialogue dont le lecteur serait le témoin. Elles nous montrent une pensée en train de se faire et de s'éprouver. Elles nous révèlent l'intelligence au cours de son travail de création et de destruction [5]. »

Jusqu'en 1939, les deux amis développent un échange épistolaire, à un rythme soutenu, qui leur permet de se découvrir un peu plus l'un à l'autre dans leur démarche solitaire et de se reconnaître mutuellement. Cette amitié va beaucoup compter pour la naissance et le développement de l'œuvre de Joë Bousquet. C'est à Carlo Suarès, en ces années de torture et de renaissance, qu'il exprime ses pensées les plus intimes. Suarès, plus âgé que Bousquet, agit sur lui à la manière d'un conseiller, très exigeant sous son « adorable gentillesse ». Et Bousquet éprouve une confiance totale à l'égard de cet aîné extraordinairement perspicace. Après quelques années d'échanges, Suarès pressent que Joë Bousquet conserve au fond de lui un secret qu'il garde sur le cœur depuis sa blessure, observant chez lui le poids d'une chose très grave, très intime et si douloureuse qu'il ne parvient pas à en parler. En 1934, il lui écrit : « Tu nous caches l'essentiel. Tu retardes le moment de sauter tout entier dans ta douleur. Tu n'es pas encore tout à fait toi-même. » La réponse viendra deux ans plus tard sous la forme d'une lettre dans laquelle Bousquet raconte intégralement l'histoire de sa blessure, lettre qui demeure l'un des témoignages les plus émouvants du poète sur lui-même [6]. Après sa mort, Carlo Suarès a évoqué cette lettre : « Quant au fond, et aussi à sa forme, je tiens ce récit pour un des sommets de l'expression humaine. Bousquet, par la vertu de sa confidence, se trouve intégré dans la vie-mort, qu'en obéissance à son destin, il était allé cueillir. »

Au fond de leur grande amitié est un désir commun de désintégration intérieure. « Nul ne sait mieux que toi, cher Joë, que nos écrits n'ont pour toute origine qu'une sorte de désintégration interne en vertu de laquelle un je ne sais quoi d'intemporel fait pression[7] », écrit Carlo Suarès à son ami. Ces deux hommes, dont l'un « mourait sa vie » et l'autre « vivait sa mort » – l'expression est de Carlo Suarès –, se rencontrent sur ce terrain-là et se comprennent, même si leur nature les sépare, l'un étant philosophe et l'autre poète, la poésie, en fin de compte, échappant toujours à la raison. Lorsque Suarès écrit : « Tout le drame humain réside dans la lutte des hommes contre leur propre essence[8] », il rejoint profondément les aspirations de Joë Bousquet à se délivrer des formes et des masques. Suarès s'acharne, pour sa part, à un désengagement des idoles et des fantasmagories, religieuses en particulier, terrain sur lequel il a rencontré Krishnamurti.

Leur échange se concrétise d'abord par un essai commun, en forme de manifeste, auquel participe Philippe Lamour : *Voie libre*[9]. C'est là pour Joë Bousquet l'occasion de formuler pour la première fois les grandes lignes de sa recherche sur le langage – langage qui abolirait aussi bien la proximité que la distance dans le présent, qui parviendrait à une coïncidence de la raison et du désir – dont la quête éperdue trouvera chez les peintres une fraternité saisissante. « Par l'intermédiaire de ce que j'écris, mon âme se rend maîtresse de mon corps, et inversement[10] », écrit-il, formulant ainsi de manière lumineuse l'aspiration d'une génération entière d'artistes en même temps que sa propre démarche vitale.

Deux ans plus tard, Suarès, dans le feu de ces recherches, suscite, en 1932 un débat avec Joë Bousquet et René Daumal, le fondateur du Grand Jeu, débat qu'il considérera par la suite comme un testament philosophique dans lequel tous les trois tentent de définir une énergie évolutive qui ne soit ni finaliste, ni idéaliste, ni darwinienne, mais un retour à l'origine, à l'énergie naturelle portée par le présent – tentative audacieuse pour l'époque. Ce débat sera publié sous forme de dialogue à trois, *Les Paralipomènes de la Comédie psychologique*, passé presque inaperçu bien qu'il contienne en germe aussi bien la métaphysique expérimentale de Daumal que la mystique charnelle de Joë Bousquet. Il est bon de savoir qu'il fut un temps où ces trois grands esprits travaillèrent ensemble à une œuvre commune.

Puis les circonstances de la guerre les éloignèrent les uns des autres.

En juin 1938, Joë Bousquet écrit à Suarès : « La vie n'est pas en nous : elle nous blesse pour nous diriger et nous la connaissons avec une douleur dont nous n'avons que les ans pour nous guérir... Tu es peut-être le seul dans ce monde à tout à fait me comprendre ; le seul avec qui je serais heureux d'entamer un long et profond échange d'idées [11]. »

Cet échange n'aura jamais lieu : à cette époque Joë Bousquet subit de très graves crises qui le mettent chaque fois aux portes de la mort. Et à partir de 1939, Carlo Suarès quitte la France pour Alexandrie, dont il ne reviendra qu'en 1956. La guerre les sépare. Mais après la mort de son ami, Carlo Suarès a écrit qu'il était l'un des grands témoignages du pouvoir de l'esprit de l'homme. Il considérait la vie et l'œuvre de Joë Bousquet comme « un miracle de poésie pure, qui ne s'apparente à rien d'établi [12] ». Il ajoutait qu'il considérait son expression comme la révélation de ce que nous tenions jusque-là pour impossible, un témoignage de l'être à l'état pur chez un homme qui a été dépossédé de sa propre vie ; une évidence, en quelque sorte, de l'impossible. Au lendemain de la mort du poète, il aura ces mots : « Je crois que Bousquet fut la preuve, pour moi, de l'existence du noir, grâce au fait que nous nous retrouvions l'un l'autre par-delà ce qui venait nous frapper. Nous franchissions l'un et l'autre l'espace d'une mort à une autre mort : la sienne du noir au blanc, la mienne du blanc au noir. Je crois que je n'ai cessé, de longtemps, de mourir avec lui [13]. »

6.

« Sans cieux ni lieux »

En 1928, Eluard lit *La Fiancée du vent*[1]. Il écrit à Joë Bousquet : « Que n'est-ce un roman sans cieux ni lieux ? Votre façon de conter est vraiment adorable[2]. » Le vœu de Paul Eluard préfigure le ton général de l'œuvre à venir : après ce texte, il ne sera, en effet, plus possible de fixer un temps et un lieu aux écrits de Bousquet – mis à part les allusions à Carcassonne et les évocations des lieux de son enfance, Lapalme, Marseillens, La Franqui, qui sont tout ce qui lui reste du monde, lui revenant sous forme de réminiscences. Temps et espaces paraissent comme suspendus dans un arrière-monde qui est l'exacte réalité du poète dont l'univers s'est refermé à tout jamais sur l'extériorité pour s'ouvrir à un champ imaginaire et mental fabuleux, et pourtant toujours suscité par l'observation exacte de faits réels survenus autour de lui et en lui.

Dans une lettre à Jean Paulhan, il confirme cet « a-topisme », si l'on peut dire, et lui donne une explication d'origine physique : « Il m'arrive, en écrivant mes livres, de ne plus savoir où je suis, et de continuer à écrire pour me retrouver. C'est un aveu terrible[3]. » L'absence de sensation kinesthésique de l'unité de son corps a de profondes incidences sur sa perception, sur sa mémoire aussi. Le temps brisé, les souvenirs accrochés au discontinu, la localisation dans l'espace devenue purement idéale se répercutent nécessairement sur l'œuvre. Le poète avoue s'égarer parfois en écrivant, il s'enfonce dans un indéterminé intérieur où les repères sont rares, mais il poursuit, et en poursuivant, retrouve son chemin en l'inventant. C'est-à-dire que là où n'importe qui s'arrêterait, lui commence, depuis ce point d'égarement auquel il achoppe en raison d'abord de son désarroi physique. Au départ, il lui faut passer par cette absence d'une moitié de lui-même, par ce vide qui trouvera sa correspondance naturelle, en matière affective, dans l'absence de l'aimée. A une sensation kinesthésique tronquée répond la sensation affective faite de blancs, souvent provoqués par lui, qu'il va combler par le langage. Nous entrons, avec Joë Bousquet, dans l'ordre magnifique du fragment, comme ces fresques à demi effacées derrière lesquelles se devinent d'anciens traits obligeant à imaginer, suscitant l'interrogation infinie à laquelle aucune réponse jamais ne sera apportée. Mais les fragments sont si forts, accrochés comme ils le sont à l'instant, qu'ils occultent finalement les blancs. Le langage part de bien plus loin que chez d'autres, mais il remonte ensuite bien plus haut, comme s'il existait une correspondance d'ordre... arboricole entre la profondeur, où la racine s'en va puiser son commencement de vie, et l'altitude, où s'élève vers le ciel son grand tronc. Le langage est l'outil permettant de remonter la pente de l'impossible. Lorsque Joë Bousquet écrit : « Le zéro de l'expression littéraire n'est pas pour moi au même point que pour les autres [4] », il donne un éclaircissement sur le cheminement des mots à travers le no man's land de l'absence de perception de son intégrité corporelle qui est la toute première difficulté à traverser.

Bousquet n'aura guère de mal à entendre la leçon de François-Paul Alibert qui lui conseille de sortir mentalement de sa province, puisque ses écrits ont une tendance naturelle à se situer dans des temps et des lieux insaisissables. Il s'expliquera à Jean Cassou sur ce sujet : « L'absence d'un corps, car, tout entier que je sois resté, mon insuffisance nerveuse m'a aux trois quarts insensibilisé, m'a fait perdre le sens physique du lieu, atteignant en moi-même les sources mêmes du temps[5]. »

L'architecture manque. Le fil du récit se coupe, puis reprend, tissant des textes déroutants, hachés, difficiles, s'apparentant à du rêve éveillé dans lesquels la réalité, saisie par bribes, par haillons, est sans cesse recouverte par la vision onirique, l'un et l'autre s'interpénétrant un peu comme l'océan et la rivière dans les paysages bretons se recouvrent et se dévoilent tour à tour selon un rythme essentiellement naturel, nullement forcé ni même composé, mais suivant sans doute ce que l'on pourrait appeler l'horloge interne du poète. Aussi faut-il pour le lire une bonne volonté première puisque aucune histoire à proprement parler ne se dégage de ces tableaux traversés de personnages dédoublés, fantomatiques, dont les paroles et les actes semblent attrapés au vol sans appartenir à une logique de récit traditionnelle.

L'homme couché doit trouver une autre manière de s'enraciner. Il doit restaurer les fils qui le rattachent à son propre corps, son terrain d'action, afin de se « réincorporer ». C'est par la poésie qu'il y parvient. Sa manière d'écrire est affectée – ou plutôt ensemencée – par son existence. Joë Bousquet a fait remarquer comment l'immobilité physique a eu des conséquences sur la forme même de son écriture. Il s'est confié sur ce sujet à Paul Eluard, lui-même très atteint physiquement, et à André Breton qui était médecin. Au premier il parle de l'abolition du rythme dans son corps blessé et des conséquences sur ses livres :

« Ces livres, évidemment, me ressemblent ; et contiennent du bon et de l'illisible, demandent beaucoup de courage à celui, comme vous, qui les lira d'un bout à l'autre, car je sens qu'on y prend un peu mon mal et que j'aurai rendu un peu sensible toute l'horreur d'une déchéance qui veut se faire passion[6]. »

Difficile de lire le poète, il est vrai, sans faire un tant soit peu sienne son existence. Lire n'est jamais un acte innocent. Lorsque Bousquet parle de « naturaliser » sa blessure et, par la méditation sur lui-même qui est un travail surhumain, de rentrer à l'intérieur de cette peau dont il a été brutalement séparé, un jour et pour toujours, il conduit son lecteur à s'identifier à l'être blessé dont l'œuvre est un triomphe de vie. Nul ne connaît la souffrance d'un autre, même si l'empathie ou la sympathie donnent parfois l'illusion de l'approcher. En revanche, celui qui, par le langage poétique provenant du fond de son être, décrit sa vérité, comme le fit Proust, d'une manière très différente de Joë Bousquet, beaucoup plus construite sans doute et beaucoup moins subversive, moins « terroriste », nullement surréaliste, cet homme-là donne à voir, à travers son propre destin, quelque chose de commun à l'humanité entière. Il donne la vie. Chaque phrase vient chercher par la main le lecteur, ravivant en lui une conscience et, sans doute, une souffrance, latentes. La langue poétique inaugure cette capacité de réveil, réussit à distendre le tissu compact de l'habitude, à en casser le moule pour faire entrevoir une réalité d'une bouleversante et douloureuse beauté.

Longue bataille contre la désincarnation, contre la tendance naturelle à ne pas toucher terre induite par le fait de vivre couché et nu-pieds, c'est-à-dire l'impossibilité physique d'éprouver la réalité du sol. Dans le même temps, la recherche de la pureté a été une constante de l'art poétique de Joë Bousquet. Celui-ci s'est approché toujours plus près du réel par le mot exact, jusqu'au vertige. Il s'en explique dans une lettre à Ginette, en ces années où il éduquait intellectuellement et affectivement la jeune fille en souhaitant la voir devenir écrivain :

« C'est l'asservissement à la plus grande passion de la rigueur, de l'exactitude. [...] Le dégoût de l'à-peu-près, une recherche maladive de la sincérité en tout... Car on finit par s'apercevoir (à mon âge) que dans les sphères supérieures le problème intellectuel et le problème moral sont étroitement liés. Se perfectionner dans son art, c'est devenir plus pur, plus incapable d'un mensonge[7]. »

Mais Joë Bousquet n'est pas un moraliste : cette pureté de l'expression, cette transparence de cristal joue sur le plan poétique : elle doit instaurer une fluidité naturelle entre ce qui est éprouvé et ce qui est exprimé au terme d'une dissolution des écrans et des masques : tous ces murs dressés par la raison ou la psychologie. Cela s'atteint au terme d'un long travail dont l'ordre ne semble pas psychanalytique, ou du moins pas seulement, mais d'ordre créatif. Ici le langage ne se contente pas d'exprimer, il doit aussi imprimer : il est le lieu de la transformation, du fait même qu'il est de nature poétique : il renvoie les mots dans un nouvel espace inventé par eux et pour eux. Ce sont les mots qui se révèlent porteurs d'un sens à dévoiler, un sens dont l'acte d'écrire a la faculté d'ouvrir le portail.

Maurice Blanchot a employé à propos de l'écriture de Bousquet le terme d'« irisation », le plus propre, selon lui, à définir cette pensée en perpétuelle transformation et comme « baignée de lumière[8] ».

Le conteur mêle réflexions fulgurantes et impressions intimes – comme si l'impressionnisme subsistait chez lui entrelacé à un romantisme visionnaire à la manière de Novalis. Le lecteur se voit entraîné dans un processus méditatif, lequel réclame de sa part cette adhésion qui a pour nom bonne volonté. Long recueillement, qui parfois tourne à la rumination, chez un homme que sa blessure et son existence ont appelé à une connaissance peu banale, un homme dont la voix est révélatrice de secrets essentiels concernant la vie et le destin. Romans, contes et récits ne seront donc pas à prendre comme des fins littéraires en soi mais comme les soutiens, les bourdons (en musique, le bourdon soutient, en arrière-plan, la mélodie) d'un songe éveillé. C'est cela que l'on rencontre dans chacun de ses romans, dans ses contes, dans ses journaux et dans sa vaste correspondance amoureuse et amicale, c'est à cela que conduit chacune de ses phrases, chacun de ses poèmes, en emportant le lecteur dans des contrées où bien rares sont ceux qui ont la possibilité de se rendre, faute d'avoir tout quitté, par nécessité ou par choix. Dans le cas de Joë Bousquet, il s'agit à la fois de nécessité et de choix puisque le poète aurait pu aussi bien s'orienter vers une tout autre vie après la blessure : vers les distractions, vers une amertume nostalgique ou vers le cynisme, ou encore vers le simple suicide. Ce ne fut pas le cas, même si le suicide semble être demeuré présent à son esprit comme une issue possible qui renforçait l'intensité du choix de vivre et d'écrire.

Au cours de l'été 1930, il écrit à son ami Jean Cassou : « L'hiver que je viens de passer a été terrible. Au moins m'a-t-il apporté la preuve que j'étais incapable de me suicider. Après des chagrins très grands, très longs, je me suis aperçu un soir que je ne "reconnaissais plus la musique". Elle venait de plus loin et dans le sentiment élargi qu'elle me faisait prendre de moi-même, me faisait dépasser tout désir de connaissance... [...] à ce moment-là, il me semble qu'écrire c'était donner une profondeur au silence[9]. »

A cette époque, un texte de Rilke, une lettre envoyée en 1925 à Witold von Hulewitz, marque de façon décisive l'attitude philosophique et littéraire de Bousquet. Dans cette lettre de la fin de sa vie, Rilke rappelle à son ami combien vie et mort, à ses yeux, sont deux domaines illimités, inépuisablement nourris l'un de l'autre et formant une unité indissociable. Il y développe l'importance de l'« Ici » au détriment d'un Au-delà et d'un En deçà irréalistes, avouant s'éloigner de plus en plus du monde chrétien pour laisser vivre en lui une conscience infiniment terrestre. « Il ne s'agit donc pas seulement, écrit Rilke, de ne pas condamner ou rabaisser l'Ici ; mais du fait même de la précarité qu'ils partagent avec nous, ces phénomènes et ces choses doivent être par nous compris

selon la plus intime entente, et transformés. Transformés ?
Oui, car notre tâche est d'imprimer en nous cette terre provisoire et caduque si profondément, si douloureusement et si
passionnément que son essence ressuscite "invisible" en nous.
Nous sommes les abeilles de l'Invisible. Nous butinons éperdu-
ment le miel du visible, pour l'accumuler dans la grande ruche
d'or de l'Invisible[10]. » Cette lettre de Rilke infléchit à jamais
la courbe de la trajectoire poétique de Joë Bousquet en l'ins-
crivant dans un refus de tout idéalisme au profit d'une attention sans relâche portée à ce qui se trouve sous ses yeux et
dans ce corps – cette vie en apparence brisée en mille miettes.

7.

Immobilité

Tout au long de son œuvre, le poète s'emploie à faire scintiller le foisonnement du monde réel. Il n'y a plus, pour lui, de paysage ni de voyage, ni même la possibilité d'aller vers eux. En revanche, le monde, la société, l'art viennent à lui, passant par la porte ouverte de sa chambre aux heures où il se prête à toutes les intrusions : offrant le libre accès à une spontanéité requise. Les amis le savent et n'hésitent pas à pousser la lourde tenture pour s'installer des heures durant à raconter, décrire, la vie extérieure, mais surtout pour se rencontrer, se craindre ou s'aimer autour du poète, dépositaire de toutes les confidences.

A son chevet, l'homme immobile reçoit le monde et donne la vie. Il anime ce qui vient à lui, l'enveloppe dans son halo poétique, comme si son corps, doté d'un mystérieux rayonnement, au fond de la chambre obscure, devenait le révélateur d'images intérieures qui nécessitaient sa déchéance pour apparaître.

Comment concevoir ce qu'est l'immobilité absolue ? Les stylites du désert égyptien, ou quelques ascètes de l'enfermement, ont pu s'en approcher volontairement. Cela ne ressemble à rien de connu. Cela ne relève pas de la plainte. Joë Bousquet ne s'est jamais plaint de sa condition et n'en a jamais usé autrement que comme substrat de l'écriture. On ne trouve pas trace dans son œuvre de lamentation ou de complaisance : son rapport à la douleur est dénué de toute perversion. Son état, en revanche, lui donne toutes les occasions d'observer et d'analyser, d'exercer l'attention si chère à Simone Weil. Il est l'incarnation de cette disposition de l'âme par laquelle se voient écartés d'eux-mêmes les parasites, plaintes et regrets, soucis et scrupules, qui maintiennent l'esprit dans l'ordre du pâtir – sombre versant de l'agir.

L'un de ces parasites a pour lui le nom de « bonheur », et c'est, au fond, la seule immobilité qu'il récuse de toutes ses forces. Dans son dialogue avec Carlo Suarès et René Daumal, il fait allusion à ce bonheur conçu uniquement dans sa forme négative comme un état de non-souffrance, une « immobilité ennemie développée contre le Temps », qui lui apparaît comme le pire état auquel puisse parvenir un homme, « celui dans lequel les religions occidentales prétendent nous faire trouver nos aises [1]. » Mais une tout autre conception du bonheur fermente déjà en lui à cette époque.

Simone Weil, plus tard, lui apportera un autre éclairage sur l'immobilité lorsque, dans l'une de ses lettres à Joë Bousquet, elle fera remarquer que même si l'accident, qu'elle nomme le malheur, n'impose pas l'immobilité, il existe toujours en l'homme une immobilité forcée du fait que l'âme est toujours continuellement collée à la douleur. La jeune philosophe ajoute que cette immobilité (dont le sens grec est la suspension de tout mouvement, l'attente à l'abri des choses du dehors) est ce qui permet à l'âme de grandir : « Grâce à cette immobilité, la graine infinitésimale d'amour divin jetée dans l'âme peut à loisir grandir et porter des fruits dans l'attente [2]. »

Cet état, exceptionnel pour un homme, si l'on y songe, permet de faire l'économie de la fuite. Il est la première et essentielle condition d'une disposition spirituelle expérimentée par les religieux et les mystiques de toutes les civilisations. Son antithèse, tout aussi rare, est le mouvement volontaire et épuisant du pèlerinage, avec ses périodes d'atonie ou d'*acedia*.

La descente, en soi, vers les zones immobiles de l'être, ces régions douloureuses, dont il n'est pas possible de tirer le moindre mouvement, ces pierres d'achoppement, offre un terrain disponible et vierge à certaines perceptions ne pouvant voir le jour autrement que dans la suspension du vouloir attaché à l'action. Ce renoncement, voulu ou forcé, se révèle un terrain fertile, même s'il apparaît comme une défaillance du système admirablement efficace de l'action humaine. N'est-ce pas le champ même de l'art ? Celui de l'inutile et du dé-mobilisé.

En de rares occasions, un cri s'échappe de la plume de Joë Bousquet à propos de l'immobilité dont, en explorateur, il a sondé tous les recoins, toutes les pistes et dont il a usé les rugosités comme les agonies. Si le constat est terrible – il aurait pu être un magnifique poète de la nature, si l'on en croit certaines pages sur la nuit dans le jardin de Villalier –, il n'en est pas moins sage : son goût pour le réel l'a attaché à ces fruits de l'immobilité que sont l'écriture, la lecture, l'amour bien particulier qu'il porte à ses proches et qu'il reçoit en retour. Il observe ce qui se passe autour de lui, cette ronde d'humains, et y lit la pure substance de la bonté. Pas trace de regrets : seul l'amour de ce qui est, quand bien même cela serait hors de lui, hors de son atteinte. Ce qui ne l'empêche pas de s'étonner de cet épisode de sa petite enfance où, malade de la typhoïde, il avait supplié son oncle médecin de ne pas le soigner, de le laisser mourir.

D'un emprisonnement entre quatre murs, le poète tire la substance d'une étrange dynamique. Il met au monde sa propre vie, sans modèle, sans référence, et à l'intérieur de sa prison, il bâtit un espace illimité pour ses amis et pour tous les inconnus qui le liront un jour. « *Immobile, tu voyages dans une direction dont les deux extrémités t'échappent... l'individu immobile est le plus rapide de tous :* il faut qu'il ait la profondeur et la hauteur de ce qui le porte[3]. »

Ce voyage, pour peu que le poète consente à s'enfoncer

dans son épaisseur, sans peur, en véritable aventurier, lui dévoile des énigmes dont ses livres sont parsemés. Lire Joë Bousquet ressemble à une course au trésor. L'empêchement a mis au monde, chez lui, des facultés nouvelles dont nous n'avons pas fini d'explorer les ramifications. Inépuisable est le contenu.

« Aucun homme ne peut durer entre quatre murs. Si, par quelque géométrie en mouvement, on enchaînait son regard aux murs de sa prison, il mourrait bientôt d'avoir à porter le poids écrasant de son esprit. Mon expérience de prisonnier m'a édifié ; libre, j'engendrais l'étendue où je croyais me déplacer comme un objet. Immobilisé, je me suis aperçu que le battement de mon cœur créait sans relâche l'espace où si souvent j'avais cru reconnaître le décor stéréotypé de mon enfance[4]. »

Pour nous, si attachés aux valeurs du mouvement, du voyage, de la découverte du monde, à toutes ces vertus contraires à l'immobilité, la voix de Joë Bousquet résonne pourtant d'une étrange familiarité, comme si elle renvoyait dans des horizons intérieurs illimités toutes les vertus que nous prêtons à l'espace géographique. Ce que certains recherchent dans le perpétuel déplacement – l'illumination de l'âme –, Joë Bousquet nous le fait apparaître dans la prison à vie d'une chambre, le corps étant une fois encore, mais différemment, le support à toute démarche intérieure.

Point besoin de se flageller, ni de porter un cilice, ni de pratiquer des macérations, ni de se livrer à des marches exténuantes pour accéder à cet état favorable aux perceptions d'ordre spirituel. Ce qui lui a été imposé par la blessure l'a aussi implanté dans une ascèse naturelle qui ne ressemble en rien au déni du corps des ascètes de toutes les religions, mais conduit, en fin de compte, au pied de la même porte, celle d'une transmutation. « Transformer », disait Rilke...

« Privé de mon corps, je n'ai d'expérience que de lui[5] », écrit-il à Jean Paulhan. Sans avoir jamais attribué d'importance particulière à la souffrance pour elle-même, sa vie en est trop intimement pétrie pour qu'il puisse lui donner une existence autonome ou se garder la possibilité d'en user à son gré. Après tout, rien n'interdisait à saint Syméon de descendre de sa colonne. Tout empêche Joë de se lever ! Pour celui qui connaît la souffrance (et qui d'entre les hommes ne la connaît pas ?), le corps et l'esprit sont indissociablement liés et pourtant séparés. Mystère de cet attelage-là. Celui qui souffre a mal, mais il souffre aussi de souffrir. La réactivation de l'un par l'autre est infinie à moins d'un travail intérieur de dissociation, de désenclavement auquel le poète se livrera, recherchant dans l'état de fait (ne plus pouvoir marcher, être en proie à de grandes douleurs) une porte d'entrée (ou de sortie) dans l'ordre poétique qui est le sien : le champ infini ouvert au cœur de l'impossible.

L'immobilité et l'absence de lien avec le sol ont une autre composante qui donne l'image d'un plus grand dénuement encore, s'il est possible : le fait de vivre nu-pieds.

Joë Bousquet évoque, dans *La Neige d'un autre âge*, « la longue mélancolie de vivre nu-pieds[6] ». Cette situation le maintient dans cet état d'enfance qui précède l'acte de se mettre debout. Vivre nu-pieds était un renoncement volontaire des pèlerins au Moyen Age. Aller nu-pieds constituait aussi bien la punition des criminels de sang que l'ascétisme parfait pour ceux des pèlerins qui avaient librement choisi le voyage vers le lieu saint. Ce fut aussi l'apanage de l'ordre monastique des Carmes. Etre nu-pieds, c'est être presque nu, privé de la médiation nécessaire entre le corps et le chemin, c'est aussi être doté d'un surcroît de perception et de sensibilité, au détriment, chez le poète, de l'enracinement que procure le contact physique avec le sol.

Il sait quelle ironie, significative pour lui, se cache dans la nudité de ses pieds. Au cours de sa brève jeunesse, il a tou-

75

jours accordé une attention extrême à ses souliers, par souci d'élégance. Ce goût d'être bien chaussé, qu'il qualifie de « fétichiste », a joué un rôle décisif au moment de prendre le risque ultime qui lui a valu sa blessure. Alors que tous ses camarades montaient au feu avec, aux pieds, de modestes godillots, au cas où ils seraient faits prisonniers, afin de ne pas risquer de laisser à l'ennemi leurs bottes de cuir, lui tint à monter à l'assaut, le 29 mai 1918, chaussé de bottes rouges, très belles et très voyantes. Une manière de tenter le diable, qu'il reconnaît n'avoir pas comprise à temps : « Les faits sont impénétrables. Ils sont le secret de notre vie, mais pas notre secret : ils se cachent derrière l'objet qu'ils emploient pour nous fasciner[7]. »

Et le voici déchaux pour le restant de sa vie, rêvant d'eau claire où purifier ses pieds...

A cette situation répond une non-adhésion intellectuelle, dont le sens est aussi à chercher dans l'impossibilité de toucher terre. Chez la plupart des hommes, la première « adhésion », si l'on peut dire, commence le jour où l'enfant se met debout et fait ses premiers pas, créant de ce fait un lien avec le sol qui le rend capable d'accomplir physiquement son vouloir. La volonté en mouvement commence par la marche.

Reste un mot que l'on ne peut occulter : le courage. Celui de cette vie immobile, il faut y songer comme la constante d'une adhésion de l'esprit à sa condition physique. Est-il réponse positive plus entière que la sienne au choc de l'existence ? Cette détermination de ne pas laisser une parcelle de soi hors du *oui* : un oui élaboré, heure par heure, conquis sur les vagues du désespoir, cultivé comme la lumière arrachée aux ténèbres, ou plus exactement comme la lumière incluse dans les ténèbres et détectée sans relâche dans ce « noir de source », réalité première que l'on pourrait dire primitive, que rencontre Joë Bousquet lorsqu'il se trouve face à lui-même. Lumière noire dont la quête représente l'objet d'une vie vouée à la poésie et qu'il s'emploie mot à mot, phrase à phrase, à extraire de la boue. Car boue il y a : un étrange sentiment d'abjection causé par ce corps qui ne lui répond plus, dont la déchéance n'est pas seulement physique mais morale. Une sorte de culpabilité l'habite, étrange à concevoir pour qui n'est pas blessé : le pressentiment qu'il aura une pente d'ordre éthique à remonter pour être.

Le courage, Joë Bousquet y fait allusion vers la fin de sa vie dans une lettre à Ginette Augier, celle qui fut sans doute l'amour essentiel de sa vie. Il évoque, peu avant sa mort, le courage qu'il fallut à l'homme cloué à lui-même, marqué par cette sensation de pesanteur insurmontable : celui de s'inventer un espace dans l'espace, c'est-à-dire d'avoir recours à toutes les possibilités ouvertes par la pensée, de n'en négliger aucune : cette énergie que donne le désespoir. Il en a envisagé tous les aspects et déjoué tous les faux-semblants :

« Personne au monde ne sait, encore que deux ou trois hommes le soupçonnent, ce qu'il faut de qualités, de défauts inconnus, de barbarie pour préserver l'œuvre d'un homme immobile, et sans aucune source extérieure de renouvellement.

» Un homme sans lien avec le sol, avec le vent, avec l'espace n'est plus que ce qu'il boit, mange, désire... mais ce qu'il espère – et cette espérance le fuit, ou prend sa place. A la rigueur, il reste la solution du rigolo, de Scarron, qui refait toute sa vie le même genre de fausse gaîté.

» Mais construire une œuvre – bonne ou mauvaise – mais longue, sans personnages, sans emprunts, sans inspiration collective, sans impulsion physique, *personne ne peut savoir ce que c'est*. On dit : talent, on dit : salut par la poésie, ce sont des mots vides. N'importe qui, touché comme moi, aurait accompli une œuvre pareille, *à la condition d'y mettre le prix*. Je n'ai encore jamais rencontré un homme de qui j'aie pu me dire : "Celui-là y aurait mis le prix." [8] »

Le langage est le lieu même de cette rage. Il brave la mort. Chez Joë Bousquet, l'aventure du langage est d'autant plus unique qu'elle est affaire de survie physique. Sa démarche poétique est restée, du premier au dernier jour, une incursion en *terra incognita*, au péril de la vie, sans bâton ni chaussures, au sens propre comme au sens figuré.

Son entente immédiate avec Henri de Monfreid, l'aventurier par excellence, et sa profonde sympathie pour lui n'ont donc rien d'étonnant. Celui-ci était en séjour dans sa famille à La Franqui, lorsqu'il vint voir Joë Bousquet, en 1930, à Carcassonne, comme Bousquet l'a raconté à Ginette : « Comme je m'y attendais, je passe ma vie avec Henri de Monfreid. Nous sommes abasourdis de nous trouver si semblables. Et je me sens extraordinairement secouru par l'exemple d'une vie inouïe d'aventurier et de corsaire où ne régnait nulle autre force spirituelle que le sentiment même que j'ai de la mort et de la vie. [...] Il faut, pour le comprendre, l'entendre dire à voix basse : "Je ne sais pas ce que c'est que la mort : *la mort n'existe pas.*" Il ressemble beaucoup à Madeleine Montagné, sa cousine germaine, laquelle est très amusée de nous voir si parfaitement d'accord. Mais la plupart des entretiens se poursuivent en son absence. Car il m'a déjà confié des choses que tout le monde ici doit ignorer[9]. »

8.

« Elle a mis ma vie dans mes yeux »

L'été, la famille se transporte à Villalier, dans la campagne de Carcassonne, au bord de l'Orbiel. Dans le parc de l'ancien prieuré, se trouve un pavillon qui est réservé à Joë. Il s'y installe avec ses bouquins et sa chaise roulante. Juste à côté coule la petite rivière entre mousses et roseaux. Là aussi, sa porte reste ouverte nuit et jour. Il sort parfois en fauteuil roulant, et s'en retourne lorsqu'un regard féminin passe par là, risquant de laisser paraître quelque pitié dans ses yeux.

Mais un soir, alors que la nuit s'annonce longue et remplie d'angoisse, une toute jeune femme se glisse dans la pièce et vient s'asseoir sur son lit. Alice, une « fillette », a des yeux immenses et un rire qui « vaut tout l'or du monde », bien que le malheur se lise sur son visage. Joë Bousquet a raconté dans *Il ne fait pas assez noir* l'histoire de cet amour. Alice y a pour nom Didi.

Tout naturellement, Alice revient chaque soir, en cachette de sa famille. Désormais, il l'attend avec un bonheur mêlé de surprise. Un grand amour « très charnel et très pur », dira René Nelli, s'établit entre eux. La simplicité de cette jeune fille, la spontanéité de ses reparties, la vérité de cet amour surprennent les défenses du poète et en déjouent sans doute les artifices. « L'extraordinaire jeunesse de cet été me prend, pour ainsi dire, au dépourvu. Une grande joie calme entre partout, et dans les endroits les plus reculés de mon séjour, s'emploie à effacer des vestiges qui m'acoquineraient encore à mon passé. Pas un rayon de soleil dans cette atmosphère magnifique, pas un arbre qui ne me paraisse emporté comme un pavillon dans le balancement chanteur d'un vaisseau. Comment expliquer que tout, cette année-ci, me paraisse, à la fois éternel et provisoire et ne se pouvoir approcher de moi qu'en se soulevant sur les vents – tout ce que j'aime et que je vois revêt un arbre de Noël aussi fragile que ma vie : le reflet de l'herbe embrase l'eau de l'Orbiel ; et comme on s'attend à voir une lanterne vénitienne, levée dans la nuit, éclairer un visage, je guette déjà, derrière la première apparence venue, celle qui va me la faire oublier [1]. »

Chaque apparition d'Alice devient enchantement et retour de l'espérance. Cependant cet amour très authentique et réciproque va se heurter à une trop grande douleur, qui finalement aura raison de lui : « Je lui ai bien dit que le bonheur, il n'était pas en son pouvoir de me le rendre. Elle ne réussirait qu'à embellir ma tristesse [2] », écrit le poète qui craint en toute femme l'esprit de sacrifice et se refuse à croire que l'on puisse l'aimer. En ces années qui succèdent à la blessure, après que Marthe a finalement capitulé face aux obstacles qui se présentaient, Joë Bousquet se voit comme un être avili par son immobilité et son impuissance, même si le désir ne l'a pas quitté. De cette image qu'il a de lui, aucun amour ne peut, à ce moment-là, le sauver. Pourtant Alice désire l'épouser, ce qu'il refuse par crainte d'un sacrifice de sa part, mais peut-être aussi poussé par un instinct très fort qui lui souffle qu'un mariage priverait l'écrivain d'une bienheureuse liberté et risquerait d'altérer la solitude indispensable à la création. En tous les cas, il refuse ce mariage et Alice s'éloigne, profondément blessée. Elle se marie, peu **après**, par dépit, avec l'un de ses amis du village. A partir du moment où Joë Bousquet lui dit non, le malheur s'empare de la jeune femme. L'enfant de son union mourra en bas âge. La fin de cet amour limpide, comme la fin du roman, est empreinte de tristesse et de tragédie. Le regret, le remords et un sentiment de fatalité retombent sur le destin d'Alice qui, souvent, va réapparaître dans ses cahiers comme l'un des êtres proches auxquels il aurait porté malheur.

« La beauté du paysage qu'elle a quitté s'était levée ce soir dans ma tristesse. La campagne que mon cœur a trahie s'éloigne de moi dans cette beauté que l'absence de mon amie me découvre[3]. »

Une fois Alice rendue à l'éloignement, Joë Bousquet réalise l'importance de cet amour qui fait renaître son espérance. « Elle a mis ma vie dans mes yeux[4] », écrit-il. Mais il y avait en lui cette méfiance insurmontable à l'égard de l'amour chez celui qui ne se pense pas « aimable ». A cela s'ajoutent les insinuations de ses proches soupçonnant que pourrait se glisser de l'intérêt dans l'amour que lui porte la jeune paysanne. Entourage bourgeois, parents aux aguets, manque de confiance en soi, terreur de ne pas être aimé pour ce que l'on est : sans doute tous ces éléments ont-ils joué dans sa décision de ne pas épouser Alice.

Un épisode – l'une de ces coïncidences qui parcourent son existence – intervient dans cette histoire pour lui conférer une sorte d'étrangeté, peut-être aussi une signification cachée. Il le relate à Carlo Suarès dans l'une des premières lettres qu'il adresse à l'écrivain : lorsque Alice venait le retrouver le soir à Villalier, elle emportait la clé de sa porte d'entrée. Un jour que Joë lui demande à voir cette clé, il s'aperçoit qu'elle est parfaitement semblable à une autre clé, précieusement conservée, celle que lui avait confiée sa maîtresse pour qu'il puisse entrer chez elle quand il le voulait à l'âge de dix-huit ans. Les deux clés sont identiques, au point que Joë Bousquet se pose la question : « Ce soir-là, n'est-ce pas avec la clé de mes dix-huit ans que ma petite amie est revenue jusqu'à son lit[5] ? »

D'autres coïncidences entourent l'histoire tragique d'Alice.

L'un de ses proches, qui la connaît, remarque un jour que la jeune femme, sur le point de se marier avec un autre, fait penser à un chien écrasé. A ce moment-là entre dans la chambre une grande femme en deuil, bouleversée parce qu'elle vient d'assister à un accident dans lequel un petit fox s'est fait écraser sous ses yeux... Cette image du chien écrasé, de l'innocence assassinée reviendra souvent dans ses écrits comme une hantise récurrente de son imagination poétique.

La jeune femme réapparaît dans un texte tardif, *Le Mal du soir*, livre mélancolique, triste comme l'angoisse vespérale, où le regret de l'amie de sa jeunesse, la « fillette » à laquelle il pense trop rarement, dont le souvenir, pourtant, ne l'a jamais quitté, a laissé dans son cœur « un chagrin qui ne veut pas être et qui jamais ne dormira[6]. » Est-il plus belle expression pour dire l'amour inabouti ?

9.

« Une forme de vie à lui tout seul »

> « Celui qui se consacre tout entier à écrire des livres n'écrit pas de beaux livres. »
>
> Marguerite Yourcenar,
> *Mishima ou la vision du vide.*

« J'ai cru que l'acceptation de mon sort devait prendre la forme d'un livre[1] », écrit-il à Jean Paulhan en 1938. Ecrire et vivre désormais vont de pair. Mais dès ses débuts en écriture, Joë Bousquet exprime à quel point il hait les littérateurs et combien leur démarche lui est étrangère. Toute sa vie, il reviendra sur cette horreur de la littérature pour elle-même : « Tout ce qui est purement littéraire me fait vomir. Je ne cherche à m'exprimer que pour mieux mettre à vif en moi-même cet être secret qui n'a pas à vivre[2]. » Ou, toujours à Jean Paulhan : « Il n'y a pas de profession qui me fasse horreur comme celle d'écrivain[3]. »

Sa longue confrontation avec le langage ne sera jamais celle d'un homme du métier. Il y a à ce sujet des passages magnifiques dans l'un de ses tout premiers livres, *Il ne fait pas assez noir*, où il tente de définir ce qui le meut dans l'acte d'écrire et à quel limon ontologique il veut relier son action :

« Ecrire, c'est se surprendre ; saisir en toute occasion ce

qui relie l'instant à l'instant, agrandir le domaine des sens [...] Le véritable écrivain ne pousse pas sa plume devant lui. Ce n'est pas à lui de labourer. Il ne se mêle que de vivre, comme les autres et à son gré. Mais c'est le plus près possible de ses entrailles qu'il soupèse sa vie. L'écriture lui permet de se courir après, de se rattraper. Elle reste à demi consciente ; si bien que l'on peut dire sérieusement : Pas de véritable écrivain qui reste entièrement correct. Les incorrections, les impropriétés sont les nœuds inévitables d'un tissu vivant qui se reproduit, se renouvelle et se transforme[4]. »

La suite du texte renvoie les exégètes et les gloseurs dos à dos dans le champ de l'imbécillité !

Ces conditions une fois posées, l'acte d'écrire ne souffre pas d'être mécanisé, ni rationalisé, ni même inscrit dans une habitude autre que celle qui s'apparenterait à la discipline d'un grand sportif ou d'un virtuose. Un acte de cet ordre ne s'apprend ni ne se répète, mais il s'invente à tout moment, en se détruisant du même mouvement, destruction et création battant la mesure de ce souffle arraché à l'inertie et au néant. Il porte en lui une sorte de ferveur dont l'envers est une rage contenue à l'égard de toute complaisance. Il est, cet acte d'écrire qui ne fait plus qu'un avec lui, comme l'extraction, au prix d'un immense recueillement, de la plus pure essence de la vie. Il opère un basculement et comme un rétablissement de l'être à sa source, hors de ce qui lui arrive, même si l'accident sert de substrat fécond – à condition d'enrichir la réalité sans réveiller cette personne que d'autres appelleraient le « moi ». Joë Bousquet constate simplement que lorsqu'il est en train d'écrire il n'y a plus de place en lui pour le blessé ni pour l'infirme, cet individu second ne commençant à l'envahir que lorsqu'il réfléchit. « Ainsi l'activité artistique annihile-t-elle plus sûrement qu'aucune autre la conscience de ce que nous fûmes par hasard (ce qui compte, dans une épreuve, ce n'est pas sa durée, ce n'est pas son caractère irrévocable, c'est la parenté de son origine avec notre nature – L'âme n'est atteinte que par les accidents procédant d'une tare morale[5]). »

Posé de cette manière, l'acte d'écrire ne laisse plus aucun espace au rôle d'écrivain, ni à la fonction sociale générée par un quelconque succès. Bousquet se montre très sévère dans la même lettre à Paulhan au sujet de ces écrivains de sa génération qui n'ont pas su rester intacts : « Combien de vrais écrivains avons-nous laissés en route ? Que de camarades doués, capables de renaître chaque jour [...] et qui, l'un après l'autre, ont résolu de répondre à l'attente du public, se jurant de ne plus le surprendre... La veille encore, ils ignoraient l'existence de ce public : ils s'efforçaient seulement de parler au nom des hommes, de se faire une conscience plus profonde en l'élargissant dans la conscience d'autrui. (Il y a des moments où l'on souhaite ainsi de porter une cathédrale dans ses flancs) – Un jour, cette unité spirituelle vers quoi nous acheminaient tous nos actes littéraires ne trouve plus d'écho dans l'imagination de l'écrivain, l'humain n'est plus pour lui une immensité intérieure, il a découvert le *public*. »

Joë Bousquet a souvent avoué son mépris pour ce que l'on appelle ses dons littéraires. Faire de belles phrases ne l'intéresse pas. Il va même jusqu'à dire : « Supprime les phrases qui te semblent belles, elles empêchent la pensée de respirer[6]. » Son rapport à la littérature est, au commencement, la fureur d'un jeune homme à l'égard de tout ce qu'il y a d'établi dans la littérature de toute époque et particulièrement chez ceux de ses contemporains qui se rengorgent de leur statut d'écrivain et s'y vautrent comme dans un fauteuil douillet – à ce propos, il fait plus d'une fois allusion à Jean Mistler, son ancien camarade au lycée de Carcassonne, devenu politicien et plumitif...

Cette attitude, loin de le draper dans un isolement arrogant, l'a amené à s'intéresser de manière rigoureuse et passionnée à la création littéraire de son temps. Joë Bousquet cherche chez ses contemporains ceux qui se donnent corps et âme à une tâche qui les submerge, annihilant en eux le désir de plaire, de répondre à une attente ou de répéter un succès. Il avoue d'ailleurs détester la répétition. En chercheur de perles, il plonge de toutes ses forces – et là, il s'agit de forces physiques aussi bien que mentales – dans les écrits de ses contemporains. Il collabore à de nombreuses revues non seulement par des textes personnels mais par des critiques que sa vaste culture lui permet de situer dans un champ littéraire plus étendu et de rattacher à des courants oubliés ou non encore décelés. Entre 1925 et 1950, il écrit un nombre impressionnant de critiques littéraires, poétiques ou philosophiques dans une trentaine de revues dont la principale sera *Les Cahiers du Sud*.

En juin 1928, le poète André Gaillard, comète déterminante dans le ciel des *Cahiers du Sud*, est entré en contact avec lui et lui demande des notes critiques sur des livres de son choix. Commence alors une collaboration régulière et très libre à la grande aventure poétique que fut cette revue dont les grandes heures sont exactement contemporaines de la présence de Joë Bousquet à Carcassonne.

Ses chroniques, tout au long de ces années, témoignent d'une remarquable liberté, d'une pensée en mouvement, inspirée par la fièvre de la découverte et de la rencontre de tout ce qui pointe à l'horizon de la pensée et de l'expression poétique. Parmi la cohorte des auteurs auxquels il a consacré une ou plusieurs recensions, on note Henry de Montherlant, André Breton, Louis Aragon, Pierre Reverdy, Otto Rank, Pierre Jean Jouve, Panaït Istrati, Jean Cassou, Sigmund Freud, Carlo Suarès, Raymond Queneau, Paul Valéry, Denis de Rougemont, Nathalie Sarraute, Dominique Rolin, Georges Bataille, Simone de Beauvoir, O.V. de Lubicz Milosz, Louis-René des Forêts, Maurice Blanchot, René Char, Patrice de La Tour du Pin, Eugène Guillevic et... Georges Simenon, dont il admire beaucoup l'œuvre. Il ne craint pas, non plus, de dénoncer les faiblesses ou les impostures. Cela lui vaudra des mécontentements, notamment de la part de Benjamin Fondane et de Marcel Jouhandeau qui ne lui pardonnent pas certaines intransigeances littéraires.

Son lot de solitude et d'immobilité lui permet de lire tout ce qui paraît et d'en rendre compte d'une manière tout à fait personnelle, en intégrant chaque nouvelle lecture et chaque découverte à la méditation ininterrompue qu'est sa vie. Chacune de ses critiques littéraires se voit comme enrôlée de force dans sa propre recherche et mise en perspective avec elle, ce qui la rend parfois obscure ou véhémente. René Nelli considérait qu'elles étaient davantage faites pour inspirer que pour expliquer. Il leur arrive d'atteindre un degré d'hermétisme qui enrage Jean Ballard. C'est le cas de ses textes sur l'œuvre de Pierre Jean Jouve réunis plus tard sous le titre *Lumière infranchissable pourriture*.

Ecrire est une démarche de l'esprit et non un statut social. Ce qui, chez tout autre, pourrait être laissé au hasard ou à la désinvolture, prend chez lui cette couleur pure qu'il recherche dans l'amour, teintée de détachement mais jamais de désengagement. Ecrire revêt une importance vitale. « Le langage est une forme de vie à lui tout seul[7]. » Ecrire, s'engager sur les chemins de l'intériorité, saisir à chaque instant la totalité des sensations, l'acuité de la présence au monde, analyser dans leurs moindres détails ses impressions de chaque jour. Cela afin de faire rayonner chacun de ces signaux perçus, de leur faire rendre leur éclat éternel, de les démultiplier poétiquement pour élargir le champ de la vie.

Le don des mots ne nuit pas à l'affaire. La langue de Joë Bousquet est envoûtante quels qu'en soient ses supports : lettres, contes, romans, journaux... Son phrasé, si l'on peut dire, enveloppe et emporte le lecteur malgré lui, par sa façon de développer le mouvement en boucle, de manier le paradoxe en le faisant retomber sur ses pieds, ou bien en l'accrochant aux cieux afin, peut-être, de le rendre insaisissable. Son art aussi de la réflexion fulgurante, de l'aphorisme, le rapproche de Nietzsche, mais un Nietzsche plus féminin auquel auraient été dispensés le don de la tendresse et l'attrait amoureux au sein d'une écriture éperdument nécessaire.

Nécessaire aussi pour son lecteur, car celui qui se rend aux sources de son être déverrouille pour les autres les portes de la conscience. En formulant, en concevant, en s'avançant au plus intime des particularités d'une vie brisée, il retrouve et recompose la condition humaine commune à chacun.

« Lancer un pont entre la vie intérieure et le monde réel[8] », cela se peut par le langage qui est une véritable aventure, une avancée dans l'inconnu, particulièrement nécessaire à celui qui se voit comme un prisonnier : « J'avais tant besoin, enfermé comme je l'étais, d'air pur et d'espace, de perspectives infinies ! Je tremblais si fort dans la joie que me donnaient ces mots : *ouvrir une voie*[9] ! » Et Joë Bousquet précise à ce sujet qu'il veut écrire pour l'imagination ou la pensée de son lecteur et pas seulement pour ses yeux. Ce qu'il a à offrir, ce ne sont pas uniquement les phrases d'un poème ou d'un conte mais les séquences d'une aventure dans laquelle lui et son lecteur sont engagés : « Rendre le lecteur à lui-même au lieu de le conquérir[10] » – une aventure ontologique qui n'a plus rien à voir avec la séduction.

Un flot de vie s'échappe des mots, une voie s'ouvre par le langage, le seul moyen, le seul possible tout entier utilisé – jusqu'à la corde si l'on peut dire. Au lecteur le poète distribue des devoirs qui ont forme d'éblouissements, il l'établit dans une exigence nouvelle accordée à sa vision. A lui, lecteur, ensuite, de mesurer l'ampleur de la découverte dans sa propre vie. L'écrivain ne s'emploie jamais suffisamment à « creuser un abîme infranchissable entre l'acte d'écrire et l'acte de lire[11] ».

Le mot « abîme » n'est pas employé au hasard. C'est bien au-dessus du vide que le poète lance un pont, ouvrant ainsi un chemin fragile dont la vocation est de conduire le lecteur, non vers lui, l'auteur qui tend à s'effacer continuellement, mais vers le cœur de la sensation, vers une compréhension de son destin réclamant l'attention extrême afin de révéler aux hommes verticaux, marcheurs, une beauté qui se tient dans la plus inaperçue, dans la moindre des choses de ce monde – la beauté fulgurante de la vie en soi, affirmée par celui pour lequel rien n'est acquis, jamais, chaque matin pouvant ramener dans ses filets un fardeau de douleur, de malaises et de terreurs – d'empêchements à vivre. L'homme en sentinelle face au réel.

Dans le pays qu'il habite désormais, les livres revêtent une importance quasi sacrée. Ils sont ses compagnons les plus constants. A son chevet, une montagne de livres le barde de ses remparts de papier, sans décourager pour autant les visiteurs. Dans son immense bibliothèque se côtoient les poètes surréalistes, les textes érotiques ou mystiques les plus méconnus, la *Patrologie* de Migne et les classiques anglais, les poètes allemands et les littératures d'oc... Souvent, le premier tome manque, prêté à l'une de ses jeunes amies qui tarde à le restituer, ce dont Bousquet se moque, mais qui choque beaucoup Paul Eluard venu lui rendre visite. Tant de lectures, tant de hautes pensées et de savoirs à ses côtés, pourtant un jour, il avoue à Carlo Suarès que très peu de livres réussissent à le secourir, à part ceux d'Eluard et de Breton.

Une très haute idée de l'écriture, une idée non idéaliste parce qu'il en vérifie chaque jour les effets sur sa propre vie, est en train de naître en lui, dont la force a le pouvoir de court-circuiter la pensée (souvent conçue, dans ses textes, comme agent de déperdition d'énergie). Pour lui, l'écriture – la mise en œuvre du langage – a une signification et des conséquences physiques. Le poète sait d'instinct qu'en s'enfonçant dans la connaissance de sa condition, l'homme parvient à s'en délivrer. Le mouvement est inverse de celui de la fuite ou de l'idéalisation. Sur le plan humain, il offre une approche active du mal dans laquelle la connaissance contient un germe de croissance. L'écriture – et plus particulièrement

l'écriture poétique –, en approchant du cœur des choses, permet d'avancer dans l'ordre du connaître, et, ce faisant, a le
pouvoir de dissiper l'inutile.

Est-ce la raison pour laquelle écrire un roman est une tâche
difficile pour Joë Bousquet qui ne cherchera jamais à bâtir
un écrit de plus, mais plutôt à rendre caducs de vains écrits :
« Comme si je tuais en lui tout ce qui absorbe indûment
l'attention des hommes et les rend aveugles au réel où la
vérité peut à chaque instant se manifester clairement[12]. »

10.

Camera obscura

La chambre de Joë Bousquet à Carcassonne n'est pas grande. Le lit y est modeste. Les lampes dispensent une lumière atténuée par les abat-jour des années trente. L'air y est confiné, secret, opacifié par les fumées d'opium, ramassé dans la pénombre de volets presque toujours fermés. Les murs sont couverts de tableaux. Sans doute Joë Bousquet tient-il son goût pour la peinture de ses deux grands-pères peintres. Au fil des ans, il va acquérir près de cent cinquante toiles surréalistes. Ses fenêtres donnent sur une cour intérieure : les bruits de la rue ne parviennent pas jusqu'à lui.

Lorsque les amis s'en sont allés, au plus profond de la nuit, les peintures restent. Compagnes silencieuses, mais d'une présence infinie :

« Avec les tableaux venus de tous les coins de la faim et du désespoir, la lumière souterraine a édifié autour de moi un repaire amoureux[1]. »

La chambre fonctionne comme le creuset de l'attention créatrice. Ceux qui s'y rendent déposent au chevet de l'homme immobile et scrutateur le « dehors » dont il fera son « dedans » : le mouvement, le rire, le jeu social, les informations sur la ville. Le poète se délecte des racontars, des histoires de mœurs ou de politique qui agitent régulièrement la cité et tissent la trame de ses jours.

Une personne veille constamment sur le poète : Cendrine, la servante des romans, l'infirmière dont les noms se changent en Marie, Françoise, Jeanne ou Catinou, selon les époques. C'est elle la plus intimement liée à la chambre, la vieille garde-malade qui prend soin du corps, de la toilette, des repas, du bien-être de Joë Bousquet. Ses reparties, éclairées d'une sorte de prescience, étonnent le poète. Il les note, elles se retrouvent dans le corps de ses livres. Cendrine, qui n'a jamais appris à lire, est la détentrice d'une sagesse qui le relie à un monde magique, traversé de perspicacités fulgurantes, dont les racines le font remonter à son enfance. Un jour, il l'entend marmonner : « Té ! J'ai pris lundi pour mardi, il doit me tarder d'être vieille. » La boutade revient sous forme de poème dans *La Connaissance du soir* :

Prenant lundi pour mardi
Comme un oiseau les éveille
La plus gentille s'est dit
Qu'il lui tardait d'être vieille[2].

Une nuit où le poète l'appelle, croyant avoir entendu quelqu'un entrer dans sa chambre, elle le rabroue : « Vous feriez bien de dormir. Il y a toujours du bruit quand on écoute. » La chute des pétales d'une pivoine fanée sur le parquet l'avait réveillé... Un peu sorcière, elle lui conseille d'éloigner de son lit une statuette d'Isis qui semble le tourmenter. Il l'écoute, confiant en cette raison primitive. « Les choses font ce qu'elles veulent ! », lui lance souvent Cendrine pour qui les objets lancent des signes aux humains afin de les avertir d'on ne sait quel danger. Garde-chiourme à ses heures, elle scrute d'un œil perçant les femmes venues visiter le poète, proférant parfois à leur sujet des appréciations décisives dont il sait tirer la leçon ; elle lui rapporte les histoires de la ville, les cancans du marché, les drames qui secouent la petite ville. Mais surtout elle apaise ses angoisses, ramenant le poète à un bon

92

sens paysan dont il a autant besoin que de nourriture, si grand est par moments son désarroi : « Les hommes achètent le malheur, le bonheur se donne », observe Cendrine, ajoutant par ses maximes une dimension de sagesse ancestrale aux textes de Joë Bousquet.

Quelque chose d'essentiel se passe dans cette chambre, aussi mystérieux et insaisissable que la réflexion de la lumière dans la goutte d'eau. Il s'agit précisément d'une question de réflexion... l'extérieur amical, amoureux et intellectuel se voit réfléchi par sa rencontre avec le monde intérieur du poète. Ceux qui en repartent sont changés, comme frappés de stupeur après l'intrusion dans l'espace magique. A la porte, ils déposent leurs bagages inutiles, leurs vaines préoccupations, leurs sacs de vanités, pour rassembler leurs forces vives et ils entrent. « Je ne saurais oublier cette exaltation qui me tenait hésitant au seuil de la chambre secrète de Carcassonne. Là, hors du temps, rayonnait dans l'ombre une paix conquise sur la plus atroce défaite... J'imaginais une autre chambre, fermée elle aussi au jour, au monde, et où la recherche d'un salut par la poésie s'était de même prodigieusement jouée : la chambre de Proust[3]. »

Paul Valéry, André Gide, Aragon, Julien Benda, Jean Paulhan, Paul Eluard, Joseph Delteil, Simone Weil, pousseront un jour la porte du 53, rue de Verdun. Mais aussi Max Ernst, Hans Bellmer, Chagall, Delaunay, Magritte, Soutine et tant d'autres. Les amis se glissent dans la pièce où un homme vit plus intensément que nulle part ailleurs. Pour l'atteindre, ils empruntent l'escalier de service, longent par l'office le mur de l'alcôve où gît le poète et pénètrent directement dans la pièce. Cet accès secret, réservé aux intimes, est ressenti par eux comme une marque de profonde amitié. Tous les autres passent par l'escalier central de l'hôtel particulier. Certains, trop émus, préfèrent l'entrée officielle dont les détours leur laissent le temps de se préparer. Pour entrer, ils doivent se glisser entre les pans d'une épaisse tenture dans laquelle beaucoup se prennent les pieds ou se perdent, ce qui ajoute encore à l'émotion du moment. Ils trouvent rarement Joë Bousquet seul, surtout après dix-sept heures. Les visiteurs, dont la compagnie ne cesse de se décomposer et de se renouveler, participent à un intense débat animé par le poète alité. Seul son buste dépasse des couvertures, élégamment vêtu, de lin blanc ou de coton frais. Le lit est recouvert de livres et d'objets disposés à portée de sa main. La chambre est aussi une bibliothèque où chacun vient se servir à sa guise et une galerie de peinture où trônent les plus étranges tableaux surréalistes, arrivés là au gré de la passion et d'un choix éclairé, soutenu par un réseau d'amitiés.

Au fond de son lit, le poète accueille le nouvel entrant. « Il avait un visage de Coppelius, ou d'alchimiste peint par Dürer, à la fois jeune et tourmenté. Il créait un monde poétique très justement à mi-chemin de la lucidité et du rêve. Il touchait l'extraordinaire [4] », a écrit Pierre Guerre, qui fut l'un de ses proches. Denise Bellon a photographié ce visage inspiré, comme remonté des enfers, à la fois épuisé et apaisé, le regard vif sous des sourcils largement arqués, le crâne dégarni et les cheveux longs sur la nuque : un visage décharné et ouvert, habité par le verbe. La conversation bat son plein, le débat, la pensée en mouvement, l'ardeur et la lucidité fusent de la bouche du poète, point focal de la chambre. Joë Bousquet parle beaucoup, d'un accent du Sud volubile et chantant. Il rit occitan, comme l'a fait remarquer René Nelli.

« Quel causeur prodigieux c'était ! Quel montreur de lanterne magique ! Avec quel art il savait dérouler le récit ou le suspendre, provoquer l'intervention du nouveau venu pour l'intégrer à l'entretien, éviter les diversions délicates, introduire l'anecdote qui amuse ou la digression qui sauve. Bousquet a régné par la parole autant que par l'écrit ; et cette parole, quand on la retrouve dans l'œuvre, a gardé l'accent de la voix, cette voix timbrée, un peu moqueuse, que devait avoir Rivarol ou Saint-Simon [5]. »

L'échange est placé immédiatement au plus haut de ses possibilités. Chaque visiteur est tout entier à ce qu'il a à dire. Le poète rappelle naturellement par son existence combien précaire est le souffle, combien bref le temps et rétréci l'espace : il importe de ne pas se priver d'un seul instant de cette plénitude, de ne pas autoriser la déperdition d'énergie, le laisser-aller existentiel des bien-portants. Son existence est un rappel – comme une réminiscence platonicienne – de l'existence d'un monde réel dont nous nous souviendrons toujours avec nostalgie, qui a la faculté de « revenir » pour peu que l'on y prête attention.

Au chevet du poète, jeunes hommes et jeunes femmes revivent cet état de réminiscence qui dépose dans leurs yeux des reflets songeurs, les rendant plus dignes ou plus graves, plus conformes à eux-mêmes, parce qu'ils expriment le meilleur de ce qu'ils sont, hors de la sphère sociale qu'ils ont laissée à la porte. Rares sont ceux qui ont cette faculté de vous faire donner le meilleur de vous-même. Joë Bousquet a beaucoup médité sur ceux qu'il voyait autour de lui dans cette chambre sombre comme un ventre de baleine dont nul n'émerge sans être changé.

« Ce qui caractérisait ma chambre, a-t-il écrit, c'était, d'une part, la décence extrême des propos qui s'y tenaient, l'allure parfaitement morale des rencontres qui y avaient lieu, et, d'autre part, l'absence totale de retenue sociale que l'on devinait dans ces consciences très libérées d'hommes et de femmes qui se rencontraient là et qui semblaient ignorer ce que c'était que l'ennui. Il n'y venait pas une âme que nous ne fussions tous extrêmement curieux de connaître. Il y avait aussi, dans ce milieu des êtres qui s'aimaient, qui se l'étaient dit, qui ne s'accordaient cependant aucun témoignage d'amour, peut-être parce qu'ils comprenaient un peu plus qu'ils ne sentaient ou que le rêve les contentât, ou qu'il fît trop beau dans leurs paroles. [...] Je ne présidais à la destinée de ce milieu que pour y différer tout ce qui avait l'apparence d'une solution. [...] C'était l'extraordinaire calme de l'abîme et du danger, un endroit vertigineux où tout était possible et où rien n'arrivait, sans doute le haut lieu où s'élaborait une nouvelle notion de l'homme, une nouvelle idée de l'amour[6]. »

Et Joë Bousquet ajoute :

« Le plus curieux est que, dans le voisinage de cet enclos de fraîcheur, la conscience publique pourrissait. Il est difficile d'imaginer de quelle lèpre se couvrait l'âme de ceux qui jetaient un œil sur cette chambre. » Et cette lèpre, on le verra, s'aggravera sous l'Occupation, lorsque la chambre du poète deviendra un lieu de refuge pour de nombreux indésirables aux yeux de l'occupant. Des jalousies y fomentent dans la pénombre, les femmes amoureuses du poète n'y sont pas étrangères. L'amour y tisse sa toile filigranée. La chambre de Joë Bousquet est, sans doute, le dernier écrin en pays d'oc de l'amour courtois. Un ballet amoureux unit et désunit les passants de la chambre et il semble bien que nul n'y pénètre sans quelque raison secrètement amoureuse.

11.

« Délier la langue de la vie »

Et dans cette chambre entraient des tableaux. Accueillis comme des vivants, ils procurent au poète d'intenses bonheurs et plus que cela, sans doute. Une rencontre a lieu, d'autant plus forte qu'elle le met en présence d'une création en laquelle il trouve des concordances avec sa propre démarche poétique, tout particulièrement lorsqu'il s'agit de Max Ernst, de Fautrier, de Dubuffet ou de Bellmer, peintres qu'il a découverts par l'entremise de Jean Paulhan. Avec la peinture, de nouvelles aventures intérieures se profilent, des horizons s'ouvrent. Le bouleversement est si profond que Joë Bousquet avoue un jour à Jean Paulhan être tombé malade, pendant des années, chaque fois qu'il recevait un tableau de Max Ernst ou d'Yves Tanguy.

Lorsqu'il commence à écrire à Paul Eluard, frappé par la force et la nouveauté poétique de son œuvre, il suscite une amitié dont les ramifications vont tisser autour de lui tout un réseau. Max Ernst en sera le nœud de concordance. C'est d'abord Gala, la jeune femme russe d'Eluard, qui recommande, dès 1924, à Joë Bousquet la peinture de leur ami Max Ernst. Eluard et Gala commencent par lui envoyer des reproductions de tableaux du peintre allemand qu'ils connaissent bien. Et c'est par eux qu'il fera sa connaissance en 1928, à La Franqui où Max Ernst a été invité chez la sœur de Joë.

97

Aussitôt que le peintre allemand a appris la situation de Joë Bousquet, il lui a envoyé une toile splendide, une forêt, qui l'a saisi d'une « émotion inconnue ». Ce moment marque la naissance d'une grande amitié qui durera jusqu'à la mort du poète – une amitié dépassant le domaine artistique pour entrer dans cet ordre des coïncidences qui ont jalonné toute sa vie. En parlant avec Max Ernst, Joë Bousquet découvre un fait surprenant : le peintre, qui a fait la guerre de 1914, se trouvait, en mai 1918, lieutenant dans le bataillon des Ardennes qui faisait exactement face à celui de Bousquet. Si ce n'est Max Ernst lui-même, c'est l'un de ses hommes qui a tiré la balle fatale. Le peintre a très probablement vu, lors de ce dramatique affrontement du mont Kemmel, les soldats français en train d'emporter leur jeune officier blessé.

Cette connaissance commune du même front, cette rencontre si peu fortuite feront écrire à Bousquet dans une lettre à son ami : « Grâce à toi, ma blessure et ma mutilation n'ont plus été qu'un incident sans importance sur le chemin où nous devions nous rencontrer après la rencontre manquée de Vailly, en 1918 (27 mai) [1]. » D'autant que la peinture de Max Ernst est d'une bouleversante évidence pour lui, remuant au plus profond des réalités qu'il pressent être là : « N'oublie jamais que tu m'as appris *comment on naissait.* Mon sort me condamnait à une existence étroite et vaine d'idéaliste. Tu m'as montré que l'immensité dont j'avais l'intuition avait une réalité minérale. Tu as pris sous la terre et dans le sang tout ce que mon imagination situait dans l'inaccessible [2] », lui écrit-il en 1947.

C'est en regardant travailler Max Ernst, un jour, à Villalier, que Bousquet comprend comment germe une œuvre. A partir de là il élabore une théorie de l'art à laquelle il restera fidèle toute sa vie. Max Ernst, ce jour-là, était tombé en arrêt devant un divan vert posé dans un coin de la pièce. Le peintre avait alors demandé si l'on avait l'intention de changer le tissu qui le recouvrait. A la suite d'une réponse négative, il était allé acheter des tubes de couleur verte pour se mettre à peindre sur-le-champ. Bousquet, qui l'observait, fut saisi : « Le tableau devait sortir du divan. » Et il ajoute : « L'art est l'avènement poétique du réel. Il dépend d'une faculté à perfectionner : l'attention créatrice : il délie la langue de la vie. » Et Bousquet étend sa remarque à la sphère poétique : « Découvrir les germes de l'art dans l'objet, non dans le poète, le découvrir comme une propriété de l'espace et du temps. La poésie n'est pas dans le poète : elle est un attribut caché de l'objet[3]. » C'est peut-être là un émerveillement de néophyte découvrant la grande peinture, mais c'est aussi pour lui le début d'une aventure aux sources du langage, un questionnement sur la création qu'il va mener très loin.

Onze tableaux de Max Ernst occuperont tour à tour (ou ensemble) les murs de sa chambre, soit qu'il les a acquis par l'intermédiaire de ses amis, par ventes aux enchères ou par des galeries, soit que le peintre les lui a offerts. Parmi ces tableaux figure un magnifique sous-bois qu'il voit « s'ouvrir sur un paysage pénétré d'évocations sublimes ». Il fut peint par Max Ernst après que Joë Bousquet lui eut demandé de faire un tableau de l'un de ses rêves du front. Dans la chambre se trouvent aussi *La Forêt blonde*, *La Forêt aux oiseaux*, *Arbre solitaire et arbres conjugaux*, qui appartient aujourd'hui à la collection Thyssen-Bornemizza, et *Vol nuptial* qui est entré dans la collection Alexandre Iolas à Athènes[4]. Ces tableaux lui font comme un rempart contre le malheur :

« Chaque fois que la durée de ma survie m'a paru intolérable, j'ai aussitôt pardonné à mon infortune, rien qu'à lever les yeux sur les tableaux dont mon ami m'avait entouré, avec lesquels il m'a élevé, préservé[5]. »

Dans les années qui suivent, Jean Paulhan lui fera découvrir la peinture de Fautrier et celle de Dubuffet. Leur correspondance reflète la passion que l'un et l'autre éprouvent pour la peinture de leur temps.

Toute réalité venue de l'extérieur revêt une importance peu commune pour celui qui ne pénétrera jamais dans un atelier ou dans un musée mais demeure à l'affût de tout signe de vie, dans une mesure au moins égale à celle qui lui est retirée. Lorsqu'un tableau entre dans sa chambre, il représente pour le poète l'irruption d'une fraternité artistique qui recueille toute sa ferveur. Chaque toile est l'expression d'une aventure dans un inconnu parallèle au sien, pourtant si âpre et si inimitable. Il explique à Jean Paulhan le choc ressenti : « Devant un tableau, il me semble que je me dépouille de mon être temporel [...] pour accéder, par une victoire sur ma personne, à un seuil qui doit être le même, à quelque individualité que l'on ait imposé le silence. Cet être transcendant serait refus de l'individu[6]. »

Chaque soir, il demande que l'on dresse sur une chaise devant son lit les tableaux avec lesquels il désire passer la nuit. Contrairement à ce que pense Jean Mistler, qui considère d'un peu haut son ancien camarade de lycée, Joë Bousquet apprécie la peinture non pas tant en historien de l'art qu'en artiste, doué d'une acuité charnelle autant qu'intellectuelle, comme en témoigne cette émouvante réflexion qu'il fait un jour à Jean Paulhan : « Tu m'as demandé une fois ce que j'éprouvais devant un grand tableau. Je t'ai répondu : le besoin de marcher, et, en même temps, d'arracher au peintre d'autres secrets – de voir dans la peinture ce que le peintre y avait caché ; [...] Devant le Fautrier, je dirai : "Ce qu'on éprouve devant un grand tableau, c'est le besoin de prier."[7] » Un petit nu de Fautrier lui a été procuré par Paulhan : « Ses chairs ruisselantes de vie et de sève fascinent [...] elles empêchent le regard de se poser[8]. » Une anecdote accompagne cette réflexion : une petite chatte très méchante est entrée dans sa chambre et griffe ceux qui veulent l'attraper, jusqu'au moment où elle se jette sur le nu de Fautrier, le caresse et... se laisse prendre.

Lorsqu'il parle d'une peinture, Joë Bousquet voit dans la

pâte même de la toile l'intention picturale : ce qui meut le peintre. Dubuffet, en l'occurrence, dont il aime profondément la peinture : « Dubuffet nous a affranchis des images, du jeu des images[9] » et « [Ses personnages] nous vident de la velléité de participer, ils nous rendent le service de jeter bas notre chapeau au seuil d'un monde où l'on n'entre qu'en courbant le front[10] ». Ailleurs, il dira qu'il voit dans ses œuvres des « éjaculations minérales ». Dubuffet a réalisé trois portraits de Joë Bousquet lorsqu'il est venu le voir en 1947. L'un d'entre eux est aujourd'hui au Musée d'art moderne de New York.

Dans l'atmosphère du surréalisme et du Grand Jeu, la peinture mène alors un combat, parallèle à celui de la littérature, pour faire place au subconscient et au charnel dans l'imaginaire et, brisant les contours admis de leurs domaines respectifs, pour élargir le champ du sacré en s'aventurant à ses confins les plus extrêmes, comme le fait Georges Bataille dans une philosophie de la part maudite. Briser la carapace, « tout détruire », « dépasser la peinture », comme le veut Miró à la même époque qui dit de ses toiles : « Ceci n'est guère de la peinture mais je m'en fous absolument. »

Ce sont eux, les peintres comme Max Ernst, Hans Bellmer, Miró, Dubuffet, et tant d'autres, qui vont mener sur le plan pictural l'aventure dans la matière dont Bousquet a besoin pour comprendre et situer sa blessure, la fracture de sa vie, le désastre initial porteur de mort et de résurrection à la fois. Ce sont les peintres qui s'en vont, par l'huile et le pinceau, les collages et les fusains, tracer un chemin au poète vers la réalité charnelle dans laquelle il se débat ; ce sont eux qui vont donner sens à ce terreau de noirceur et d'immobilité quasi minérale, d'opacité incompréhensible qu'est un corps qui ne répond plus de ses fonctions vitales, qu'est une vie contrainte, très jeune, à en finir avec l'espoir, contrainte à inventer d'autres terrains, d'autres horizons dans cet humus étrange qui lui sert de vie ; ce sont eux, les peintres, qui vont, semble-t-il, ouvrir immensément la matière et orienter le regard du poète vers l'intérieur de ses viscères et de ses peines – les deux si étroitement et quotidiennement imbriquées – vers ce que la peinture n'avait pas encore osé regarder, le minéral et le sacrificiel, la charnelle inquiétude, la troublante catharsis de l'inconscient, toutes ces boues de l'âme dont on ne peut faire abstraction parce que sans elles rien de consistant ne se crée, ni rien d'humain ; puisque c'est en elles seulement que peut s'accomplir la métamorphose et que peut se décider, dans la nuit noire du réel, le passage continuellement à inventer, le rocher continuellement à remonter, vers l'impossible. Cela se vérifie peut-être par cette réflexion : « Max est le seul qui porte au-dedans de lui toute la nuit intra-utérine où il a été conçu. Tes yeux sont faits pour imposer la preuve que tu es l'œuvre de la nuit[11]. »

Ce sont eux, et quelques écrivains, qui le conduisent à ce « noir de source », cette donnée première, fondatrice de son œuvre poétique comme de sa vie, à la rencontre de laquelle il aspire dès l'aube de sa seconde vie – et sans doute bien avant – parce qu'il y reconnaît une vérité de l'humanité jamais épargnée par la catastrophe – ressentie par lui plus vivement encore que chez d'autres puisque celle-ci ne le quitte pas d'une semelle, si l'on peut dire, et qu'il lui faut par un mouvement intérieur – poétique et vital – l'intégrer, l'ingérer, la « naturaliser », se l'incorporer, en somme. Les peintres l'accompagnent dans cette descente aux enfers, le conduisent à cette œuvre au noir proprement alchimique qui va consister à s'immerger dans la nuit pour recevoir la révélation des lumières qu'elle renferme.

Ce que les peintres accomplissent avec la matière picturale, Joë Bousquet va l'accomplir avec le langage : retrouver la part morte de lui-même, rejoindre les deux bouts de son être dissociés par la blessure, devenue le prétexte et même la chance d'accéder à un autre ordre d'existence, de s'enfoncer plus avant dans le réel. Car, comme nous l'avons vu très tôt, il se refuse absolument à toute sublimation, à tout idéalisme, qu'il considère comme une tromperie commune : « L'homme peut se dérober à presque tout parce qu'il a les moyens de renier les faits dont il avait été l'œuvre après en avoir été l'occasion [12]. »

L'homme « n'a qu'à se connaître pour croître », écrit-il, mais se connaître est l'une des opérations les plus difficiles qui soit à cause de cette tendance à la dérobade : « Notre vie est tournée vers le dehors. Nous connaissons, hélas ! Et cette façon de nous connaître nous aveugle. Elle est rassurante, nous immunise contre le vertige qui nous saisirait si nous nous regardions nous-mêmes... Nous nous réfugions dans l'image de l'homme. » Et Bousquet rectifie sa réflexion première : « L'acte de se connaître est en lui l'effet d'une croissance. »

L'effort d'une vie telle que la sienne sera de s'aventurer au plus intime du magma pour accommoder son regard à ce qu'il y contemple. Le poète s'est donné les moyens d'aller à la source mystérieuse de la vie et d'en témoigner quand tout le portait à différer cette rencontre impossible.

12.

Révolution surréaliste

Un grand courant de libération de l'imaginaire était en train de naître. Il s'appuyait sur la découverte et l'exploration de l'importance du corps dans la vie de l'esprit. Après Freud, après Jung, envers et contre un certain spiritualisme chrétien, éminemment représenté par Claudel, le mouvement surréaliste avait vu le jour dans les années vingt, surgissant spontanément au lendemain de la guerre de 14-18 dans les sphères de l'art et de la littérature. Il trouva sa claire formulation avec André Breton en 1924, lorsque claquent les phrases, désormais célèbres, du premier *Manifeste* :

« Je crois à la résolution future de ces deux états, en apparence si contradictoires, que sont le rêve et la réalité, en une sorte de réalité absolue, de *surréalité*, si l'on peut ainsi dire[1]. »

Et celles-ci du second *Manifeste* :

« Tout porte à croire qu'il existe un certain point de l'esprit d'où la vie et la mort, le réel et l'imaginaire, le passé et le futur, le communicable et l'incommunicable, le haut et le bas, cessent d'être perçus contradictoirement[2]. » Elles trouvent un profond retentissement en Joë Bousquet qui se reconnaît dans la fureur de ces écrivains, par ailleurs très cultivés, qui refusent absolument de « prendre le pli ». Et ce faisant, s'en vont chercher dans des profondeurs poétiques inconnues des paroles, des regards, des rapports nouveaux qui changeront la vie, l'extrairont de son tissu d'habitudes et couperont tous les fils reliant les objets à leur usage. Il ne s'agit pas d'influence, à proprement parler, car chacun d'entre eux menait déjà sa recherche de manière très personnelle. Le terme de « retentissement » correspond mieux, dans le cas de Joë Bousquet, à cette sorte d'écho que trouva en lui le surréalisme, comme si lui et les surréalistes évoluaient dans un bain poétique commun, dans une même interrogation sur le langage, du moins au début. « La poésie, aventure du poète, est devenue aventure du langage[3]. »

Le mouvement était jeune, irrévérencieux, subversif, porteur d'un message poétique et artistique très fort et très nécessaire. Il avait la vertu de l'évidence. Il se levait de tous les horizons, suscitant l'enthousiasme ou la réprobation chez ceux qu'il mettait en cause.

Joë Bousquet fut donc l'un des signataires de la lettre assassine à Paul Claudel, en juillet 1925 : « Nous souhaitons de toutes nos forces que les révolutions, les guerres et les insurrections coloniales viennent anéantir cette civilisation occidentale dont vous défendez jusqu'en Orient la vermine... Le salut n'est nulle part... Ecrivez, priez et bavez ; nous réclamons le *déshonneur* de vous avoir traité une fois pour toutes de cuistre et de canaille »...

Bousquet sut prendre dans le surréalisme ce dont il avait besoin, cette aventure nouvelle du langage, cette libération de forces poétiques puissantes qui correspondait aussi bien à sa situation corporelle qu'à ses aspirations résolument désireuses de laisser agir le subconscient dans le langage : « Mes amis surréalistes m'apprenaient que tout ce qui nous éveille et même le corps que nous sommes appartient au passé. Je leur devais de voir mes jours comme un songe dont mes rêves sauraient m'éveiller[4]. »

105

Dans ces années-là, une grande amitié a lié Joë Bousquet à Paul Eluard sous les auspices surréalistes. Car Bousquet a bien cru trouver dans le surréalisme la filiation naturelle à sa pensée, ou du moins une branche de filiation, qui s'est fortement concrétisée dans son admiration dominante pour la poésie de Paul Eluard. Il fournit quelques précisions à ce sujet dans un texte paru dans *Voie libre* en 1930 : « L'audace éclatante des *surréalistes* aura facilité toutes les démarches auxquelles nous prédestinait la qualité de notre entrain, et je trouve une satisfaction d'ordre moral très grande à prétendre que notre action, avant de s'éveiller à la conscience d'elle-même, respirait dans leur liberté, moi qui n'aurais pas élevé la voix à mon tour, ni pris jamais au sérieux les seules aspirations qui me font un bien précieux de ma vie d'ici-bas, si je n'avais pas rencontré Paul Eluard et André Breton et si je n'étais pas devenu leur ami [5]. »

Leur rencontre se fit par l'intermédiaire de la revue *Chantiers* qui en était à ses débuts. Dirigée par René Nelli, Bousquet en était le secrétaire de rédaction. C'est lui qui prit l'initiative de demander des textes à Paul Eluard dès les premiers numéros. Les poèmes d'Eluard parurent dans le numéro 4 de la revue, en avril 1928. C'est alors que l'échange épistolaire entre les deux poètes commença, sur un ton très libre qu'Eluard réclamait d'une manière charmante : « Il faut que nous ayons l'un pour l'autre une confiance absolue, comme on dit aveugle. Sinon je ne continue pas. » Cette spontanéité glisse de l'humour vers la détresse qui est alors la sienne : Eluard, à cette époque, se trouve dans un sanatorium à Arosa en Suisse. Il est très malade, atteint de tuberculose, et il sait sa vie menacée. Sa jeune femme russe, Gala, l'a accompagné. Elle aussi est en correspondance avec Bousquet et, lorsque Paul est trop fatigué pour écrire, c'est elle qui prend la plume. Eluard est le premier à déplorer ce qu'il appelle ses « crises d'impuissance épistolaire ». Les lettres de Joë Bousquet l'enchantent, suscitant parfois chez lui des élans très touchants : « Mon très cher ami, je sais mal écrire, mal répondre par lettres à votre vivante amitié, mal me retrouver dans tout ce qui nous est commun, mais croyez-moi véritablement vôtre[6]. »

Les deux poètes, en chambre chacun de son côté, et cependant fort alertes intellectuellement, échangent des conseils de lectures et des avis sur les poètes et les écrivains de leur temps. Jean Paulhan n'est pas ménagé dans cette correspondance. Il vient de publier dans la revue *Commerce* un article extrêmement sévère à l'égard des surréalistes[7]. « La faiblesse des surréalistes, a-t-il écrit, est dans leur conformisme, elle a consisté à accepter tels quels les sentiments ou les pensées critiques qui traînaient un peu partout. » Bousquet a signalé l'article dans la revue *Chantiers* en traitant Paulhan de « laveur d'écuelles ». Paulhan lui répond sans ménagements, le traitant de lâche en esprit : « Regardez votre pensée. Cessez de vous fuir vous-même : c'est à *votre* pensée critique que je m'en prends, c'est à ce qu'elle a, à la base, de professoral et d'enfantin. » Mais il se montre beau joueur : « N'importe quelle doctrine (et celles-là d'abord qui refusent de s'avouer doctrines) me donnent le sentiment d'une écuelle sale. Laveur d'écuelles, sommes toutes, me plaît[8]. » De ce différend à propos des surréalistes naîtra, en fin de compte, une grande amitié, déterminante pour l'œuvre à venir de Joë Bousquet.

Eluard, quant à lui, se montre féroce à l'égard de Paulhan : « Nulle part, on ne peut mieux voir la malhonnêteté et l'indigence intellectuelle de cet individu. Ce refus de considérer la Bêtise comme inacceptable ! C'est la Bêtise qui est mécanique et qui juge toujours, d'après toutes les idées reçues, les plus étrangement prétentieuses[9]. » Les jugements d'Eluard sont rédhibitoires et parfois drôles. Chez lui une exigence sans merci perce sous la désinvolture et le franc-parler. Il s'en prend tantôt à Paul Valéry, jugeant *La Jeune Parque* comme son plus mauvais poème ; tantôt à Léon-Paul Fargue ou au

« Reverdy catholiqué » (Reverdy a désormais sa résidence au monastère de Solesmes) ; Georges Bataille ne trouve pas grâce à ses yeux, surtout après les articles qu'il a publiés dans la revue *Documents* [10] et qui ont révolté Eluard. Eluard reproche à Jouhandeau d'être « du vieux Max Jacob » et à Aragon d'avoir raté son dernier livre, *Le Con d'Irène* : « Comment pouvez-vous aimer ce livre démoralisant ce qui ne doit jamais l'être ? Je voudrais que vous me confessiez votre erreur à ce sujet [11] », écrit-il d'un ton de prélat à Joë Bousquet. Son regard sur la littérature de son temps le ferait passer aujourd'hui pour le plus réactionnaire des écrivains... « Je suis vraiment trop irrité de mes contemporains et de leur science et de leur art et de leur intelligence, tout cela bien trempé dans la boue qu'ils trouvent si douce et si belle. Je suis très malheureux de ne pas pouvoir contempler cette dérision sans enrager [12]. »

Dans le domaine de la peinture et de la musique il fait partager à Joë Bousquet ses enthousiasmes et ceux de Gala. Pour commencer, il lui conseille d'acheter un gramophone plutôt que des tableaux ! Ensuite, il lui dresse un catalogue de la discothèque idéale à sa manière en lui recommandant de se procurer les disques sans attendre : music-hall, chansons de Fortugé ou de Dranem, Bibi la Rousti, comptines enfantines, folklores espagnol et portugais, dont il dit apprécier le « comique extrêmement vulgaire, ou plutôt qui passe pour l'être, comme le tragique des poètes ». Et il ajoute : « Tant de gens s'entourent de tant de précautions pour conserver à leur médiocrité je ne sais quel air de distinction », revendiquant le droit de tomber en arrêt devant « l'imbécillité qui, ENFIN, a la prétention d'être elle-même [13] ».

Mais leur échange porte surtout sur la littérature et sur la revue *Chantiers*. Du moins pour la part que nous connaissons des lettres de Paul Eluard, lequel dispense des conseils avisés, que Joë Bousquet s'efforcera de suivre, notamment à propos de la partie critique de la revue, dont finalement ce dernier se chargera entièrement. Eluard lui recommande de durcir le ton, de faire de *Chantiers* une revue plus violente, plus intransigeante. Et ses lettres se terminent, en guise de formule de politesse, par l'un ou l'autre des poèmes qui constitueront le recueil de *L'Amour la poésie*, dont Bousquet a ainsi la primeur.

Les deux poètes vont de concert. La poésie d'Eluard soutient Bousquet. En février 1929, il fait part de sa lecture du manuscrit de *L'Amour la poésie* à Carlo Suarès avec enthousiasme. Peu après, au mois de mai, Gala et Paul viennent le voir à Carcassonne, accompagnés d'André Gaillard. Eluard est encore très malade à cette époque, épuisé et très amaigri. Bousquet les voit comme deux enfants perdus : « Je ne sais rien de plus touchant que la figure intelligente et douloureuse de notre plus grand poète avec ces éclairs enfantins où passe parfois une prière ou une terreur [14]. » Leur visite suit de peu celle de Carlo Suarès. Pourtant, elle déçoit légèrement Bousquet qui perçoit alors chez Eluard un côté mortifère qu'il récuse de toutes ses forces et de tous ses écrits. « Je me sentais un peu triste d'avoir à trouver derrière une œuvre qui m'aide à vivre un homme qui ne pense qu'à mourir. [...] Eluard a été dans sa vie sa première victime [15]. »

Et puis, très vite, il commence à douter du mouvement surréaliste dont la révélation initiale va perdre pour lui, au fil des ans, de son acuité. Il reproche à cette magnifique tentative de libération de « ne pas avoir d'au-delà ». Dès 1930, il considère le mouvement comme « une fin éblouissante, une chute d'étoiles, mais qui ne tirera plus rien d'elle-même et qui en appelle à de nouveaux venus [16] ». Joë Bousquet songe à s'en éloigner. Il continue d'aimer Eluard, et les peintres du groupe, surtout Max Ernst, mais il avoue à Carlo Suarès : « Les déclarations de Breton commencent à m'emmerder [17]. » En 1932, il semble tout à fait revenu des partis pris politiques du groupe et de l'introduction de nouveaux éléments en son sein, tel René Char dont la poésie, au début, déplaît fort à

Bousquet par son côté cérébral. « S'ils n'y veillent pas, ils vont devenir quelque chose comme le *contrepoison de l'action française.* » Et puis Bousquet ne croit pas au communisme de ses amis poètes, et surtout pas à celui d'Eluard. Une anecdote assez significative lui a mis la puce à l'oreille un jour où Eluard regardait avec lui sa bibliothèque, horrifié par l'état de ses livres dont beaucoup d'exemplaires se trouvaient débrochés et couverts d'annotations qui n'étaient pas toutes de sa main. « Les livres sont un aliment », lui fait doucement remarquer Joë Bousquet, ajoutant qu'il n'a pas l'instinct de propriété. « Moi, pour ces choses-là, je l'ai [18] », lui répond Eluard. Et Bousquet de songer (et d'écrire...) qu'il y aurait « un coup d'Etat psychologique à accomplir »...

Après la séparation entre Gala et Eluard, les échanges épistolaires s'espaceront, semble-t-il. Eluard recouvre la santé et commence une nouvelle vie avec Nusch. Quant à Joë Bousquet, son sort demeure inaltéré dans la chambre de Carcassonne. Il continuera d'aimer profondément la poésie d'Eluard auquel il dédiera *Le Mal d'enfance* en 1939.

Dans le même temps, naissait une aventure fulgurante, subversive et d'un humour ravageur, à l'inspiration de laquelle Nerval et Rimbaud n'étaient pas étrangers : le Grand Jeu. Démarche mystique hors de toute religion, dans laquelle l'impossible se voyait dressé en bannière. Cette magnifique et fugitive tentative pour « incarner la métaphysique », pour engager l'être tout entier, corps et âme, dans l'aventure du langage, fut inaugurée par René Daumal et Roger-Gilbert Lecomte, et quelques-uns de leurs camarades du lycée de Reims.

« Le Grand Jeu groupe des hommes qui n'ont qu'un Mot à dire, toujours le même, inlassablement, en mille langages divers [19]. »

La question de l'impossible surgit chez eux, plus brûlante,

plus flamboyante et douloureuse que jamais avec Daumal. Le Grand Jeu a été une sorte de phare pour Bousquet en l'aidant à prendre une distance non seulement ludique mais métaphysique avec sa propre situation. Il commence à voir que du côté du langage s'ouvre une issue, et non des moindres. Parallèlement à lui, qui est isolé et figé dans l'immobilité, de jeunes hommes se lancent dans une aventure du langage similaire à la sienne et tout aussi tragique quoique sous des aspects très différents puisqu'ils allaient droit à la mort violente par le risque physique et par l'usage des drogues, lorsque la phtisie ne se chargeait pas tout simplement de les éliminer, comme ce fut le cas pour René Daumal. Faire passer l'Absolu dans les mots, c'était bien là une recherche de l'instant éternel – de l'extase – mais profondément renouvelée par la subversion : « Tous les grands mystiques de toutes les religions seraient nôtres *s'ils avaient brisé* les carcans de leurs religions que nous ne pouvons subir[20]. »

De son côté, Carlo Suarès affirmait : « N'écoutez les professionnels d'aucune religion... quelle qu'elle soit[21]. »

Cependant, participer n'est pas appartenir. Joë Bousquet participa un temps au surréalisme, il fut très proche du Grand Jeu et plus qu'intéressé par le Présentisme de Carlo Suarès, mais il ne fit jamais vraiment partie de ces mouvements. Il collabora à beaucoup de ces aventures littéraires par le biais des revues, entraînant dans son sillage de jeunes auteurs inconnus, qui reçurent grâce à lui une notoriété. Mais l'appartenance intellectuelle lui fit toujours l'impression d'une réduction vitale, d'une déperdition d'énergie dangereuse pour sa survie même. Le cheminement douloureux de la vie dans son corps entraînait, comme il l'a expliqué, de surprenants obstacles psychiques. Nul mieux que lui n'a observé la contamination mentale que peut entraîner une altération physique et les étranges répercussions de la blessure dans sa manière même de penser. Les conséquences, qui paraîtraient négatives à un homme ordinaire, se compensent de certains aspects féconds. L'impossibilité d'adhérer à un mouvement littéraire en est, semble-t-il, un.

A Carlo Suarès, intéressé par la pensée de Krishnamurti, laquelle était fortement liée aux théosophes et à Annie Besant, Bousquet écrit une lettre très ferme sur la nécessité de la solitude. Cette lettre d'une grande intensité amicale met en lumière le choix, toujours, de la voie la plus inquiétante (au vrai sens) sur le plan de la pensée, et, en dépit de l'inconfort physique qui était son lot, son refus de se reconnaître dans un courant ou un mouvement, de donner son assentiment à une doctrine, ce qui eût pu passer pour un certain confort intellectuel, pour un peu de repos, au fond ; sa détermination de ne jamais s'agenouiller devant la vérité. « On ne *consent* que par raccroc, on *n'apprend* À QUOI L'ON CONSENT QU'À FORCE D'ÊTRE. Il faut pousser chaque individu dans son être et laisser l'assentiment monter des profondeurs où il a son secret [22]. »

Ce refus d'adhérer est un beau visage de la pensée installée dans un corps précaire. Elle conserve au poète toute la vigueur d'une attention portée vers les germes de dynamisme, de subversion, de renouvellement – de vie, en somme. Elle témoigne d'un esprit en état de veille permanente, guettant en lui et chez les autres tout signe de vitalité, avec une générosité et une clairvoyance qui feront de lui un grand critique littéraire : de cette espèce assez rare d'hommes capables d'oublier leur vanité d'auteur pour déceler chez les autres non seulement le talent, mais aussi l'énergie et l'endurance nécessaires pour développer et accomplir ce talent ; capables aussi d'apprécier la qualité d'une œuvre véritable et d'en mettre en lumière les filiations, même lorsqu'elle bouscule leurs convictions.

13.

Une passante bleue et blonde

Il est un champ aventureux que le poète privilégie plus que tout : c'est celui de l'amour. Tout passe par les yeux... Dans ces années-là, il rencontre Ginette, qui sera le grand amour de sa vie, même si d'autres passions, intenses elles aussi, prirent le relais ou doublèrent, de manière peut-être illusoire, le très profond attachement qui le lia à la jeune femme.

Cela commence dans l'enfance.

« Petite fille toujours grondée, toujours rebelle, toi dont le ciel avait rêvé les yeux pour oublier ton corps. Ton nom m'avait appris qu'il est divin d'attendre [1]. »

Une gamine aux yeux bleus, un jour de juillet, alors que Joë Bousquet a établi ses quartiers d'été à Villalier, en bordure de l'Orbiel, apparaît devant lui. Ses parents l'ont envoyée jouer dehors et elle, s'aventurant au-delà de la limite autorisée, a franchi la rivière pour pénétrer dans le jardin de l'« Evêché », propriété des Bousquet. Elle se trouve soudain face à un jeune homme, assis dans un fauteuil, qui la regarde intensément. Ni l'un ni l'autre ne disent mot. Puis la petite fille s'enfuit. Elle rentre chez ses parents toute tremblante. Dans l'émoi qui l'a saisie se mêlent la peur et un profond bouleversement. Lorsqu'elle connaîtra mieux Joë Bousquet, il lui confiera que leur rencontre, ce jour-là, était la retrouvaille d'un temps au-delà du temps.

Ils se reverront à Villalier quelques années plus tard. Ginette passe alors une semaine de vacances avec des amies chez la « mère Touron », une voisine de la famille Bousquet. Le petit groupe se lie d'amitié avec Joë dont la porte est toujours ouverte sur le jardin. Vient un moment où Ginette se trouve seule avec le poète qui l'entraîne au fond du jardin : « Si je n'étais pas au monde, vous ne seriez jamais née. Vous avez toujours habité mes pensées, je vous reconnais, je vous aime ! »

Commence entre eux une relation amoureuse, chaperonnée et facilitée par Claude Estève, ami de Joë et professeur de philosophie de Ginette au lycée de Carcassonne.

La femme-enfant apparaît dans plusieurs livres : sous les traits d'Annie dans *Le Rendez-vous d'un soir d'hiver* ; dans *Une passante bleue et blonde* ; elle est, bien sûr, la destinataire des *Lettres à Ginette*. Serait-ce beaucoup s'avancer de dire qu'elle est en filigrane dans toute son œuvre à partir de 1927 ? Elle habite la pensée du poète jusqu'à sa dernière heure puisque c'est elle qu'il réclame à l'heure de sa mort, elle, devenue plus que son *alter ego*, son double, son lien charnel avec son enfance et, sans doute, la plus parfaite incarnation de son idéal de l'amour.

Joë Bousquet va devenir son initiateur en maints domaines de la vie. Il devient son Pygmalion, amoureux, comme il sait l'être, de cette tendresse attentive, extralucide, et pourtant détachée dont il a déjà fait preuve dans d'autres passions. Et toujours incomparable épistolier.

La « petite fille » n'a pas froid aux yeux... Surveillée par son père, qui a surpris sa correspondance avec Joë Bousquet, elle s'échappe par une porte dérobée et parcourt plusieurs kilomètres dans la nuit pour rejoindre la place toujours creusée pour elle aux côtés du poète dans le lit.

Ce profond amour, très réel, très charnel, appartient aujourd'hui à la littérature par la correspondance amoureuse que Joë Bousquet adressait à Ginette. Il nous permet d'entrevoir d'un peu près un aspect essentiel de son œuvre, la dimension érotique, qui le rapproche, en littérature, de Georges Bataille et, en art, de Hans Bellmer, dont il fut l'ami, chez lequel il trouvera une correspondance picturale à ses écrits poétiques.

Reste que ce lien entre le poète brisé et la très jeune fille ne ressemble à aucun autre. Il nous fait entrevoir ce qu'est l'amour lorsque la sphère poétique occupe tout le champ du réel, comme c'est le cas chez Joë Bousquet. Au premier regard, l'enfant a d'abord été saisie par celui qui la regardait. Lorsqu'ils se sont revus, ce même regard l'a enveloppée, révélée à elle-même, et comme ravie à son existence banale de jeune bourgeoise de province. Tout de suite, ils se sont reconnus de même nature, de même essence. Joë Bousquet a rencontré en Ginette son double féminin. Il lui avouera une fois qu'elle ressemble à sa mère. Amour incestueux, alors ?... Amour douloureux, en tous les cas, qui connaîtra des conflits, des ruptures, mais demeurera malgré tout dans le cœur du poète comme le noyau central de son œuvre et son principal aiguillon, comme le point de tangence le plus fort de son rapport au monde, si l'on excepte la souffrance physique.

Celui qui ne peut plus marcher transfère sur celle qu'il aime la vie qu'il a perdue... Ginette est belle, vive, alerte, très intelligente et peu complexée. Joë Bousquet projette en elle ce qu'il n'est plus. Elle est doublement sa vie, par l'amour qu'il lui porte et par le corps qu'elle lui prête et, en le lui prêtant, qu'elle lui rend. Car la fusion physique permet au poète de recouvrer une intégrité corporelle. La jeune femme restaure en lui le sens de sa dignité perdue parce qu'elle le voit comme un être de chair auquel elle communique sa propre énergie physique.

Cette fusion est un mystère. L'alchimie pourrait peut-être nous en fournir quelques clés. Il est probable que la jeune femme a été le vecteur essentiel pour le poète de cette « naturalisation » de sa blessure. Par son amour, qui fut total, elle l'a physiquement amené à se réincorporer, en acceptant le défi d'un don d'elle-même et d'un accueil de celui qu'elle aimait. Il ne s'agit pas ici d'entrer dans les détails d'une intimité sexuelle, mais de comprendre comment, par l'amour que lui a un jour porté une très jeune fille, qu'il aimait en retour, le poète a connu une transmutation de sa chair blessée, réduite à l'immobilité, de son corps à demi mort, et comment cela s'est communiqué à tout son être et à l'œuvre en cours d'accomplissement.

Cet amour le ramène à sa propre enfance. Et ce retour à l'enfance semble être l'un des fils de sa poésie ou plutôt l'une des trames de son œuvre : « Ta voix, ton odeur, ton esprit, c'était la présence de mon enfance, ta beauté de femme, ce que mon enfance avait rêvé de s'incorporer [2]. » Il est conscient plus que d'autres de l'importance décisive de l'enfance pour l'œuvre.

Après la rencontre fulgurante dans le jardin de Villalier, Joë Bousquet va devenir un initiateur, le domaine intellectuel servant de biais et de prétexte à leurs rencontres amoureuses. Estève sert d'intermédiaire pour leur correspondance et de couverture à leurs rencontres, lui qui avait dit un jour à Joë : « Je souhaite qu'une femme ait assez de cœur pour prendre la place de votre peine. » Jusqu'au jour où, si l'on lit entre les lignes, Estève trahit la confiance de son ami en faisant de Ginette sa maîtresse. Pour l'instant, il facilite tant qu'il peut leurs rencontres.

Le poète ne se contente pas de jouer le rôle de conseiller en matière de lectures, lui recommandant de lire Bergson, Freud, Otto Rank ou Remy de Gourmont ; il lui arrive plus d'une fois de rédiger à sa place ses dissertations pour lui permettre de disposer de plus de temps auprès de lui. Il lui délivre des conseils qui sont autant d'apprentissages de la vie : « Tu vas travailler, tu vas travailler beaucoup. Je veux que tu deviennes quelqu'un, lui écrit-il. Je veux que tu saches que tu entres dès maintenant dans une vie très dure et qui sera pleine de déceptions et d'amertumes. Car celui qui vit en esprit doit tirer de son esprit toutes les consolations. On n'est jamais, jamais compris. Le milieu même des gens de plume est aussi bête que l'autre. Les succès vont toujours à ceux qui flattent la médiocrité du lecteur[3]. » Avec elle, il poursuit sa propre réflexion, exprime sa propre philosophie : « Il ne faut jamais rien trancher », lui dit-il à propos de la religion catholique dans laquelle Ginette a été élevée et avec laquelle elle voudrait rompre. Il l'oriente doucement vers Bloy et Ernest Hello, « deux très grands catholiques, très croyants, si convaincus qu'aux yeux des curés ils passaient pour révolutionnaires[4] ». Dans cette correspondance apparaît un Joë Bousquet peu connu, drôle, subversif, joueur, parfois même madré, lorsqu'il fait à son amie des recommandations destinées à éloigner les soupçons de sa mère, car Ginette est très protégée. Son humour se fait ravageur lorsqu'il détaille à la jeune fille la confession qu'elle devra faire en une page d'anthologie digne de figurer aux annales du Grand Jeu :

« Passons au confesseur. Dure nécessité, à laquelle évidemment vous devez vous plier. [...] Prenez un type assez jeune. Dites, en commençant, pour avoir avec vos autres péchés une pelletée à jeter sur le foyer : "Je m'accuse d'aimer un jeune homme." S'il vous presse, dites, si vous y tenez : "J'ai péché en pensée avec lui." Ajoutez : "Je ne le vois jamais." Et taisez-vous. Mutisme de carpe. Feignez une timidité extrême. Qu'il ne sache pas bien où il en est et que la peur de vous renseigner ou de vous donner des idées tienne sa langue. Aux questions, répondez par monosyllabes... est-il marié ? Non..., etc. N'ayez pas l'air d'attacher d'importance. Et surtout si cet homme en jupons vous embête trop, détournez son attention en lui annonçant un autre péché qui le décongestionnera. Dites-lui : "Mon père, j'ai peur de perdre la foi." Et s'il vous demande si cet amour en est la cause, dites : "Non, au contraire. Sans cet amour, je l'aurais déjà perdue." D'abord

117

ce sera bien amusant parce que monsieur la graine d'évêque sera rudement épaté. Mais je ne ris pas : dites-lui, en ayant l'air de hausser les épaules, vers l'amour que vous lui avez avoué : "Je fais ma philosophie. Pourriez-vous m'indiquer des lectures sérieuses, qui m'instruiraient, qui me donneraient la foi ?" Vous entendrez "Heu ! Heu !" Il vous citera quelques âneries...

» Mais je romance tout cela : comme si j'ignorais ce que c'est que la confession ! Il va vous demander sans doute si vous avez péché contre la pureté, question classique. Il vous demandera ensuite – je présume – si vous n'avez pas péché contre la pureté, seule. A quoi vous répondrez oui ou non, selon le cas, mais toujours en évitant soigneusement de vous perdre en discours. Il se peut que, par pure curiosité, il vous pousse un peu, espérant des détails (ne vous faites pas d'illusions !). Parlez très peu : au fond ce n'est rien. Il se trouve que mon état de malade et de blessé grave vous permet de jurer sans mentir que je ne serai pas votre amant. Car les traités de cas critiques sont formels : *coïre est intromittere...*, etc. Il y a là de quoi soulager le mandarin[5]. »

L'autorité parentale veille. Joë conseille à son amie de faire disparaître toutes les lettres qu'elle reçoit de lui et d'éviter l'usage intensif du papier à lettres de sa mère. Preuve est faite, par l'existence de cette correspondance, qu'elle ne lui a pas obéi. En dépit de ses précautions, la jeune fille aura l'interdiction de sortir seule (nous sommes en 1927 dans la province française !). Mais l'aspect transgressif de leurs rencontres, cette impression d'être surveillés par les voisins et la famille, cette clandestinité tissant la toile de fond de leur amour n'est pas pour leur déplaire. Ginette trouve des stratagèmes pour rejoindre son ami. Le matin, avant l'aube, elle file en douce, mantille sur la tête, missel sous le bras, pour retrouver le lit de Joë. Cela dure quelque temps. Ensuite ses parents l'envoient faire une licence de philosophie à Toulouse.

Plus d'une fois, à cette époque, Joë Bousquet prépare à la

place de Ginette ses exposés, d'une manière tellement approfondie que l'on se demande quel professeur put être dupe d'une maturité si exceptionnelle chez une fille de dix-huit ans.

Dans un texte de 1948, qu'il a appelé sa « confession spirituelle », on retrouve très précisément le point de vue qu'il développait vingt ans plus tôt à l'occasion d'un exposé que Ginette devait préparer sur le libre arbitre. Là, Joë définit ses vues sur la liberté et le destin, dominées par l'idée que l'homme n'est qu'à moitié né et que l'existence consiste pour lui à accomplir toutes ses possibilités les meilleures. La vie est une continuelle création de l'homme par lui-même, un travail de mise au monde de soi, aussi bien physique que spirituel. Contredire ou contrarier le destin revient à perdre son temps. En revanche, il importe de le penser. Et c'est là toute la démarche du poète, toute sa vie résumée en une phrase destinée à sa petite amie de dix-huit ans : « Ce n'est pas en luttant contre les contraintes, mais en pensant les contraintes que nous leur échappons », ce qui renvoie au manifeste de la revue *Chantiers* : « s'enfanter au service de tout nouveau devoir ».

Ainsi participe-t-il à la formation intellectuelle de son amie, ainsi accompagne-t-il ses pensées et guide-t-il ses pas de manière à rester toujours proche d'elle, même lorsque l'éloignement les sépare. Il lui apprend à bâtir un exposé comme, en couture, on bâtit une robe : « C'est-à-dire comme un corps humain : voilà pour les nichons, et pour les deux bras, avec les deux roses des vents de tous les mouvements possibles (il faut que l'aisselle ait du jeu, sans faux plis), voilà pour la taille ; tous les muscles mais invisibles, la force, et puis pour les fesses, la double cible, ampleur rayonnante où les objections ne feraient qu'ajouter à la lumière, etc.[6] »

Il enseigne l'exigence et l'excellence à Ginette qui semble plutôt désinvolte et suffisamment bavarde pour qu'il la réprimande souvent sur sa légèreté de paroles. Il la ramène au réel à maintes reprises, notamment en ce qui concerne le travail, afin que sa jeunesse ne l'illusionne pas sur ce qu'est une vie d'artiste : « Avec des dispositions artistiques, tu es tombée *dans l'idée que le bourgeois se fait de l'artiste*, idée fausse, bien entendu. Rien n'est plus scrupuleux, exact dans les détails qu'un artiste ! Parce que l'artiste, c'est, d'abord, c'est – en toutes circonstances – l'homme qui a un sens exquis de la *qualité*, et, évidemment, l'homme qui se vérifie sans cesse[7]. »

A travers cette correspondance, dont nous ne connaissons qu'un seul volet, se révèle, comme l'écriture à l'encre sympathique sous l'effet de la chaleur, la dynamique amoureuse du poète, qui n'a d'ailleurs rien d'un concept intellectuel, mais ressemble plutôt à ces morceaux de musique que l'on appelle *ricercare* : par l'écriture, il mène une danse sacrée autour de son amour. Il s'en approche et s'en éloigne, il tourne autour de lui, il le frôle, puis recule. Au fil des pages, au fil des lettres, il orchestre sans le vouloir une quête musicale du mystère de l'amour, envisageant tour à tour chacune de ses faces, à la manière d'un alpiniste qui ne se contenterait pas de gravir le sommet par l'un de ses couloirs d'accès, mais essaierait toutes les faces possibles de l'ascension afin de connaître par cœur sa montagne. Ecrire à son amante appartient à l'acte d'amour, l'approche amoureuse se fait chez lui par le langage. Il est très beau de suivre cette danse dans chacune de ses stances et de voir comment, par les mots, le poète s'incorpore l'être aimé, comment aussi il découvre peu à peu l'importance de cet amour comme porte ouvrant sur l'intériorité : « Il fallait que ton corps, après ton visage – et aussi providentiellement que lui – devînt à mes yeux la révélation de ce qui m'était – en moi – le plus intérieur et le plus inaccessible[8]. » Et surtout comment il comprend l'amour, en lui, comme une aventure d'ordre mystique dans laquelle il a engagé la jeune fille avec lui. Le bouleversement que provoque cet amour passionné ne satisfait pas seulement en lui l'éternel amoureux, le don Juan, le goût de la conquête

(« nulle multiplication n'approche le chiffre de l'infini »), mais ouvre soudainement la porte d'un monde plus vaste, délivrant du même coup le prisonnier qu'il est à la condition de ne pas s'arrêter, à la condition de tuer d'une manière symbolique cet amour qui est le passage, la voie d'accès au mystère, car ce violent arrachement à soi-même se trouve aussi être le tout premier pas en direction d'une contrée de tous temps inaccessible sauf à des regards tournés vers l'intérieur. « Tout est à vomir, sauf l'instant *unique* d'aimer et de tuer ce qu'on aime – la seule façon de donner à son amour le rayonnement d'une étoile[9]. » On songe ici au *Mont Analogue* de René Daumal, ou encore à Raymond Lulle. On songe aussi à Georges Bataille.

Quelques années plus tard, Joë Bousquet reviendra sur cet amour qu'il portait à Ginette, en tentant d'expliquer un peu mieux ce qu'elle est pour lui : « Il s'agissait d'une folie, d'une tentation si sauvagement mystique et qui m'a coûté tant de nuits ardentes [...] cette folie poétique, où je te demandais d'entrer en toute inconscience[10] (ta folie alors aurait été la chasteté), je savais que j'étais capable d'y compenser l'absurdité d'aimer du fond de mon lit. Les faits l'ont prouvé. »

Chacun voulait être l'autre, chacun se reconnaissait parfaitement en l'autre. Dans la correspondance intitulée *Un amour couleur de thé*, Joë Bousquet évoquera Ginette en précisant qu'elle souhaitait lui ressembler. La fusion, ils la connaîtront au cours d'une nuit à Villalier dont Ginette a livré le récit (le sien) à sa meilleure amie. « Tu étais mon être de chair », lui écrira Joë Bousquet. Et il lui écrira encore : « L'éternité c'est à travers la négation de soi-même qu'elle se révèle, un jour, quand un autre être vous est, de par l'oubli de votre douleur, quelque chose de plus réel que vous. L'absolu est dans le renoncement intérieur à l'amour, dans la découverte *en soi* de l'être que l'on aime[11]. » Cette fusion eut des incidences physiques étonnantes. Joë Bousquet, à une époque où Ginette fut atteinte d'un cancer, la rassura. Il savait, semble-t-il, par prémonition, qu'elle mourrait de la même mort que lui, d'une crise d'urémie, une mort très douce. Il le lui annonça à ce moment-là et c'est ce qui arriva très exactement. De son côté, la jeune femme, à plusieurs reprises dans sa vie, se crut « possédée » par Joë Bousquet au point de ressentir des tremblements convulsifs dans la jambe tout comme le poète en ressentait souvent. Et lorsqu'elle vint dans sa chambre de Carcassonne, après la mort de Joë Bousquet, elle eut soudain la sensation d'être projetée hors d'elle-même, de se vider de sa propre substance et d'être envahie d'une indicible souffrance morale, comme si elle était entrée dans le corps de Bousquet, endossant soudain toute la douleur de son existence. Phénomène qu'un médecin identifierait peut-être comme étant de nature hystérique...

En lisant les lettres à Ginette, il apparaît avec netteté que l'amour opère aussi violemment que la blessure, l'un en lui arrachant son intégrité corporelle, l'autre en la lui rendant d'une autre manière. Tout est violence dans cette vie. Joë Bousquet ne s'en défend pas.

Pour le poète, la vie ne pouvait que s'enrouler sur elle-même et se déployer vers l'intérieur par un processus d'involution. L'amour de Ginette ne finira pas, mais il se heurtera à des empêchements dont le principal effet sera l'éloignement. Joë Bousquet devra consentir à une solitude qui sera encore aggravée par la perte d'amis très chers.

14.

« Tous les hommes sont blessés »

Claude Estève est nommé professeur de philosophie à Paris. Il propose à Bousquet de le rejoindre et d'habiter auprès de lui. A Paris, avec Estève, avec Jean Cassou, devenu un proche, et tant d'autres qui élargiraient son champ intellectuel et amical : la tentation est grande, d'autant que Carcassonne s'est vidée pour lui de ceux qui constituaient son entourage familier. Ginette est partie étudier à Toulouse, d'où elle revient de loin en loin, trop rarement. Marc Delmas, le musicien avec lequel il a le projet de composer une pièce, s'est effondré une nuit sur le trottoir de la ville, mort. Estève, l'ami de toujours, celui auquel il doit une grande part de sa culture philosophique, s'en va...

Bousquet est tenté de le rejoindre, ne serait-ce que pour briser, une fois encore, le cercle de l'habitude au sein duquel il mène une vie stable quoique précaire, toujours à la merci d'un accident de santé fatal. Paul Valéry, auquel il parle de son projet, commence par l'y encourager. Puis, après avoir écouté les raisons qui soufflent à Joë de rester à Carcassonne en dépit de l'horreur (toute carcassonnienne) qu'il éprouve à l'endroit de cette ville dont les habitants ont pour coutume de médire, il se reprend et lui conseille : « Ne vous éloignez pas de cet endroit que vous aimez. C'est ici que vous avez votre vie, là où François-Paul Alibert a la sienne ! »

Un événement brutal le contraint à enterrer son projet : en octobre 1933, à peine installé à Paris, Estève meurt d'une embolie pulmonaire. Estève, son ami ! Celui qui partageait ses passions, ses expériences et ses aventures depuis toujours ; son exécuteur testamentaire aussi. Ferdinand Alquié, leur ami commun, ressent cette mort comme une grande perte affective. Pour Joë Bousquet, cette disparition est douloureuse à plus d'un titre. Elle renforce encore sa conviction de porter malheur à ses proches. D'autant que Claude Estève suivait de près ses expériences avec la cocaïne et partageait avec lui la transgression dangereuse : « Sa mort, c'est justement celle à laquelle je m'exposais un peu inconsidérément. Ce qui l'a tué, c'est ce genre de crise que je prévoyais pour moi dans la dernière lettre que je lui ai écrite[1]. » Dans ces années-là, Joë Bousquet fume de l'opium à outrance, il lui arrive aussi de priser de la cocaïne jusqu'à la syncope, dans un but rien moins que thérapeutique. Le soulagement de ses souffrances physiques ne suffirait pas, en effet, à justifier cet usage dans lequel entre aussi pour beaucoup sa tendance à se porter toujours aux limites les plus dangereuses. A la mort d'Estève, il renonce aux drogues, pour y revenir de plus belle par la suite. Si l'on en croit le témoignage de Ginette, le poète fit partager son expérience de la cocaïne à la jeune fille, qui l'a racontée dans le texte étonnant intitulé « La nuit folle », daté de 1931.

La disparition d'Estève a de profondes incidences sur la vie de Joë Bousquet : « Tout ce qu'il a été pour moi, je vais l'apprendre de jour en jour. Il me semble encore qu'on a jeté mon âme à la rue et que je n'ai même pas assez de force pour penser que je l'ai perdu[2] », écrit-il à Jean Cassou. Une amitié, qui était pour lui bien plus que de la camaraderie ou un compagnonnage intellectuel, grâce à laquelle Joë Bousquet remontait vers le jour, repoussant les noirs crochets de la mort s'agrippant à ses basques pour le faire retomber dans le néant ; l'amitié le hissait vers le jour, illuminant sa vie d'une reconnaissance et d'une exigence dénuées de toute peur.

Il savait combien la peur rôdait alentour : une peur complexe, dont il n'a pas manqué de disséquer les ramifications. La peur instillée par le sentiment d'injustice et la peur née devant la conscience de celui qui souffre, surtout lorsqu'il dispose des moyens sublimes de l'intelligence ; la peur aussi devant cette lucidité inévitable de l'homme frappé par le destin : à lui, on ne peut en conter ! La crainte assez médiocre de se voir entraîné dans sa souffrance, de ne pouvoir en sortir intact ; et la pire de toutes les peurs, celle d'avoir à reconnaître dans les yeux de celui qui souffre une âme pareille à la sienne, quand tous les indices sociaux le désignent comme différent, limité, amputé de quelque chose, d'un indéfinissable potentiel qui le rend à jamais étranger, rejeté dans une géhenne ontologique dès le premier regard.

Comme une belle femme peut être révoltée par le regard d'autrui parce qu'elle sait, en son for intérieur, qu'elle n'est pas seulement ce que l'on voit d'elle. Entre Ginette, qui est très belle, et lui, il sent une fraternité de cet ordre lorsqu'il lui écrit : « Tu me ressembles beaucoup en ce point : tu as *besoin d'être vue par l'imagination.* C'est à l'origine une espèce de pudeur spirituelle. *Tu ne peux souffrir le regard qui te matérialise*[3]. »

Joë Bousquet renverse ce rapport du regardant au regardé : « Je dois à ma blessure, écrit-il, d'avoir appris que tous les hommes étaient blessés comme moi[4]. » L'éclairage de la douleur ainsi porté sur l'autre depuis sa propre douleur donne une singulière ampleur à son expérience individuelle et l'élève au rang de symbole, identifiable et utilisable par tous. Nous sommes tous des prisonniers et nous sommes tous blessés : il est remarquable que ce soit un homme particulièrement atteint dans son corps qui le dise, élargissant ainsi à l'humanité sa souffrance personnelle, retournant l'exception en exemple et le malheur en compassion.

Le chant de l'homme à demi mort devient doublement un chant de vie : parce qu'il a triomphé de la mort et parce qu'il a introduit de la vie là où les hommes risquaient de ne voir que de la mort.

Le poète, trop conscient de cette matérialisation qui le guette en chaque regard, a su s'entourer d'hommes impitoyables. Ils sont ses remparts contre l'abjection dont le surgissement reste toujours imminent. Sa condition a ouvert à l'extrême sa sensibilité à cette faille qui, en l'homme, peut à tout moment se rouvrir. Elle lui permet d'entrevoir un aspect qui en abolit justement le côté exceptionnel pour en dégager la qualité de lien – le statut religieux, si l'on peut dire – puisqu'il s'agit de voir comment l'aventure d'un seul se reflète en miroir à l'infini dans les autres. Nous sommes aux fondements d'un réalisme radical, d'une sorte d'ontologie du désastre sur laquelle germe un humanisme.

Cette pensée très neuve échappe à l'individualisme romantique. « Matérialisme magique », a dit Bousquet de sa propre prose...

Il faut imaginer à quel degré de conscience et à quelle capacité d'abstraction parvient le poète, par l'écriture, pour concevoir son sort dans un plan aussi vaste, pour mettre une souffrance aussi grande en perspective d'une empathie possible, que l'on pourrait qualifier de métaphysique. En englobant l'autre dans sa propre blessure, il extrait des profondeurs une vérité universelle : il rend son propre sort exemplaire, en ce qu'il ne représente qu'une illustration de la condition commune à tous, mais poussée à bout. Il fait émerger au grand jour la loi commune de l'homme en proie à la fracture de conscience entre son être intérieur et sa peau, entre l'image et la conscience de soi, et le risque que fait courir à tout instant le regard réducteur. Connaître est une chose, mais reconnaître est un travail de chaque instant, une lutte contre l'inertie et l'habitude. Les blessures les plus graves proviennent d'un défaut de cette attention-là.

Ainsi le corps blessé est-il le réceptacle de tous les risques de blessures supplémentaires comme de toutes les chances d'amour. Vers lui s'orientent les regards, en lui se révèlent les fractures. La conscience de celui qui l'habite est reconnue par Bousquet comme une conscience de l'humanité au croisement des chemins de la plus dangereuse matérialisation et de la plus authentique reconnaissance. La parole du poète blessé contient un chant de l'humanité à nul autre pareil du fait de ce point d'observation.

Le poète, en prenant conscience de ce danger qui le guette en chaque regard, retourne complètement la menace lorsqu'il affirme que tous les homme sont blessés comme lui. Refusant d'attribuer une cruauté particulière à son destin, il renvoie par ricochet la stigmatisation de sa vie vers l'infini d'un sort commun à l'humanité tout entière. Ainsi donne-t-il une profondeur et un éclat à ce qui aurait pu n'être qu'un cas isolé.

« Sa blessure ne fait que le traverser : elle s'élargit dans l'humanité des autres hommes comme pour leur inspirer les actes susceptibles de la compenser [5]. »

15.

« Vous commencez, vous allez commencer »

Au début de *Traduit du silence*, il écrit : « J'ai mis toutes mes forces à "naturaliser" l'accident dont ma jeunesse a été la victime [1]. » Cette démarche consistant à s'incorporer l'atteinte extérieure qui l'a brisé tend à ramener toujours l'esprit vers le corps, à lui interdire l'illusion que serait une propension à l'idéalisme, à lui faire inlassablement réintégrer la dépouille jusqu'au jour où il fera si complètement sien le corps blessé qu'il pourra enfin y reconnaître non plus un accident mais une essence – la nature même de ce que devait être sa vie.

Par le langage poétique, il confère à sa vie une consistance, une existence, une réalité aux facettes multiples, aux colorations aussi changeantes et attrayantes qu'un kaléidoscope. Il recrée le mouvement, l'espace, le renouveau, tel un magicien tirant de son chapeau des douzaines de tourterelles qui s'envolent vers le ciel. Il transforme sa vie en un conte médiéval dont le sens devient si riche que le comprendre au premier degré ne suffirait pas. Il nous en montre la profondeur symbolique, laquelle renvoie à des réalités intemporelles qui nous sont familières et lointaines, ayant, comme les symboles, nécessité d'être toujours rappelées sous une forme nouvelle.

Dans les années 1933-1936, Joë Bousquet entre dans une profonde métamorphose de son identité. Voyant qu'il ne remarchera plus jamais, qu'il n'y a plus d'espoir, une tout autre approche de la réalité est en train de naître en lui. Un champ immense de conscience s'ouvre avec ce « plus d'espoir » !

En effet, tandis qu'a pris forme peu à peu dans les yeux des autres une nouvelle image, celle de l'homme à plaindre, Joë Bousquet, récusant intimement cette identité-là, n'est déjà plus là où on le croit.

Dans ces années-là commence à agir la transformation. Un mouvement contraire s'est déjà mis en branle dans son for intérieur : un véritable travail de (et sur) l'imagination afin d'estomper, puis de faire disparaître en lui celui qu'il a été, afin d'être tout entier présent à celui qu'il est devenu. Long effort pour exclure de sa mémoire ce qu'il appelle le « moi » ou l'« ego », l'image de soi, en somme. Le poète « vitriole », comme il le dit, ses habitudes, son imagination, son espoir – tout ce qui n'était pas lui. Il retranche les branches mortes afin que l'arbre, ainsi allégé, reprenne force. En arasant l'imagination, c'est-à-dire la représentation de sa situation dans le monde, il abolit le sentiment de perte et fait une découverte majeure : celle de l'éclairage nouveau que reçoit un souvenir lorsqu'il n'a plus la fonction de nous aider à nous retrouver nous-mêmes. Joë Bousquet s'aventure en pensée dans un territoire libéré en quelque sorte de son occupant et il en voit pour la première fois la beauté. Il découvre l'aveuglement du narcissisme : « Narcisse ne voit plus rien et il ne se voit même plus[2]. »

Le poète reconnaît alors en lui un « bien-être intérieur », voire une volupté à vivre. Un psychiatre de son entourage, le Dr d'Allendy, a donné une interprétation de ce bien-être : « Sa nature d'homme est mollement retombée sur un fond heureux. Quand il entrait à regret dans sa vie d'homme, il a été replacé dans la situation infantile. Toutes ses sensations ont été remises au berceau et rebaignées dans l'atmosphère poétique de ses premières années[3]. »

« Soit ! et que m'importe ? », rétorque Joë Bousquet. Lui ira bien plus loin dans l'analyse de sa nouvelle situation pour en sonder l'abîme et c'est cela qui nous intéresse, nous autres qui le lisons aujourd'hui et cherchons à comprendre comment un homme dont l'existence a été si profondément brisée, dont le malheur apparaît si évident, a pu transmuer cette pâte, accomplissant sur lui-même, corps et esprit étroitement imbriqués, une métamorphose apte à distiller de la vie, acérée, éclatante, triomphant de tout ce qui s'y oppose, et cette ivresse de l'intelligence et de la perception, allant de concert avec elle.

Son corps à moitié mort, fardeau dont l'autre moitié est percluse de douleurs, déjà travaillée par les maux de toutes sortes, escarres, urémie, infections qui l'emporteront trente ans plus tard, il va l'accompagner dans l'aventure qui le fera habiter le monde par le langage.

Une « resplendissante surprise » l'attend. En recherchant les causes de la volupté qu'il éprouve à vivre, il remonte jusqu'à sa source : la modification du rapport à soi, lequel s'est trouvé, par force, débarrassé de l'égotisme et du narcissisme. Ce que le regard extérieur juge comme une diminution, le poète qui vit cela dans sa chair (et dont la parole ne peut être soupçonnée de falsification) le définit comme allégement et débarras. « Quand notre image disparaît de nos pensées, c'est une illusion qui meurt. Et la vie s'en porte beaucoup mieux : elle retourne à la pureté dont l'enfance était déjà le regret, elle n'est plus distincte de l'amour[4]. »

Cette question de l'image corporelle détruite, libérant ainsi la pensée, Joë Bousquet n'a cessé d'y revenir, comme s'il en était le premier étonné. En effet, cet effort qui paraîtrait à certains le fruit d'une ascèse fanatique revêt chez le poète blessé l'importance d'une démarche vitale autant que naturelle. « Longue diète de l'imagination qui s'était engagée d'elle-même[5] », écrit-il. Elle n'est pas un luxe de philosophe ni un idéalisme, mais le simple moyen qu'a trouvé en lui la vie pour se survivre à elle-même, l'effort nécessaire de celui qui s'invente un nouveau champ de liberté quand il vient de perdre celle d'aller et venir et toutes les sensations qui s'y rapportent.

Il serait bon ici d'aller faire un tour du côté de Proust et de l'analyse très profonde qu'en a donnée Samuel Beckett[6], son exégète, notamment pour ce qui concerne les habitudes.

« En effet, écrit Beckett, l'habitude, dans sa dévotion pernicieuse, paralyse notre attention, et anesthésie celles des fidèles servantes de la perception dont l'aide ne nous est pas absolument vitale. » Et il continue : « Lorsque nous sommes confrontés au mystère, nos facultés atrophiées rappliquent à notre secours et voici notre être un instant réinvesti de ses pleines capacités. »

La rupture de l'habitude qu'a provoquée chez Bousquet le traumatisme de la blessure a ouvert en lui un état de perception active sur lequel il est revenu à maintes reprises et qui apparaît comme la parfaite illustration de cette réflexion que fait Proust, au détour d'une phrase de *La Recherche* : « De sorte que, s'il n'y avait pas l'habitude, la vie devrait paraître délicieuse à des êtres qui seraient à chaque heure menacés de mourir, – c'est à dire à tous les hommes[7]. »

N'est-ce pas là la clé de cet état de volupté qui étonne le poète blessé ? Avec la balle qui l'a traversé, l'habitude d'être la personne que les autres voient, l'habitude de répondre à l'image que l'on a de soi, tout cela a volé en éclats. La blessure a réveillé en lui la « première nature », lui faisant prendre son envol, rendant son acuité à une attention débarrassée du souci de soi et de l'espoir que tout homme nourrit en son sein. Autant dire que l'homme privé d'espoir grandit dans son aptitude à connaître. Il est contraint de parcourir l'espace oublié entre l'exister et le connaître, apprenant au fil des jours combien l'existence pouvait faire échec à sa faculté de cognition, combien vaste se révèle le champ de l'être lorsqu'une certaine existence vous est retirée. « L'accident qui mutile un homme ne touche pas aux sources de son existence ; il n'est mortel qu'à ses habitudes. L'infortune physique ne corrompt que ce qui était à corrompre[8]. »

131

Un homme venu le voir l'a compris mieux que quiconque, c'est André Gide. Son amitié pour François-Paul Alibert l'a conduit plusieurs fois à Carcassonne à partir de 1936. Au cours de l'une de ses visites, Alibert lui fait rencontrer Joë Bousquet, rencontre qui n'est pas mentionnée dans son *Journal*, mais que Joë Bousquet évoque en 1938 dans une lettre à Jean Paulhan. C'est une période de grand tourment affectif pour Bousquet qui a atteint la quarantaine : « Le jour où André Gide est venu me voir, je crevais de chagrin. [...] la torture de connaître l'étendue de ma solitude dans le miroir d'une insensibilité que l'amour n'avait aidée qu'à se connaître, à se refléter dans la hideur physique de mes blessures[9]. » André Gide comprend qu'il a affaire à un homme que la parole ne trompe pas. Aussi lui parle-t-il très directement : « La difficulté, dans un cas comme le vôtre, c'était d'être assez conscient pour un mal hors de l'humaine mesure. Ce n'était pas trop de vingt ans pour savoir votre blessure. Et quand vous avez maintenant l'impression d'une fin, c'est avec votre vie d'avant que vous la ressentez... Vous commencez, vous allez commencer. » Cette réflexion dure, dépourvue de toute compassion était ce qu'il attendait. Elle frappe Joë Bousquet au plus profond de lui-même : « Rien, jamais, ne m'a donné autant l'impression du surhumain que la simplicité avec laquelle ce grand garçon en tripotant sa cigarette, m'a montré la forme que mon infirmité prenait pour mon âme. Combien nous étions loin de ce qu'on nommerait l'acceptation morale[10]. » Et Bousquet d'ajouter : « Il m'a donné des clartés sur mon sort. » André Gide aura encore une réflexion décisive à l'égard de son ami. Il le regarde profondément et lui dit : « Bousquet, écoutez-moi bien. Je ne vous plains pas. »

Magnifique perspicacité. En effet, il n'y a pas à défendre ni à plaindre un homme aussi souverain dans son art d'habiter sa douleur. Il suffit de l'écouter puisque le langage constitue désormais toute son incarnation. Au terme de cette rencontre décisive, Joë Bousquet conclura : « Je ne suis pas à plaindre. La souffrance est ailleurs. »

La souffrance, cependant, est bien là. Et la tristesse par moments le submerge.

Le ton très particulier de ses écrits, journaux ou correspondances, reflète par endroits des états de grande tristesse. Celle-ci survient à l'occasion de déception ou d'inquiétude amoureuse, mais ces dernières semblent en constituer davantage l'élément déclencheur que la raison profonde. Par moments, une conscience peu ordinaire de sa solitude le poigne, sans que l'on puisse qualifier de mélancolie cet état si proche du désespoir – désespoir qui s'ouvre devant lui comme un antre magique où le poète pourrait s'avancer très loin à la rencontre de sa peine jusqu'à la voir se métamorphoser en bonheur.

Ce chagrin ne porte, et ne portera jamais, sur sa condition, sur les causes de sa blessure, ni sur des faits extérieurs, mais sur sa manière de ressentir le réel. Il n'est pas apitoiement, mais conscience aiguë : « Je n'ai jamais eu de larmes pour mon malheur [11] », a-t-il écrit. « Je n'ai jamais pu me prendre en pitié [...] Il y avait trop à comprendre dans l'étendue de mon malheur [12]. »

Sa tristesse contient une résolution : celle d'épouser poétiquement son destin, sans laisser jamais la possibilité de faire porter à d'autres son propre malheur. C'est là chez lui un résidu du catharisme, une pureté qui tend au puritanisme dans la manière d'endosser absolument sa vie sans aucune prothèse. N'avait-il pas envoyé aux orties les prothèses que l'on voulait lui faire porter pour qu'il puisse vivre debout ! Cette « droiture cathare », qu'il a évoquée, agit sur le plan poétique, pas ailleurs. Œuvre subversive, en dehors de toute intention morale : pure subversion poétique dans laquelle le langage est devenu le terrain de la révolte et la conscience son instrument impitoyable. Joë Bousquet a fait porter tous ses efforts sur la mise en pleine lumière des méandres de sa conscience d'homme blessé. Son attention, au sens où l'entendait Simone Weil, a été son instrument de recherche et son accord avec la peine endurée, un acte délibéré.

La tristesse, récurrente comme l'océan au rythme des marées, est l'un des versants de son approche poétique de l'existence. Elle prend sa source dans la rencontre émotionnelle du monde. C'est une sensibilité à la beauté dans son aspect le plus inatteignable, peut-être même mortel, suscitée par la conscience d'un basculement possible à tout instant du drame humain vers la tragédie ou vers la tendresse. La tristesse des poètes est tissée de révélations. Elle reconnaît, là où d'autres ne voient que ciel serein et réalités indifférentes, un je-ne-sais-quoi de paroxystique. Sa tristesse est perception de la finitude, de l'éphémère et, dans les réalités les plus belles, de ce qui déjà les menace ou les abolit. La tristesse du poète ne connaît pas de limite, mais seulement un horizon dans la conscience de pouvoir rendre compte de ces agonies à venir. Paradoxe que l'être humain puisse abriter en son sein ces chagrins inconsolables, toujours occultés par des réponses de fortune. Le poète sans moyens et sans réponses s'y voit confronté et ne les fuit pas. Là est sa raison de vivre.

« Une tristesse comme celle d'aujourd'hui découvre à l'amour d'autres ciels, rend mon cœur à des lumières qui ne voient même pas que je suis au monde. [...] Je suis triste et je veux être triste [13] », écrit-il à Ginette.

En regardant calmement sa peine il conduit le lecteur dans les sphères où il trouve son air. Privilège insigne. Le cinéaste Andreï Tarkovski, lui aussi, a évoqué certaines de ces réalités vers lesquelles il n'existe pas de chemin raisonnable, car elles sont à la fois trop sacrées et trop simples. Par la nostalgie de ce monde bien réel et non tangible, par l'expression de cette tristesse qui n'est peut-être rien d'autre que le moment de déchirement du voile, le poète nous invite à entrer à sa suite dans ces régions inconnues de l'intériorité – les mêmes évoquées par Daumal dans *Le Mont Analogue*. S'agit-il d'un rêve ? Ou bien sommes-nous parvenus à notre insu à l'intérieur d'une des réalités les plus flagrantes qui soit, bien que non visible : sur cette ligne fragile de fusion de la joie et de la douleur, sur leur frontière commune ?

16.

« Ces noces sans nom... »

« Travaille bien le rôle du corps dans la vie de l'esprit. C'est mon sujet à moi [1] », s'écrie Joë Bousquet dans une lettre à sa jeune amie Ginette.

Il y aura travaillé toute sa vie, ne cessant de vouloir comprendre quelles sont les incidences psychiques de son immobilité et par quels moyens le cerveau réussit à pallier l'impotence physique. Le poète scrute le mystère de cette moitié de lui-même qui refuse de lui obéir. Est-il plus grande énigme que celle de l'étrangeté de son propre corps ? Est-il plus troublante trahison, plus terrifiante faille entre soi et soi-même que cette dérobade ? Tous les malades le savent, tous les hommes le découvrent un jour ou l'autre : cette surprise de la matière dont ils sont faits est une incarnation de l'impensable. Et pourtant, lorsque la mort ne s'en mêle pas très vite, il leur faut bien penser ce réel-là pour ne pas avoir uniquement à en pâtir.

Le poète prend un malin plaisir à observer le désarroi des médecins penchés sur se jambes inertes. Nombreux sont les praticiens à s'être interrogés : remarchera-t-il ou non ? de quelle nature est la paralysie de ce jeune homme ? Une perforation médullaire, lorsqu'elle est irréparable comme la sienne, ne permet pas une longue survie. Or Joë Bousquet survit, à la grande surprise des hommes de l'art : ses plaies se referment, ses jambes se fortifient, mais elles ne lui obéissent plus. « Sans doute ces savants connaissaient-ils mon mal, mais mon mal me connaissait mieux qu'eux. Je le sentais en moi comme une existence étrangère. En me pénétrant, mon infirmité se rendait impénétrable. Obscure, comme mon propre corps qui, depuis toujours, semblait l'avoir attendue, et paraissait se lier à elle sans me voir, me tenir pour rien dans ces noces sans nom d'une existence et de sa peine[2]. »

Lui se croit perdu à brève échéance. Il vit et travaille avec l'intensité d'un homme en sursis, sachant que le temps ne joue pas en sa faveur. Cependant, son regard sur ce qui lui arrive change : « Mon mal se fermait à ma pensée et se refusait de plus en plus à devenir mon malheur[3]. »

Devant l'interruption de tout progrès et l'échec de toutes les cures, il voit monter en lui une sorte de bien-être passif : « Rebelle à tous les traitements, traître à tous les diagnostics, mon mal s'emparait lentement de ma conscience, de mon caractère, m'envahissait sans rencontrer de résistance, et trouvait tant d'échos dans ma nature passive et instable que je glissais lentement dans une espèce d'euphorie satisfaite et désespérée[4]. »

Le malade observe avec amusement les médecins qui se succèdent à son chevet. Ils sont nombreux à défiler et tous leurs avis divergent, quand ils ne se contredisent pas, tout simplement. Devant leurs échecs, il se plante en observateur de leurs symptômes à eux, comme s'il s'était glissé dans leur peau de médecin, leur abandonnant sa dépouille de malade. Substitution d'identité par laquelle il devient le témoin de cette maladie polymorphe qu'est le désarroi médical face à son inertie. Il observe leurs diagnostics contradictoires et jette au feu leurs ordonnances. Le malade ne croit pas à la guérison. Il va même jusqu'à écrire à Jean Cassou après avoir vu un radiesthésiste : « Je crois que si la guérison frappait à ma porte, je n'en voudrais pas. J'ai fini par aimer un mal qui m'a donné des amis comme toi[5]. »

Après les neurologues, viennent ceux qu'il appelle, non sans ironie, les « psychopathes » – psychologues et psychanalystes –, les uns émettent l'hypothèse de l'hystérie, les autres celle d'une régression infantile : « On vous soigne, des femmes vous bordent dans votre lit, vous nourrissent. Il a suffi d'une grave blessure pour que votre organisme tombe au pouvoir de votre cœur d'enfant. Remplacez votre infirmière par un valet de chambre, et vous réagirez d'instinct contre votre inertie[6]. »

Malgré l'attention dont il est l'objet, le malade se sent plus seul que jamais. Il se sent soustrait au monde et avili. Un violent sentiment de déchéance s'est emparé de lui, d'autant que « ceux qui vous voient retranché de l'existence commune vous prêtent naïvement la conscience étroite et mesquine de la vie misérable où vous avez sombré[7] ».

Un sage ami lui conseille d'avoir recours à un médecin assez proche de lui, qui le comprenne et s'attache à lui assez profondément pour porter avec lui le poids de son mal. Or Joë a un cousin, et ami d'enfance, dans la profession médicale : Adrien Gally. Il est oculiste. Qu'à cela ne tienne ! Joë Bousquet le convainc aisément de devenir son médecin ou, plus exactement, il l'y force par une crise très grave qui nécessite de faire appel en urgence au cousin. « C'est ainsi que j'eus pour septième médecin un oculiste », écrit-il. Ce septième homme de l'art sera le bon. Il viendra le voir à tout moment, écoutant son patient non seulement avec son savoir mais avec son propre corps, cherchant à comprendre physiquement ce qu'éprouve son cousin malade. « En explorant mes organes, il semble interroger à tâtons le principe qui les fait agir. A-t-il puisé ses inspirations de médecin dans une philosophie de la vision ? Il soigne le corps comme si la maladie résidait dans l'âme[8]. »

Et voici le malade accompagnant le médecin dans ses investigations, le guidant dans le dédale de son corps rétif au mouvement, bien que secoué par moments de spasmes, écorché de plaies dues à l'immobilité, brûlant parfois de fièvres et presque continuellement douloureux. Le subtil patient emprunte au vocabulaire médical pour décrire ses maux, tandis que le médecin avisé use des mots de tous les jours pour faire comprendre au malade ce qui lui arrive, au point que les deux hommes mêlent leur recherche et se soutiennent dans leurs efforts par une sorte d'empathie profonde, tous deux penchés sur le même objet : les jambes inertes de Joë Bousquet.

Ressentir ce qu'il ressent, ce médecin y parvient sans doute, mais il n'est pas le seul : certaines femmes à son chevet cherchent, elles aussi, à prendre sur elles sa souffrance corporelle afin de l'en soulager. O combien lucide, il voit là bien autre chose que de la pitié. Il reconnaît la véritable bonté.

« L'homme couché voit s'allumer une générosité surhumaine dans les yeux des hommes, une clarté si efficace qu'elle annule toutes les inégalités de l'esprit. Le malade ne reconnaît plus les sots : il ne trouve plus dans les hommes que le génie de l'humanité, qui est amour.[9] »

Le poète s'interroge sur le dévoilement de cette bonté qui semble surgir tout naturellement lorsque la peur de l'autre disparaît et il s'en émerveille : « L'homme est naturellement bon pour l'homme à la condition que celui-ci ne le menace pas[10]. »

Mais la bonté n'a pas pour lui le visage que l'on prête parfois à cette qualité. Elle est exigence et non point indulgence. La douceur lui serait insupportable. A la violence qui lui est faite, la force seule peut répondre : elle trouve en lui un écho familier, un accompagnement nécessaire à sa douleur, là où la douceur serait un naufrage possible de son courage. Aussi l'exigeante bonté de ses amis, leur clairvoyance le tirent vers ce qui lui est encore possible, hors de la sphère du donné irrévocable, elle lui ouvre un horizon que la pitié avait refermé, comme une dalle sur un tombeau.

Joë Bousquet sur ce plan est un visionnaire de l'humanité possible, une fois qu'elle est sortie des ornières de la peur et du désir : « Et le plus étonnant est, non que ces grands types aient si providentiellement deviné mon cœur, *mais que les plus simples esprits aient naturellement agi comme eux* et avec le même discernement, comme si l'humanité devenait *spirituellement une* au chevet de l'homme qui n'a plus de forme [11]. »

Pour entrevoir à quel point le poète s'est aventuré dans la compréhension de son mal, dans la recherche des incidences de la blessure sur son corps *et* sur son psychisme, il est bon de relire la lettre étonnante qu'il écrivit à André Breton le 17 septembre 1934.

Dans cette lettre confidentielle, il évoque un autre aspect du traumatisme qu'il a subi – l'envers, peut-être, de ce dont il était question précédemment. Là, il s'adresse plus particulièrement au médecin. Breton, on le sait, était docteur en médecine. Il travailla un temps à l'hôpital du Val-de-Grâce dans un service de neuropsychiatrie.

Nul ne contesterait que toutes les facultés intellectuelles de Joë Bousquet soient restées intactes après la blessure. Pourtant, c'est à ce sujet que le poète apporte une précision importante, tout en admettant que ses moyens intellectuels s'emploient à donner le change par rapport à une réalité fondamentale qu'il définit ainsi : « Un homme n'a toutes ses facultés intactes que par le libre usage de toutes ses possibilités physiques. A travers les incapacités physiques s'écoule le meilleur de ce qui semblait ne relever que de l'activité du cerveau. Des troubles de la mémoire, de l'imagination et même de l'intelligence répondent aux insuffisances de la sensation, aux perversions de la mobilité. Une intelligence intacte ne représente qu'un aspect d'une physiologie parfaitement organisée et saine et pourvue de tous ses instruments de relation avec la matière [12]. »

Ainsi lui arrive-t-il, lorsque l'inertie de son corps s'oppose à la réminiscence d'un souvenir, de réussir à faire revenir à sa mémoire l'épisode enfoui en déplaçant simplement ses jambes avec ses mains. Témoignage remarquable sur l'importance de la physiologie en dépit du pouvoir « correcteur » de la pensée, fruit de l'expérience d'un grand blessé qui affirme, pour le vivre chaque jour dans son corps : « De la pointe des orteils à la peau du crâne, j'entends que le corps de l'homme – sens compris – [...] est l'instrument de la pensée et on pourrait, comme on étudie les maladies mentales, sonder dans ce corps les troubles de la vie comme sous-tendant, sous le signe d'une faculté plus ou moins atteinte, un champ entier du réel [13]. »

Le poète se voit comme le réceptacle de sensations qu'aiguisent sa passivité, sa féminisation forcée. Il ne se lasse pas de traquer les effets de son mal, désireux de connaître sa condition jusque dans les recoins de son âme. On se souvient qu'il avait écrit en 1929 à Jean Paulhan avoir le sentiment qu'en perdant le sens matériel du rythme et du mouvement il s'était comme séparé de son langage. Cette séparation, ce fait de ne plus faire corps avec soi-même, si elle se ressent très nettement dans la structure de son écriture, plus que dans le langage, se ressent certainement dans la vie qu'il mène : dans l'absence de sommeil et dans l'absence de faim, lesquelles lui ont offert la possibilité de consacrer la majeure partie de son temps à la vie de l'esprit. Dans le champ de la temporalité, un espace infini s'ouvrait devant lui, à peine rythmé par les soins indispensables de la toilette du matin, et parfois rompu par les maladies graves, de plus en plus fréquentes à partir de 1939. Aussi, en lui se trouvaient renversés les rapports habituellement dévolus au soin du corps et à celui de l'esprit. Vers la fin de sa vie, il constate simplement : « Je me dois à mon temps qui découvrira dans mon exemple le type d'une vie affranchie de ses exigences matérielles [14]. »

17.

La Tisane de sarments

La solitude et l'absence d'espoir ont tracé dans la conscience du poète un chemin ardu. Il voit monter en lui un autre homme. Il était là de tout temps, attendant seulement l'occasion de voir le jour. « L'homme dont je suis né », dit-il, reconnaissant en lui l'enfant, l'adolescent s'efforçant de ne répondre en rien à l'attente de ses proches. Il lui ressemble comme un frère, il lui a transmis une réalité précieuse : la vie de l'esprit. Un homme neuf vient au monde du plus profond de ses entrailles. Il a peiné pour faire advenir celui qui était en lui depuis toujours et ne demandait qu'à naître. Délivré de ses fardeaux, de tout ce qui dans son existence n'était pas lui, il est en train de naître. Tout se passe comme si la blessure avait tué en lui les accidents – au sens philosophique du terme.

Une métamorphose s'accomplit dans sa conscience extra-lucide. Chacun de ses livres l'accompagne et en représente une incarnation puisque le langage est la corporéité qu'il s'est donnée.

Le poète donne vie à celui qu'il portait depuis toujours. Il en est lui-même surpris et il y consent. Cet accouchement très socratique a de multiples significations. Il rappelle cette sentence d'Heinrich Zimmer, vérifiée et confirmée par toute l'œuvre de Joë Bousquet : « Il n'est pas permis longtemps à quiconque de rester ce qu'il est[1]. »

Le poète aide le destin, comme il aide son propre corps, dans sa descente aux enfers, ne cherchant pas à l'entraver, ne cherchant pas non plus à en empêcher la remontée, mais observant, avec le meilleur de son attention poétique, qui est une disposition simplement contemplative, amoureuse du monde tel qu'il est, de la douleur telle qu'elle est, sans commentaire et sans désir d'exercer un pouvoir sur les faits. Au terme d'une longue ascèse de l'imagination, dont nous avons parlé, il écarte de lui le désir d'agir sur le monde, déjouant ainsi les possibilités qu'aurait le monde d'agir sur sa conscience.

Le roman *La Tisane de sarments* est le témoin de cette métamorphose. Les pages de journal entremêlent la méditation continue et les rêves éveillés – ceux, sans doute, induits par les prises de cocaïne qui procurent une sorte de fusion entre l'intériorité et le cosmos. Le narrateur immobile observe ce qui se déroule sous ses yeux. Ce sont des signes qui défilent en procession devant sa conscience plutôt que des histoires classiques, avec un début et une fin. Le lecteur se laisse envoûter par cette pièce de théâtre au ralenti, comme rêvée, dans laquelle le narrateur se dédouble tantôt en moine troubadour du Moyen Age, Dom Bassa, qui est peut-être le moine aperçu jadis dans le jardin de Villalier, tantôt en un personnage diabolique, ou pour le moins maléfique, Sabbas, le pourvoyeur de « tisane de sarments »... la drogue. En Languedoc, la « ramasseuse de sarments » désigne la Mort. Drogue... mort... Sabbas procure la mort et porte malheur.

Ce texte, dont les méandres sont peut-être plus simples qu'il n'y paraît, a des allures de songe éveillé. Il semble se dérouler devant la rétine du poète en une longue méditation sur la mise au monde symbolique de la vie par la mort. La substitution des personnages les uns aux autres, le saut continuel d'un lieu à l'autre, l'intemporalité du récit creusent le fossé entre le lecteur et l'écrivain puis le comblent en une phrase avant de le creuser à nouveau, provoquant chez lui une sorte d'éveil de conscience, d'état d'alerte et de déroute-ment, voire de désarroi. Le parti pris d'égarement, la perver-sion voulue du cheminement narratif sont destinés à rompre avec le roman habituel pour ouvrir le regard à d'autres réali-tés contenues, elles aussi, dans le récit.

Tout devient clair si l'on songe qu'il s'agit là de l'exacte transcription de ce que vit le poète de par sa situation : cet étirement du temps, qui était déjà en lui à l'occasion de ces étranges prémonitions dont nous avons parlé, cette sensibilité à *ce qui est dans l'air* et ne se voit pas, un sens qui lui était propre, au dire des siens ; mais aussi le caractère changeant des humains qui défilent dans sa chambre, leur métamor-phisme naturel, leurs glissements psychologiques, leurs secrets, l'allure mystérieuse des jeunes femmes qui le trou-blent et le passionnent sont pour lui une source d'étonne-ment renouvelé et une source d'inspiration, surtout lorsqu'il s'agit de l'être aimé. Aussi peut-on penser que ce roman, comme les autres, se déploie au plus près de la conscience physique et psychique que le poète a de ce monde qui l'en-toure et l'enveloppe dans des limbes – qui parfois se font linceul. D'ailleurs Joë Bousquet a lui-même mis son lecteur sur la piste d'une compréhension lorsqu'il évoque son écri-ture bouleversée, irrationnelle, soumise aux caprices des humeurs dont son corps est travaillé.

La Tisane de sarments ne se laisse pas comprendre sans un abandon préalable. Si l'on veut bien se laisser porter au fil du récit, sans opposer de résistance au désarroi, alors il se révèle pour ce qu'il est : un livre-vie, une métaphore du rap-port que le poète entretient avec sa vie et avec son propre corps, c'est-à-dire une relation toute en discontinu, en ruptu-res et en retours de santé. Les images et les pensées y défilent comme les personnages qui entrent et qui sortent de la cham-bre où il demeure, au gré de leurs humeurs et de leurs désirs. Le récit déroule sa trame, sous l'effet d'un entremêlement entre le songe et l'éveil, d'une méditation à haute voix, entrecoupée de souvenirs oniriques et de réminiscences de l'enfance, bref d'un exact reflet du cheminement de la conscience du poète.

Peu à peu se tisse l'histoire. Elle n'est ni triste ni gaie. Elle recueille les thèmes récurrents dans toute son œuvre : la servante, Françoise ; le petit chien, avatar du poète, très malade, souffrant de la même paralysie que son maître, et auquel le médecin qui le soigne administre une piqûre létale. Cette action révolte le poète et le blesse davantage encore que si la piqûre lui était destinée. Quant à la jeune femme qu'il aime, peu à peu l'évidence qu'elle ne l'aime pas s'impose. Et elle s'en va au bras du médecin (allusion à Estève et à Ginette ?) tandis que le poète se résigne et retourne à sa solitude. Théâtre quotidien et pourtant indéfiniment renouvelé.

Un *continuo* mêlé de rêves et de pensées en entrelacs, à l'image de ces décors médiévaux tout en boucles et en spirales, comme s'il s'agissait de capter dans son vol ce mystérieux enchaînement des réflexions qui traversent l'imagination et s'impriment sur la rétine des songes sans que l'on y prenne garde. Mais lui y prend garde. Il ne s'agit donc pas de l'écriture automatique conçue par les surréalistes, mais plutôt d'une écriture extrêmement vigilante au cours de la pensée, à ses tenants et ses aboutissants, comme si le poète s'était immergé dans le fleuve pour en comprendre le cours singulier.

« Si on ne peut saisir la vérité dans son vol, au moins l'empêcher de se poser, la suivre dans son vol [2]. » Joë Bousquet a défini par un raccourci saisissant l'essentiel de son art poétique. C'est bien cela qui est mis en œuvre dans *La Tisane de sarments*. Empêcher la pensée de retomber dans l'oubli, la pensée par laquelle l'homme s'incorpore son destin, toute cette part nocturne, fugitive, subconsciente, dont les enchaînements et les associations peuvent sembler hasardeux, la suivre dans son vol, surtout aux moments où elle passe de l'autre côté du miroir, dans cette autre vie qui est, au fond, la même, où les scènes et les images prennent une apparence lunaire en se montrant dans leur nudité.

Un personnage fait le lien entre les deux côtés du miroir, c'est celui de la servante, dont le narrateur prend toujours au sérieux les paroles. « Françoise » – qui ailleurs sera Céline – ramène le narrateur au réel par ses sentences pleines de bon sens. En fait, elle est liée à l'autre monde par sa simplicité rugueuse et son instinct des réalités surnaturelles. Elle aussi a un rôle de « passeur ».

Ce qui se dit à travers ces pages peut être considéré comme le stigmate de cette transformation intérieure que vit Joë Bousquet.

« Un jour – et je ne sais comment cela est advenu –, écrit-il, un jour de cette année, mes blessures m'ont fait moins souffrir. Je me suis dit qu'il y avait en moi quelqu'un pour être blessé, quelqu'un pour s'en trouver heureux[3]. »

Il constate avec étonnement son aptitude à renaître de ses cendres, tel le phénix : « Je me retrouve en définitive bien plus vivant que mon malheur. Qu'on me retire ma vie et j'en invente une autre[4]. » Mais celui qui, en lui, s'en trouve heureux l'est au prix d'un travail intérieur considérable dont les étapes apparaissent comme les lettres d'une encre sympathique.

« Il faut devenir l'ennemi de ce qu'on n'est pas[5]. » D'abord ne pas faire de concessions à « cet individu que mes malheurs ont mis à ma place[6] », dit-il. Ascèse de la conscience pour se libérer de la prison instituée par le regard de l'autre. Intelligence aussi de comprendre à temps dans quelle mesure ce regard extérieur peut affecter la conscience de soi et la pervertir au point de faire naître en l'homme blessé une complaisance à son propre malheur, une indulgence, ne serait-ce qu'infime, envers lui-même.

Ensuite, vaincre la peur. Et c'est cela l'essentiel. Joë Bousquet débusque avec une acuité étonnante cette terreur qu'a l'homme d'être lui-même, et ce faisant d'avoir à regarder dans les yeux la solitude fondamentale de tout être humain. « L'homme a peur de ce qui n'est qu'en lui. Il a une peur effroyable de sa conscience quand celle-ci se donne comme manifestation de sa solitude[7]. »

A condition de ne pas avoir peur de sa liberté, le poète consent à la solitude et bien plus : il se résout à être, si être veut dire « être en dehors », et il s'y résout lucidement. « J'irai au fond de ma solitude. Je me mettrai tout entier au service de ce qui en moi ne peut être partagé[8]. »

Un pont se bâtit entre l'homme visible et l'homme intérieur : « Entre le même et l'autre il a découvert cette route magnifique où il voit tomber derrière lui tout ce qui gardait une chance de le désespérer. »

Mais le poète sait combien violente sera la tâche qui le contraint à mourir à tout ce qui n'est pas lui : « Il y a dans l'être que je suis quelqu'un que je ne peux produire qu'en tout brisant[9]. »

La Tisane de sarments inaugure chez Joë Bousquet une longue méditation sur l'écriture et le langage qui sera pour lui le moyen d'aller plus avant sur cette « route magnifique ». Ecrire, non pour s'exprimer mais pour intégrer son existence : « L'acte d'écrire n'est qu'une forme particulière du geste que fait un esprit pour s'emparer de sa vie[10]. »

En retour, cet acte d'intégration, si particulier soit-il, est le plus transmissible : « Chaque homme doit tirer le meilleur parti possible de ses dons. Il faut qu'il vive, non pas par ce qu'il a en lui de commun avec tous. Mais dans un très grand effort qui tend à universaliser, à donner à tous ce qui n'était qu'à lui. Si c'est sous la forme d'une douleur exceptionnelle que sa singularité lui fut donnée, il doit ajouter aux trésors de l'humanité ce que ce travail de mineur auquel il fut rejeté l'obligea à découvrir lui-même[11]. »

Chaque mot du livre compte. Les thèmes du double, de l'androgyne, de la sodomie contenus dans *La Tisane de sar-*

ments ont fait l'objet de nombreuses exégèses. Quelque chose d'autre et d'essentiel se dit à travers ces pages à propos de l'écriture et de ses rapports avec la vie – l'enjeu de toute son œuvre, en somme. Et il précise : « Chaque écrivain puise son œuvre où il peut. S'il réussit à la prendre dans un monde intérieur, étranger au temps, s'il met au jour de la profondeur intacte, c'est sur un sommet de l'évolution qu'il aura transporté la forme même de son écrit. Son livre, écrit avec du feu, éclairera toujours ceux qui viendront après lui[12]. » Comment ne pas penser ici à Nietzsche ?

La nécessité d'« entrer dans son être véritable » engendre un bonheur inattendu, inouï. C'est ainsi que naît subrepticement au cœur de cette œuvre conquise sur l'insupportable le mot « bonheur », comme un clandestin, osant à peine sortir et dire son nom, presque indicible étant donné les circonstances, et pourtant bien réel, comme si le ciel s'éclaircissait pour lui donner passage : « Tout s'élimine ou se dissout un jour autour de cette joie que l'on n'identifie qu'à la réflexion au bonheur de se changer en soi-même[13]. » Dans une autre version du livre, Joë Bousquet écrit encore : « Il ne s'agit plus de se demander si l'on est heureux, on est le bonheur même[14]. »

Cette disposition survient dans une « ère de vérité » lorsque le pâtir fait place à l'acte même d'aimer, à la participation plénière à l'être, une fois réduit à rien, au plus profond de soi, l'espace de ce qui était mort. Joë Bousquet établit ici un lien nécessaire entre vie et bonheur, en dehors de toute considération d'ordre spatial ou temporel (espoir, avenir, projet...). En entrant dans son être véritable, il coïncide avec l'acte de vivre et cela, en soi, est source de félicité.

18.

Drogues

« Tisane de sarments », « lait noir », « pain à brûler », les qualificatifs ne sont jamais trop sombres ni trop évocateurs de descentes aux enfers pour parler des substances que consomma toute sa vie Joë Bousquet : morphine et cocaïne, opium... La drogue a, sans aucun doute, eu une incidence sur son œuvre littéraire. Le contenu de ses textes a été largement analysé sous cet éclairage. Ainsi, Max Milner[1] a pu distinguer plusieurs degrés d'expériences chez le poète. Son étude aide à dégager la ligne énergétique de cette œuvre aussi étonnante que la vie qui l'a engendrée, en prenant en compte les éléments mis en jeu dans son élaboration – laquelle n'allait pas sans une perpétuelle déconstruction.

Très jeune, dès l'adolescence, Joë Bousquet a consommé de la morphine et de la cocaïne, dans des moments de violentes pulsions destructrices. Il était fasciné par l'aptitude de la morphine à lui procurer une jouissance intense. Mais la dilatation de la pupille que provoquait chez lui la morphine passait difficilement inaperçue aux yeux d'un père médecin. Aussi, par crainte d'être surpris, se mit-il à priser de la cocaïne.

Après la guerre, l'usage de la morphine l'aida à supporter les vives douleurs qui le tenaillaient. Il alternait les drogues. On sait qu'il prisait de la cocaïne en écrivant *Une passante bleue et blonde* et *La Tisane de sarments*. A partir de 1937, son père, voyant que la morphine provoquait chez lui des contractions musculaires, lui conseilla le recours à l'opium : « Un très sage médecin, qui était mon père, approuvait cette médication, comptant sur ce que j'appellerai mes passions morales pour en compenser l'excès[2]. » Il s'approvisionnait auprès d'un Chinois de Marseille en ruineuse pâte d'opium. Ses petites amies servaient à l'occasion d'intermédiaires.

En dépit du soulagement, du plaisir ou des facilités qu'il en obtient, le poète n'a pas d'indulgence à l'égard de cet usage qu'il appelle tantôt « poison », tantôt « vice », ou tout simplement « habitude », lequel substantif a une connotation particulièrement dégradante chez lui. Mais ces termes jouent sur un registre singulier. S'il lui arrive plus d'une fois de vouloir se désintoxiquer, c'est, semble-t-il, pour des raisons d'ordre philosophique ou métaphysique, ou tout simplement pratique. Par moments, il ne peut plus supporter la préparation minutieuse que suppose la pipe d'opium. A d'autres moments, il le voit comme une atteinte à son intégrité intellectuelle : « Ah ! l'opium est bien le kief du vieillard. Il explique la Chine enfermée pour toujours dans une image de son passé. Il est le plus grand ennemi de l'homme occidental, car celui-ci tient sa grandeur de sa préoccupation dominante que je caractériserai ainsi : préparer, à chaque instant, la synthèse de ce qu'il a été et de ce qu'il sera[3]. » Ailleurs, il écrit que l'opium « usurpe la plus haute place que l'esprit puisse donner à une ambition morale » et il ajoute : « L'opiomane réintègre dans sa chair la prison qu'est le temps pour toutes choses matérielles[4]. » Réflexion susceptible d'être étendue à toute forme d'addiction.

Il tente plusieurs fois de se désintoxiquer, conscient de ce que l'opium a de pervers en ce qu'il procure la satisfaction d'un besoin créé par lui, ce qui l'irrite profondément.

Pourtant, en dépit de ses douleurs physiques ou morales, ni la fuite ni la négation destructrice ne suffisent à expliquer le recours de Joë Bousquet aux drogues. Cet usage n'avait pas seulement pour fonction d'apaiser ses souffrances, qui étaient grandes. Il a sans doute été aussi une manière de gagner de vitesse la mort – et par là d'en repousser, trente années durant, l'échéance. Une devise alchimiste citée par Marguerite Yourcenar dans *L'Œuvre au noir* donne à ce sujet quelques clartés : « Aller vers l'obscur et l'inconnu par ce qui est plus obscur et inconnu encore[5]. »

L'obscur est déjà là, ô combien, inscrit dans la paralysie des membres, dans l'engourdissement des heures solitaires, dans les plaies et les escarres. Plutôt que d'en fuir les effets, il va les rechercher comme son seul salut possible : le salut intelligent consistant à s'enfoncer dans la compréhension de ce qui vous tue pour tenter d'en guérir. La cocaïne, la morphine, l'opium... la tisane de sarments, et, dans l'ombre, derrière la porte de sa vie, toujours là à guetter, la Ramasseuse de sarments. Déjouer ses ruses par homéopathie, l'empêcher de franchir la porte... Boire la tisane bien avant qu'elle ne vous tende la tasse remplie de la potion mortelle...

Il y a sans doute de cela. Mais pas seulement. Au fond de lui, qui a toujours vécu aux limites de son être, dans la débauche de sa jeunesse, dans l'héroïsme du temps de guerre, rayonne une profonde clairvoyance. En dépit d'un usage fréquent, la drogue n'est pas pour lui un engourdissant ni un stupéfiant. Et le langage poétique, dans sa fonction de veilleur, porte en lui, la drogue aidant parfois, le ferment d'une acuité et non celui d'un endormissement de la conscience. La libération qu'elle favorise a un rapport étroit avec le langage et l'écriture, avec l'amour et avec la mort. Il sait que la morphine a un pouvoir d'envoûter et de tuer bien plus grand que la passion. C'est ce qu'il écrit par provocation un jour à Marthe dans un moment de désespoir, alors qu'il voit la jeune femme s'éloigner de lui : « La seule morphine a des pouvoirs plus grands que les vôtres[6]. » Cet envoûtement le fascine, d'autant plus qu'il libère le langage.

Il lui est arrivé de le faire partager à celle qu'il aimait. Nous disposons à ce sujet du témoignage capital de Ginette Augier qui a publié, à la fin de la correspondance que le poète lui adressait, une lettre qu'elle écrivit à sa meilleure amie au lendemain de ce qu'elle a appelé la « nuit folle » dans le pavillon de Villalier auprès de son ami.

Cela s'est passé alors qu'elle se trouvait en vacances chez ses parents. La jeune fille s'était échappée, cette nuit-là, de la maison paternelle. Munie d'une bougie et d'allumettes, elle avait parcouru les sept kilomètres qui la séparaient de Villalier dans le noir, longeant le cimetière en frissonnant, pour atteindre la chambre de Joë qui semblait l'attendre. « C'est notre nuit de noces », lui dit-il, une fois les derniers visiteurs partis, lorsqu'ils se furent enfermés à clé dans le pavillon. Joë Bousquet sortit une fiole et en aspira une double prise, malgré les protestations de la jeune fille qui, finalement, accepta de partager l'expérience. C'est alors que le poète se mit à parler, sur un ton envoûtant. Il semble que se soit produit entre eux, sous l'effet de sa parole, un phénomène de possession mentale par lequel la jeune fille entra dans une sorte d'extase amoureuse, et peut-être mystique : « Et, à travers son esprit, qui était en moi, je me souviens très clairement d'avoir conçu, intuitivement, ce que pouvait être l'au-delà, la survie, l'amour et la non-existence de l'étreinte. Je me trouvais dans une sorte d'extase, portée par quelque chose de plus fort que nous deux, au-dessus de moi-même[7]. » Ginette précise qu'au cours de cette nuit-là Joë Bousquet reprit plusieurs fois de la cocaïne pour pouvoir continuer à parler cette langue venue du plus profond de lui, cette langue incantatoire aux pouvoirs transcendants.

Mais il y a plus. Joë Bousquet s'en est expliqué dans une lettre à Gaston Bachelard, après que celui-ci eut évoqué l'œuvre de Bousquet dans *La Terre et les rêveries du repos*. Il est probable que la drogue le met en contact avec cette nuit d'outre-noir qui est sa réalité intérieure la plus profonde – et qui l'a toujours été, même avant la blessure. Ce qu'il cherche, aidé par l'opium, c'est un retour aux origines de l'être, une aventure proprement spirituelle et physique qui l'attend dans le tréfonds de ce corps où gît le secret du langage. C'est cela qu'il recherche passionnément : parvenir aux sources du langage. Il a décrit au philosophe le pourquoi de ces expériences : « Ranimer dans ma circulation l'intuition de l'unité planétaire et la donner pour balancier au désir physique[8]. » Ses lettres à Hans Bellmer permettent de comprendre mieux ce qu'il éprouve alors. Il y aurait dans la prise de cocaïne un effet de paralysie du cristallin qui donnerait aux images perçues par l'œil la dimension minuscule qu'elles ont lorsqu'elles sont projetées sur la rétine. Cet effet est suivi par une réappropriation progressive de la faculté d'accommodation et une irradiation de l'activité musculaire comme si le corps devenait capable d'engendrer les images, et ce faisant de découvrir en lui-même un trésor dont il se doit de témoigner, faculté qui serait à l'origine de l'acte d'écrire. La drogue aurait ainsi la faculté de ramener l'être humain aux origines et d'établir un lien entre l'être intérieur et le cosmos en abolissant les frontières du « moi ». Survient alors ce sentiment d'être à la source d'une création qui se déploierait en dehors de lui et cependant sous ses yeux.

« On dirait que dans les limites de mes membres tremble une espèce de fantôme que je dois rendre à la nuit, au repos, au néant. Je donnerai une forme à ce que j'écris, je le séparerai de ma pensée, me fuyant dans un moi-même inconnu. Parce que je ne sais pas où j'ai pris ce qui est moi, je n'ai en tête que de le rendre. Ainsi échapperai-je à la responsabilité que j'assumais en me taisant. Je ne veux pas souiller le silence. Ma place est là-bas dans le noir. J'arriverai sans pensée, sans chagrin. Il n'y aura personne pour distinguer mes mains de mon visage[9]. »

Ce très beau passage de *La Tisane de sarments* fait état de cette abolition du moi au profit d'un être à révéler, inhérent à toute création artistique. Le détachement de soi s'accompagnant d'un sentiment plénier, d'une sorte de fusion d'ordre charnel autant que mental avec le cosmos.

Bachelard identifiait dans les textes de Bousquet, notamment celui paru dans la revue *Labyrinthe*, une variation du mythe de Jonas qui symbolise la prison charnelle de la nuit. Il y reconnaissait la révélation d'une véritable « substance de la profondeur », tout autre que la profondeur sans fond, abyssale : la révélation de l'existence d'une nuit enfermée et matériellement active. C'est bien la « nuit d'outre-noir » décrite par Bousquet : « Les autres hommes ne se la représentent qu'avec crainte, ils n'ont pas de mot pour parler d'elle. Elle ne se laisse pas décomposer et se ferme comme un poing sur tout ce qui émerge de l'espace. Elle est la nuit d'avant la chair et fait aux hommes ces yeux en fleur dont la couleur minérale et fascinante a ses racines dans la même obscurité que les plantes, les chevelures, la mer[10]. »

Il est un exemple très frappant, relaté par le poète, de l'aptitude de l'opium à l'arracher à lui-même pour provoquer une sorte d'intégration dans le cosmos. Une nuit que les spasmes de ses membres étaient devenus plus douloureux, il augmenta la dose d'opium, puis il s'endormit. Un rêve hypnotique très étrange survint alors : il entendit dans la pièce les allées et venues d'un gros animal sur un tapis de feuilles mortes – un loup probablement – comme si, avec la sève de la plante exotique, s'était introduit en lui un événement vécu par la plante et dont il revivait la vie en absorbant cette plante qui l'intoxiquait[11].

Gaston Bachelard reconnaît dans les écrits de Joë Bousquet la percée d'un « nouvel esprit littéraire » qui consiste à passer d'un plan de réalité à l'autre sans discontinuité, à aller de l'organique au spirituel, et vice versa. Cette « nuit d'outre-noir » se fera plus réelle dans les années à venir. Il est remarquable qu'un philosophe l'ait prise en compte comme la marque de l'apparition d'un langage nouveau.

19.

Poisson d'Or

En juillet 1937, un soir où, exceptionnellement, ses amis l'ont transporté chez James Ducellier à Carcassonne, Joë Bousquet fait la connaissance de Germaine. Ce jour-là, la jeune fille fête ses vingt et un ans. Une fois encore c'est la rencontre de la jeunesse et de la beauté pour celui qui se décrit comme un « vieil exilé ». Tout de suite, il reconnaît en elle l'une de celles pour qui il écrit. La passion amoureuse réinvestit soudainement sa vie. Celle qu'il désignera sous le nom de « poisson rouge », expression qui se traduit en anglais par *golden fish* pénètre dans le cercle magique des femmes aimées du poète et, par conséquent, des correspondantes privilégiées. A lire les *Lettres à Poisson d'Or*, on perçoit combien la maturité et une sorte de sérénité, non dénuée de crispation, pour reprendre l'expression de René Char, se sont installées dans l'esprit du poète : « Je suis dans une grotte comme un gardien de trésors devant une guirlande de lierre ou un reflet du jour que la curiosité des passants et l'audace apportée à l'attaquer lui font considérer comme le plus précieux de tous les biens[1]. »

Cette correspondance, la première dont nous avons eu connaissance après la mort de Joë Bousquet, est un joyau d'intelligence illuminée par l'émotion ou d'émotion transfigurée par l'intelligence. Leur amour sera lointain, plus que celui de Ginette, plus serein aussi, semble-t-il. Et puis, aux

yeux du poète, Germaine est différente des autres femmes :
« Au lieu d'attiser ma jalousie, de me faire penser que je pouvais la perdre, elle a eu le génie de renverser les rôles, de faire comme si c'était elle, la malade, moi l'homme libre. Le résultat c'est que j'ai pour elle le cœur d'un homme intact...[2] »
Avec l'esprit qui est le sien et considérant le jour de sa blessure comme celui de sa naissance, Joë Bousquet découvre qu'il a, d'une certaine façon, le même âge que son amie à la beauté « phosphorescente » : vingt et un ans ! Germaine prend une importance capitale pour son œuvre : « Pour mener à bien mon œuvre difficile il m'est nécessaire de t'imaginer penchée sur moi[3]. » Mais penchée au figuré... Car, au sens propre, il préfère savoir sa jeune amie loin de lui, de préférence dans une autre ville, même si ses visites l'enchantent. Ainsi, en février 1938, quelques mois après leur rencontre, il lui demande de ne pas venir le voir. Dans le cours de cette correspondance se confirme, en lettres de feu, sa détermination à se consacrer à son œuvre poétique : il s'efforce d'expliquer cette réalité à la jeune fille qui souhaiterait vivre auprès de lui. Le poète décrit son travail de titan, l'interdiction faite à ses proches de le déranger lorsqu'il travaille – à cet égard, il a beaucoup changé depuis sa jeunesse – interdiction qui vaut aussi pour son père malade, logeant sur le même palier que lui, auquel il ne concède qu'une heure de visite par jour en début de soirée. En même temps, il doit justifier la nécessité des visites quotidiennes de ses amis et d'étrangers de passage qu'elle lui conseille de mettre tout bonnement à la porte : « Dans l'absence d'une vie physique, lui écrit-il, *il faut* le renouvellement dans le regard des visages, la brise des voix, comme au pied d'un arbre le fumier, la pluie à travers l'humus qui couvre ses racines. Mon être n'est qu'un point de vue sur la vie, dont il faut l'absurde murmure à mon angoisse de chercheur[4]. »

A cette époque de sa vie, il a accosté un nouveau rivage. Il est entré en écriture si pleinement que désormais toute son existence se situe là, dans un travail que rien ne doit distraire. Il a fait glisser sa condition d'écrivain par-dessus sa condition d'infirme au point que les deux coïncident parfaitement : « Entends-moi bien : une seule chance de salut pour l'écrivain : être l'infirme de la vie courante, inexistant, irresponsable socialement. Toute idée agie est morte pour l'esprit [5]. » Il ne s'agit pas de revendiquer un quelconque statut de poète maudit, mais, avec la vérité qui le caractérise, d'affirmer, pour l'avoir appris au fil des ans, que le choix poétique entraîne nécessairement un sacrifice de la vie sociale – ce qui lui convient parfaitement, à lui qui aurait pu tout aussi bien s'étourdir de relations, avec sa facilité à jouer avec les mots, en paroles comme en écriture. Ces facilités, il les réserve à ses amis, consacrant une petite partie de son temps à rédiger à leur place leurs articles. Pour le reste, le chemin difficile, solitaire, est son choix le plus entier et il n'y déroge pas. Dans cette intransigeance envers soi-même, Joë Bousquet révèle l'aspect cathare de son caractère, tandis que les lettres à sa jeune amie expriment la tendresse, comme si, avec Poisson d'Or, il avait fait connaissance d'une douceur inconnue, après avoir traversé le feu de la souffrance : « Il faut fermer les yeux, étendre les bras, s'immobiliser dans le calme immense du soir pour retrouver en soi-même le chemin de la douceur entrée avec la nuit dans le songe qui nous rapproche [6]. »

Le ton des lettres est celui d'une ferveur assez éloignée de l'inquiétude et des soupçons contenus dans ses précédentes correspondances avec des femmes. Le poète semble parler de très loin, d'une contrée découverte par hasard, sans le vouloir, un au-delà de l'amour d'où il s'adresserait à sa bien-aimée en initié d'une connaissance réservée, mais aussi en très jeune homme qui aurait la surprise de voir se poser sur sa main tendue un bel oiseau prêt à s'envoler au moindre mouvement.

Blonde, élégante, la jeune femme, avoue-t-il, représente son idéal féminin depuis l'enfance : « De ces fées blondes au buste nu que, toute ma vie, j'ai cherchées comme si je pressentais que l'amour devait satisfaire mes sentiments en leur ouvrant la profondeur vierge de mon cœur. Vous êtes venue, vous avez ouvert ma vie comme un fruit[7]. » Poisson d'Or lui rappelle une amie de jeunesse, l'odeur de paille, les étés à La Franqui, à une époque où sa sensualité ne lui enseignait encore qu'à rudoyer l'aimée au lieu de la caresser. Poisson d'Or représente des retrouvailles avec l'enfance sauvage et pure, tout ce qu'elle contient de ferments et d'instincts dont les orientations, si fortes, guideront ensuite la vie entière ; l'enfance et ses obscurités annonciatrices, en creux, des lignes de sa vie.

Poisson d'Or, ce sont aussi des retrouvailles avec la vie. Vie dont le mot revient en leitmotiv tout au long de cette correspondance, l'irriguant comme le ruisseau à travers une prairie.

« La vie a des ressources inépuisables pour ceux qui sont faits avec de la vie[8]. »

« Il faut savoir, mon cher amour, que la vie ne ressemble pas du tout à la vie[9]. »

« Rien de ce qui est nous ne doit se rendre étranger à ce que nous nommons la vie[10]. »

« Ce que l'on appelle le bonheur, une aptitude à vivre[11]. »

Retrouvailles avec l'amour, qu'il tient à distance afin de ne pas en être trop blessé et, aussi, si l'on en croit certains de ses amis, afin de ménager un espace pour d'autres visiteuses tout autant aimées. Car l'amour reste le maître mot de son existence de « ferreur de cigales ». Même si le poète sait que sa foi en la vie tient d'abord à l'écriture qui justifie son existence.

Il va, au cours de ces années, inciter à la lecture sa jeune amie en lui recommandant « ces livres qui dispensent de milliers de lectures inutiles » : Swedenborg, Schiller, la correspondance de Van Gogh, Gaston Bachelard ou les grands textes de l'Inde et de la Chine. Il désire lui faire connaître tout ce qui l'a aidé à vivre.

Les lettres à Poisson d'Or révèlent la conquête d'une sérénité et d'une résolution sans faille. Ce qui naissait difficilement dans les lettres à Marthe et à Ginette tisse désormais la
toile de ses jours en le conduisant à lire son sort comme le
garant de la vie qu'il a voulue « J'ai eu la vie qui m'était due,
écrit-il à Poisson d'Or en 1943, je l'ai choisie, j'en suis sûr.
Non que j'ai rêvé de me voir un jour paralysé. Nous souhaitons un certain degré d'élévation spirituelle et Dieu choisit
les circonstances favorables à la réussite de nos souhaits[12]. »

Apparaît en fil d'or, dans la trame des mots de ces lettres,
une reconnaissance poétique de l'impossible comme le révélateur de l'être. Le rythme, le souffle, les mots mêmes, d'une
émotion à fleur de peau, de ces phrases lancées vers l'autre
comme des bouteilles à la mer, sont celles d'un homme
aimant d'un amour infini en sachant qu'il ne peut pas aimer
comme il le voudrait. La beauté de ces pages tient au désespoir dont elles sont constituées : un magnifique désespoir, ni
triste ni amer, mais nécessaire et fécond. Celui de l'âme résolue à vivre pleinement ce qui lui est donné en contemplant
avec amour ce qui lui est interdit : « J'adore la vie qui m'a
été retirée », écrit-il à son amie. Et, un jour où elle ne peut
venir le voir, il la rassure : « Je peux t'aimer sans toi »… Aimer
hors des sens, sans voir et sans toucher, si cela est possible,
voilà que les lettres à Poisson d'Or témoignent d'une
conquête de l'être sur l'agir, comme si, désormais, tout ce
que contient la vie de vivant était en lui et qu'en puisant à
la source de l'intériorité il s'abreuvait lui-même.

La vie à nu n'offre aucune planche de salut à l'espoir. Elle
est un départ antérieur au départ, une raison antérieure à la
raison. Là est l'espace du poète, dans cet en deçà, cette source
nocturne, lieu de sa parole et lieu de son réel. A partir de ce
désespoir fondamental se développe la bonté que ses amis lui
connaissaient : cette tendresse pour l'autre toujours envisagé
à l'aune d'une blessure qui n'est pas la sienne mais qui y
ressemble.

Qui est la femme à qui s'adressent ces lettres ? Est-elle idéalisée ? Elle est vue, en tous les cas, dans une perspective, celle de l'accomplissement de ce qu'elle peut être, même si elle ne l'est pas encore. Aimée dans son devenir, chaque instant de sa présence n'en est que plus précieux. On la devine, à travers cette correspondance, bienveillante, attentive à ne pas faire mal à son ami, laissant des traces dans son sillage : un jour des fleurs, un autre jour un arbuste pour sa chambre, ou bien un petit flacon d'eau de rose dont le parfum ramène Joë à un souvenir d'enfance. Poisson d'Or reste mystérieuse, « passagère secrète », celle dont la présence catalyse l'inspiration amoureuse et poétique : « Mon amour me parle de ta vie, me révélant cent visages blonds pour ce clair sourire que j'ai dans le cœur. Je t'emporte avec moi dans cet hiver qui commence comme la passagère secrète. Tu as rendu la vie à la partie la plus froide de mon âme [13]. »

Et pourtant, plus que jamais Joë Bousquet refuse les solutions apportées par le bonheur, comme s'il voulait maintenir en lui cette tension extrême du désir. Refus vital, car il est tout entier au service de son œuvre. C'est là ce qu'il appelait « y mettre le prix ». Les lettres à Poisson d'Or sont des témoins importants de cette démarche radicale qui consiste, comme il l'écrit à son amie, à inaugurer « une sorte de vue poétique sur l'Etre [14] ». Pour cela, il lui rappelle qu'il n'est pas, et ne sera jamais, dans la vie. Avec patience, il confie, à une toute jeune femme, le plus pur de sa raison de vivre en une lettre que l'on peut considérer comme un testament spirituel : « Toi, c'est toute une vie [...] un monde dont la nostalgie m'a longtemps poursuivi avant de faire place à cette terrible vie de recherche spirituelle où je veux, coûte que coûte, cueillir ma mort. Car, c'est tout mon secret : je veux tenir ma mort de mes sacrifices : sans espoir défini, sans une foi en un Dieu, je veux, coûte que coûte, accepter ma vie, en faire un instrument pour chercher la vérité, agir en sorte que la condamnation qui m'a atteint apparaisse comme un bienfait à la clarté de ce que j'aurai écrit. Je voudrais que tous mes actes, mes aveux et mes renoncements fassent la lumière[15]. »

Lorsque, en septembre 1949, Germaine lui annonce qu'elle va se marier, Joë Bousquet réagit par une lettre bouleversante :

« Apprends-le enfin puisque c'est toi que j'ai le plus aimée, c'est pour toi que j'ai le plus craint le choc du réel. Et c'est pourquoi ta décision me délivre d'une écrasante incertitude. Il faut que tu te maries et, de mon côté, je te jure que je ne me marierai jamais, bien que j'aie exploré depuis la mort de mon père ma solitude effroyable. Ces arrêts étranges répondent à des situations exceptionnelles comme les nôtres. Il fallait notre séparation pour que je comprenne avec quelle intelligence de ma situation tu m'avais aimé. Et crois-tu que tu pouvais m'aimer sans être initiée à ma douleur ? J'ai partagé mon fardeau écrasant avec toi, je ne l'oublierai plus, et toi, je sais que tu ne t'arracheras jamais au charme qui grandit en marge des grands désespoirs. C'est pour préserver cette réalité exquise que je te fais la promesse de garder intact ton souvenir.

» Tu vas voir la vie : une eau dormante sur laquelle on est emporté qui ne paraît ni nous suivre ni nous émouvoir. La vie dort. Tu sauras que loin de toi une petite lampe brûle toute la nuit au chevet d'un homme qui a eu besoin de toute sa force pour voir en toi une image du bonheur et non le bonheur même. Cela te paraîtra très étrange, mais aussi très doux de penser que tu es toujours attendue par un regard qui a lu sur toi le secret même de l'être. [...]

» Petite fille, mon bonheur est très grand parce que ta vie est venue te prendre. [...] Ma vie est extérieurement une vie de rebut, et je n'en veux pas d'autre. Je ne grandirai jamais qu'en la voulant telle qu'elle m'a été infligée, *en faisant de son épreuve un objet de désir.* Il y fallait une vision de pureté et de beauté et qui ne démentit pas mon rêve en se heurtant à mon corps blessé. C'est fait, ce qui devait être est[16]. »

20.

Seconde blessure

Dans une lettre à Poisson d'Or, en décembre 1938, Joë Bousquet écrit qu'il s'apprête à faire paraître trois livres, *Le Mal d'enfance* et *Le passeur s'est endormi* chez Denoël et *Iris et Petite-Fumée* (un titre aux consonances indiennes...) au GLM. Dans *Le Mal d'enfance*, lui dit-il, elle se reconnaîtra dans la jeune étudiante à laquelle le narrateur donne des leçons d'anglais. Elle porte dans le roman le nom de « poisson rouge ».

Après ce travail de forcené, il se sent épuisé.

Six mois plus tard, au début de septembre 1939, il est à Villalier lorsque survient la déclaration de guerre à l'Allemagne. A cette annonce, à celle du départ de ses amis pour le front – René Nelli, Pierre Sire, Gabriel Bertin partent se battre –, son monde se délite. Joë Bousquet est saisi d'une telle angoisse qu'il ne peut plus rien avaler durant quinze jours. Cette anorexie entraîne chez lui une violente crise nerveuse, accompagnée de spasmes de l'œsophage, puis une crise d'urémie et un abcès au rein qui le mettent aux portes de la mort. Un phénomène physique étrange secoue violemment son organisme : sa blessure à la moelle épinière se rouvre et saigne. Il manque de mourir. Il écrira peu après à Jean Ballard : « J'ai failli être la première victime de la guerre. En un mot, je n'ai pas pu supporter l'idée que cela recommençait.

Je me croyais plus fort[1]. » Son cœur est sur le point de lâcher. Comme son père, malade, n'est pas en mesure de le soigner, la famille fait appel à son cousin, Adrien Gally, qui vient s'installer à Villalier, le veille jour et nuit, le sauve. « J'ai été content de voir une deuxième fois comment un médecin peut tout quand il croit en la médecine plus qu'en lui-même, et en la vie plus qu'en la médecine[2]. » Le poète se souvient qu'il fut, très jeune, sauvé par le père de son cousin, médecin lui aussi, alors que son propre père se trouvait éloigné de Carcassonne.

Qu'il se soit produit au cours de cette maladie un retour non pas seulement symbolique, mais bien réel, de la blessure de 1918, et avec elle de tous les stigmates de la grave atteinte corporelle, y compris les plaies et les escarres causées par l'immobilisation complète, aura pour lui une profonde signification – pour son œuvre, avant tout, sur un plan purement poétique et littéraire.

Une grave maladie s'apparente parfois à un baptême : en purifiant le sang, elle le renouvelle. Et ce n'est sans doute pas un hasard si cela intervient dans la vie de Joë Bousquet au moment où il a achevé une longue phase de travail.

Au bout de quelques semaines entre la vie et la mort, la maladie commence à céder du terrain. La manière dont elle s'achève ressemble à un exorcisme, comme si le poète avait expulsé de son corps le mal. Il a raconté cet instant de retour à la vie à plusieurs personnes : à son ami Jean Cassou, entre autres, et au chanoine Gabriel Sarraute.

Cela s'est passé un soir, alors qu'il s'apprêtait à s'endormir, roulé en boule pour parer un peu à la violence des spasmes terribles qui le secouaient. La porte de sa chambre s'est ouverte pour laisser entrer un prêtre du village voisin envoyé par la sœur de Joë Bousquet pour une dernière confession ou les derniers sacrements... De la main, il fit signe au prêtre de le laisser dormir, puis il tomba dans un épais sommeil au cours duquel il se mit à rêver de la mort de Federico García

Lorca. Il vit alors très nettement le bord du canal où le poète avait été assassiné en 1936, au début de la guerre d'Espagne, par les franquistes ; la vision du chien du poète, abandonné, courant, dans la lumière livide, au bord de l'eau s'imposa à son esprit avec une surprenante netteté et il s'entendit prononcer cette parole : « Et il n'y aura plus de place sur la berge d'aucun fleuve pour ton grand chien aux yeux dorés que les enfants poursuivent à coups de cailloux [3]. »

Joë Bousquet se réveilla alors, ouvrit les yeux et s'aperçut que son hoquet avait disparu. Il put même se redresser sans difficultés dans son lit, ce qu'il ne pouvait faire depuis plusieurs semaines. Il ressentit un profond bien-être. Ouvrant machinalement la radio, il entendit annoncer un *Nocturne* de Chopin joué par Marguerite Long. Et soudain la musique emplit la pièce : « C'était si beau, si beau que j'ai éclaté en sanglots. Jamais, jamais je n'ai tant pleuré, dans un sentiment de délivrance inouï, unique. » Et il ajoute : « Je n'ai pas pleuré ma jeunesse détruite, l'amour ne m'a pas coûté tant de larmes que je le dis dans mes livres. Mais ce soir-là j'ai pleuré de toutes mes forces, les draps sur ma tête pour que les veilleurs ne viennent pas à mon secours [4]. »

Les « veilleurs », sa sœur Henriette et son cousin Adrien Gally, l'entendirent pleurer, mais ils n'osèrent pas entrer dans la chambre. Pensant qu'il versait des larmes de désespoir à la vue du prêtre qui pouvait signifier l'annonce de sa fin prochaine, sa sœur en conçut un remords affreux qu'elle ne lui avoua que quelques mois plus tard. En réalité, les larmes de Bousquet étaient celles d'une extraordinaire délivrance... prélude à un renouveau de son œuvre poétique.

« Il n'y a plus rien en moi de mon passé d'homme. Je suis né d'hier ; et j'en suis heureux », écrit-il à Jean Ballard après sa maladie. Et en janvier 1940, il lui écrit à nouveau pour lui dire combien il a médité au cours de ces semaines où il était complètement allongé et incapable d'écrire : « Il faudra renaître, et renaître différents, non pas traîtres à notre effort

163

passé, mais hostiles à nous-mêmes à force de nous sentir fidèles à ce que prédisait notre action [...] Je ne veux plus écrire
que des œuvres de maturité. Et je les vois se configurer en
abandonnant de leurs ambitions. Qu'est-ce que ma contribu-
tion à la littérature moderne ? Un témoignage à mûrir. La
preuve à faire que la vie inaugure un ordre de sentiments qui
n'obéissent pas aux faits. La certitude à communiquer que
nous ne faisons pas notre vie et que notre vie nous fait[5]. »

21.

Temps de guerre

Au sortir de cette période cruciale survient, en mai 1940, la mort de son père. Les crises d'angine de poitrine chez lui s'étaient aggravées et multipliées les derniers temps. Le médecin n'ignorait rien du sort qui l'attendait. Il s'était beaucoup rapproché de son fils. Le désespoir de Joë Bousquet lorsque se produit cette disparition fait comprendre que ce père, avec lequel il connut tant de conflits, dont il ressentait si violemment l'incompréhension, fut cependant auprès de lui la présence la plus attentive et la plus constante, non seulement comme médecin, puisqu'il veilla sur la santé de son fils durant les vingt-cinq années de son immobilité, mais aussi comme témoignage d'un amour paternel indéfectible. A la veille de sa mort, ce lien si conflictuel commençait, semble-t-il, de se dissoudre pour laisser place à une profonde complicité qui était là depuis toujours, enfouie, inexprimable.

Dès lors, un sentiment de solitude s'abat sur le poète, qu'il exprime dans les lettres à ses amis. « Je suis seul désormais... », cette petite phrase glissée dans une lettre à André Gide en dit plus long que toutes les réflexions amères qui traversent ses cahiers depuis vingt ans au sujet de son père.

Pourtant, en ces temps de guerre, Joë Bousquet est très entouré et il a fort à faire. L'occupation de la France, à partir de juin 1940, fait refluer dans le sud, en particulier à Carcassonne, nombre de ses amis parisiens. Les Gallimard, Jean Paulhan, sa femme et sa mère s'installent pendant plusieurs semaines, durant l'été, dans la propriété des Bousquet à Villa-lier, tandis que les archives de la NRF sont confiées au beau-frère de Joë Bousquet, maître Patau, avoué à Carcassonne. Paul Eluard est alors lieutenant d'un régiment en déroute basé à Saint-Sulpice-la-Pointe dans le Tarn. Il rend visite à Joë au mois d'août 1940. Quant à Louis Aragon et Elsa Trio-let, ils se sont repliés à Carcassonne pour pouvoir rencontrer le poète. Ils y passeront plusieurs mois, le temps pour Aragon d'écrire *La Leçon de Ribérac*. Aragon se mêle souvent aux conversations de la rue de Verdun, il s'affronte au philosophe Julien Benda, lui aussi réfugié à Carcassonne. Plus d'une fois, il passe la nuit entière aux côtés de Joë Bousquet, à lui lire des poèmes dont celui-ci rend ensuite compte dans ses journaux : « Aragon touchera toujours le cœur de sa génération par un côté de son expérience, celui dont toute sa vie se détourne et sur quoi il a gardé un silence religieux[1]. »

Cette période de rencontres avec Eluard et Aragon est pour lui un temps de réflexion sur la poésie. Dans le miroir de ces grands poètes, Joë Bousquet examine sa propre œuvre, la situe, la met en question, fidèle en cela à son constant souci de ne jamais s'installer dans une identité que pourraient refléter ses écrits. A écouter Aragon, à le voir vivre, à la simple manière qu'il a de regarder Elsa, il mesure l'immensité et la force de l'œuvre, il prend conscience du fait que sa propre vie aurait pu aussi bien passer à côté de sa dimension poéti-que s'il n'avait pas, à chaque instant, lutté pour ne pas s'en-foncer dans « le bien-être idiot qu'apporte l'irresponsabilité sociale ». Il lui faut constamment défendre son sens poétique contre la violence faite à son esprit par sa situation.

Désormais, il ne se contente plus de la poésie comme fin en soi, il recherche un passage possible de la poésie à la spiri-tualité ; il découvre que c'est là ce qu'il a toujours cherché : une mystique. En janvier 1941, il note dans son Journal :

« Le poète est celui qui fait dire aux choses ce qu'il a trouvé dans son esprit ; c'est rendre à Dieu "ce qui appartient à Dieu". Il rend le monde plus significatif. Ceci doit être dit de toutes les façons. C'est une vérité où Shakespeare rejoint Andersen[2]. » Et un peu plus loin : « Que toute parole devienne la voix de l'âme. »

Au cœur de la guerre, dont il ressent les privations par la difficulté, entre autres, à s'approvisionner en opium, il réussit à maintenir à bout de bras sa force de travailler, celle d'aller plus avant dans ses recherches et ses lectures, qui sont innombrables. Il y a ce qu'il appelle ses « lectures fixes » : Shelley, Swinburne, Shakespeare, Saint-Simon et ses « lectures mobiles », Plotin, Platon, Kant. Il établit des plans de travail rigoureux, quasiment heure par heure. Plusieurs passages de ses journaux font état de ces consignes très strictes, ainsi trouve-t-on dans *La Marguerite de l'eau courante* :

« Je travaille autrement :

Paulhan et Eluard sont les maîtres du jeu. Je lis tous les jours avec Reverdy, R. Roussel.

C'est de la mystique aussi que je lirai chaque jour : dans saint Augustin et un traité.

Tous les jours : Saint-Martin, Spinoza, Novalis.

A garder auprès de moi.

A ma droite : Eluard, Reverdy, R. Roussel.

Derrière moi : Shakespeare et les poètes anglais.

Avant de me coucher : *Les Mille et Une Nuits* pour alimenter les pensables.

L'après-midi, j'écris mes critiques.

La nuit : les contes et les poèmes.

Les deux activités annexes sont *Manon se marie* et cette fin du *Livre heureux* où s'ouvre ma thèse sur la mort[3]. »

Aux heures où Carcassonne est endormie, un homme veille et travaille jusqu'à l'aube, jusqu'à ce que le stylo lui tombe des mains. Devant lui, ses cahiers de couleur, bleu ou rabane (un tissu fait de raphia) pour les notes, saumon pour

les points de vue sur la littérature, noir pour les écrits érotiques, blanc pour la mystique ; il saisit l'un ou l'autre selon
le moment et l'inspiration. Cinq registres différents s'y distin-
guent : les contes, les poèmes, les anecdotes, les portraits, et
le Journal qui accompagne toute sa recherche. Ces registres
jouent tous ensemble. Les anecdotes côtoient les réflexions,
les analyses, les pensées mystiques dans son Journal ininterrompu : ce sont des kyrielles de réflexions qui défilent et
s'enchaînent sur un ton tantôt méditatif, tantôt fulgurant.
Des impromptus – en apparence non maîtrisés – dont la
logique tout intérieure suit le rythme de la pensée, très rapide
chez lui qui était aussi un grand causeur. A la trame de ce
spicilège d'observations et d'introspections s'ajoutent les
réflexions et les attitudes de ceux qui pénètrent dans la pièce,
l'illuminant de leur présence, réclamant aussi l'attention
exclusive du poète, lequel est à l'affût des regards et des gestes, de ce qui se dit et de ce qui se cache derrière le silence.

Depuis l'épisode désagréable qui l'a opposé en 1929 à Jean
Paulhan à propos des surréalistes, un échange épistolaire très
intense s'est développé entre les deux hommes. Son séjour à
Villalier va être déterminant pour l'œuvre de Bousquet. Jean
Paulhan maintient une très haute exigence littéraire vis-à-vis
des écrits que Bousquet lui adresse régulièrement, sous l'effet
de l'admiration et d'une confiance quasi filiale. Depuis *Clés
de la poésie* et *Les Fleurs de Tarbes*, il représente pour Bousquet une référence éminente, que celui-ci lui exprime maintes fois avec enthousiasme : « Il faut que vous sachiez que j'ai
une foi absolue dans votre jugement, et que personne ne
verra clair là où *je n'ai pas réussi* à vous mener jusqu'à moi[4]. »
Paulhan ne se laisse pas fléchir par une telle confiance.
Pince-sans-rire, il lui arrive de répondre à une lettre de Joë :
« Il me semble que je sentirais notre amitié plus sûre encore
si vous n'hésitiez pas de temps en temps à me dire des choses

désagréables[5]. » Mais le temps des phrases désagréables est révolu. Jean Paulhan se refuse à voir en Bousquet autre chose qu'un grand poète, justifiant son impitoyable exigence d'éditeur. Il est conscient des failles de l'œuvre, sachant que l'irrationalisme de son écriture, son aspect non structuré, fragmentaire, saccadé, son étonnant lyrisme alternant avec des raccourcis foudroyants, ont besoin de prendre corps. Or, prendre corps ne peut se faire, à ses yeux, qu'à travers une forme de nature conventionnelle comme le sont la rime ou le récit suivi. C'est donc lui qui réussit à convaincre Bousquet d'adopter la forme du quatrain pour les poèmes de *La Connaissance du soir*, lui encore qui se charge de structurer les textes de *Traduit du silence* pour en faire un livre, lui enfin qui lui fait entièrement récrire *Le Médisant par bonté* après lui avoir écrit à son sujet une lettre sans ambiguïté :

« Je me trouve accablé par ce que j'ai à te dire. Voudras-tu me pardonner ? Je le trouve complètement manqué. Il t'y fallait, de façon ou d'autre, sortir de toi et tu t'y enfonces d'autant plus gauchement qu'on te voit bien ici et là quelque velléité de libération. [...] Je dois bien t'avouer que je ne vois qu'une solution : que tu refasses le livre de fond en comble à partir – non, comme Lapalme, d'événements poétiques, mais d'événements réels. Et ne t'inquiète pas : la Poésie, puisque tu es là, y sera elle aussi toujours. [...] Si tu ne me donnes pas raison, je rendrai simplement le ms à G.G. en lui demandant de le publier au plus tôt[6]. »

Dans le même esprit, il conseille à Bousquet d'être plus concis et plus précis dans ses notes critiques : « Tes critiques : tu devrais, pour chacune d'elles, te fixer des limites, et décider moins encore de quoi tu parleras que de quoi tu ne parleras pas[7]. »

Si bien que Jean Paulhan finit par devenir le régulateur de cette œuvre qui, sans son intervention, serait sans doute restée à l'état de corps informe et, de ce fait, difficilement pénétrable.

169

Durant l'Occupation, la chambre de Joë Bousquet est pour beaucoup un refuge et un foyer de résistance. Les Allemands, qui occupaient une aile de la maison de la rue de Verdun, le laissèrent tranquille. Mais le gouvernement de Vichy, relayé par la bourgeoisie locale, jalouse de n'avoir point accès à la chambre du poète, tenta une première fois de l'inquiéter au lendemain de la grande crise où il faillit laisser la vie. A l'automne 1939, Joë Bousquet vit entrer un jour dans sa chambre un procureur de la République, un juge et un commissaire de police chargés de perquisitionner chez lui pour y chercher de l'opium. Les trois hommes fouillèrent la pièce de fond en comble et allèrent jusqu'à lire son courrier. Ils ne découvrirent pas la drogue, qui était cachée au fond d'un vase, mais ils laissèrent le poète accablé de tristesse et de dégoût.

Sa chambre est à certaines heures remplie de gens les plus divers, des émigrés espagnols déclamant des vers de García Lorca, des amis d'enfance, des parents, de jeunes poètes avec leur manuscrit sous le bras, de belles amoureuses venues de Paris, des philosophes, des juifs réfugiés comme André Lang et Julien Benda. Lui est au centre de ce maelström, parlant beaucoup, accueillant celui qui entre et l'associant d'un mot à la conversation en cours. Il écoute aussi. Il glane toutes les histoires locales, ces trésors d'humanité. Il se passionne pour les anecdotes dont il extrait le suc pour l'installer dans son Journal. Il s'enchante de ces petits scandales qui jalonnent et agrémentent la vie provinciale. Ainsi, en 1941, au moment où la guerre rend l'approvisionnement très difficile, rapporte-t-il une histoire de marché noir dans laquelle toute la ville de Carcassonne est impliquée. Il s'en amuse d'autant plus que « les plus coupables étaient justement de ces hommes qui vont partout redresser les torts et former des vœux pour qu'on empale les malfaiteurs. Ceux dont je dirai qu'ils ont le vice de l'équité[8] ». Son sens de l'ironie s'exerce avec bonheur à propos de certains de ses visiteurs. D'une bourgeoise de la ville venue accompagner ses deux filles chez lui il écrit : « Elle avait les yeux bleu cuit, une bouche immangeable, une face passée à la lessive et prête à faire de la dignité avec n'importe quoi. On aurait dit qu'elle était fière d'avoir les moyens d'éternuer. Une tête vraiment à se faire enterrer avec son dentier [9]. » C'est alors qu'il décide de décrire cette vie provinciale dans un cahier spécifique, le « Cahier brun », première étape, vertement critiquée par Paulhan, de ce qui deviendra *Le Médisant par bonté*.

Quant au Journal ininterrompu, il a quelque chose de l'« oratorio ». Le poète nous donne à entendre tour à tour chaque voix, lamentos, incantations, répons, confidences et sentences de tous ces humains qui forment comme une danse amoureuse autour de lui. Ils tissent une corolle de bonté et de désir, puisque finalement par la magie du langage il est parvenu à faire envier son sort – ou plus précisément son être : cette manière qu'il a de ne plus laisser chance à l'artifice ou au jeu social. C'est ainsi que l'être a pris le pas, chez lui, sur le destin, dont il renvoie l'éclat comme une brillante et désirable source de lumière. A force de travail, il a dégagé en lui ce pur amour de la vie, débarrassé même du souci de ne pouvoir en être partie prenante.

A cette époque, il cherche à aider des réfugiés républicains espagnols, dont beaucoup étaient parqués dans des camps, en particulier à Bram, dans l'Aude, à proximité de Carcassonne. De nombreux juifs ont fui Paris pour se mettre en sécurité dans la région. Parmi eux, Julien Benda devient un familier de la chambre. Il lui rend visite tous les jours et il s'entretient longuement avec lui. Joë Bousquet éprouve une tendresse particulière pour lui tout en le trouvant un peu trop hermétique.

A Carcassonne, Julien Benda loge dans une petite chambre glaciale. Deux voisines turques, fuyant, elles aussi, les nazis, lui préparent des repas frugaux. Le vieil homme famélique passe ses journées à travailler dans la bibliothèque municipale de Carcassonne où il se retrouve presque toujours seul avec un jeune homme qui prépare son baccalauréat : Jean Cau. Une amitié naît entre eux. Jean Cau a décrit Julien Benda : « Un petit vieillard à l'air toujours furieux de belette affamée, lorgnon sur le nez et frange coupée net, d'une blancheur de neige sur le front[10]. » L'écrivain n'a alors qu'un seul souci : la rédaction de son livre *La France byzantine*. Il ne sent ni le froid ni la faim, uniquement occupé à rédiger cet ouvrage où il veut en finir à tout jamais avec le trio infernal, Bergson, Gide, Valéry, les « chantres du vague », les « maîtres de l'obscur et de l'inachevé ». Son esprit polémique ne se repose jamais, trop impatient d'affirmer le triomphe de la Raison.

Le combat intellectuel de cet homme solitaire et misérable, mais néanmoins souverain dans sa liberté de penser, touche profondément Bousquet. Il n'y a pas plus antiromantique que Benda qui hait tout ce qui relève – en philosophie comme dans la vie courante – de la sensibilité, de l'affectif et du pittoresque. Pourtant Benda aime la poésie et c'est cela qui l'attache à Bousquet et à Aragon avec lequel il mène des débats interminables au pied du lit de Joë Bousquet. « Benda, l'homme le plus continuellement brave que j'ai vu[11] », écrit-il à Jean Paulhan en 1945. A plusieurs reprises il apparaît dans *La Marguerite de l'eau courante* et dans *Le Livre heureux*. Il a sa place dans la chambre où il trouve une chaleur autant thermique qu'affective et une intelligence accordée à la sienne, même si Joë ne partage pas ses idées philosophiques. Sa probité intellectuelle est si grande qu'il conseille à Joë Bousquet d'adopter une position opposée à la sienne et de défendre les droits de la poésie contre la pensée, un jour où Bousquet lui décrit les joies que lui procure sa solitude vespérale et les doutes qu'il éprouve à l'égard des vérités rationnelles...

En mars 1944, parut un article dans *Je suis partout* intitulé « Le dernier ghetto où l'on cause » qui désignait clairement la chambre de Joë Bousquet comme un cénacle auquel appartenait « l'écrivain juif Benda, l'écrivain hermétique Joë Bousquet, etc. ». Cet article contraint Julien Benda à s'enfuir de Carcassonne durant l'été 1944. Il fut sauvé par Jean Lebrau, un poète audois, proche de François-Paul Alibert, qui lui trouva un abri dans un couvent de Toulouse. Benda pria alors Jean Cau d'aller récupérer tous ses papiers et ses documents dans sa chambre. C'est ainsi que fut sauvé le manuscrit de *La France byzantine*.

A la Libération, Joë Bousquet est nommé président des Intellectuels de l'Aude, dont Pierre Sire et René Nelli font partie. Son premier geste est de réaliser un projet qui lui tient à cœur : organiser une exposition sur les surréalistes qui lui donne l'occasion de montrer les toiles dont est remplie sa chambre, ou du moins une petite partie de sa collection. Cette exposition a lieu en mars 1946 à Toulouse, au Centre des intellectuels. Onze peintres y sont représentés : Hans Arp, Hans Bellmer, Salvador Dali, Max Ernst, René Magritte, André Masson, Joan Miró, Richard Oelze, Wolfgang Paalen, Pablo Picasso (le seul à ne pas lui appartenir) et Yves Tanguy. Deux œuvres à part, un masque de Paul Eluard et le portrait de Joë Bousquet par Hans Bellmer, introduisent cette rétrospective engagée à un moment où de nombreux peintres surréalistes sont encore réfugiés aux Etats-Unis.

Bousquet, qui s'est détaché depuis longtemps du surréalisme, lui rend hommage dans l'introduction au catalogue, comme étant un mouvement de fond, un « état d'esprit » capable d'instiller un renouveau profond de l'inspiration. Il y avait déjà fait allusion dans une lettre à Maurice Nadeau, en juillet 1945, à propos de la parution de son *Histoire du Surréalisme* : « Ne croyez-vous pas que le surréalisme est, avant tout, la découverte, *par l'art*, d'un principe plus haut que lui, le dominant jusqu'à briser ses canons, parce qu'il avait la taille de l'homme, l'ayant cherchée au-dessus des esthétiques et des morales de convention [12]. »

Il reprendra le même thème dans sa préface à l'exposition de Hans Bellmer, qui aura lieu un an plus tard, en mars et avril 1947, à la Galerie du Luxembourg : « Le surréalisme n'est pas œuvre humaine ; mais quelques hommes en devenant sa proie l'ont imposé comme un état d'esprit ; et nous ne parlerons pas de celui-ci sans emprunter l'une ou l'autre de ses voies. »

22.

L'homme d'oc

Une rencontre se prépare. Une brève, une intense rencontre, dont la clarté continue de traverser les décennies sans perdre de son sens.

Jean Ballard avait le projet depuis plusieurs années de publier un numéro spécial des *Cahiers du Sud* ayant pour thème « Le génie d'oc ». Il l'a mis en chantier en 1938, sollicitant la participation active de Joë Bousquet. Au départ, Bousquet n'est pas enthousiasmé à l'idée de concevoir ce numéro. Ballard le relance plusieurs fois à ce sujet, mais le poète est trop absorbé par les trois livres qu'il est en train de terminer et trop épuisé pour s'y consacrer. Peu à peu, cependant, il commence à entrevoir ce numéro spécial comme un enjeu considérable pour sa pensée : « De si ambitieuses vues ne vont pas sans bouleverser mes certitudes ; je suis effrayé par la tournure que prend pour moi le numéro méditerranéen[1] », écrit-il à Jean Ballard le 21 novembre 1938. C'est alors que Jean Ballard lui confie la direction de ce numéro spécial de la revue, à lui qui, sous maints aspects, se considère comme l'héritier, par la force des choses comme par penchant naturel, des poètes de l'amour courtois. Dès la formation du projet, Bousquet déclare qu'il souhaite avant tout que ce numéro prenne la forme d'une « réponse à faire à la vérité enfouie des faits ».

175

Durant deux ans, de 1939 à 1941, Joë Bousquet s'attelle à la constitution de ce cahier, s'efforçant d'en faire un foyer de réflexion. La tâche n'est pas simple. Dans sa correspondance avec Jean Ballard, on le voit souvent pester contre ce numéro spécial dont la tournure, avec les textes de Déodat Roché et de René Nelli, devient trop pédante et trop universitaire à son goût, au détriment de son aspect poétique. Ballard, de son côté, juge ses textes à lui obscurs, voire fumeux... C'est alors que survient Simone Weil dont les deux contributions lumineuses – en écho aux textes de Bousquet dont elle a pris connaissance – sauvent définitivement le numéro de son enlisement.

Aux alentours de la mi-septembre 1940, Simone Weil et ses parents, contraints de fuir la zone occupée, sont venus s'établir à Marseille dans le quartier du Vieux Port. La philosophe y retrouve un ancien camarade de khâgne, René Daumal, et elle fait connaissance de Lanza del Vasto.

Dès son arrivée, elle a pris contact avec les *Cahiers du Sud* auxquels elle s'apprête à donner de nombreux textes. Parmi eux se trouvent les deux contributions au numéro sur « Le génie d'oc », publiés sous le nom d'emprunt d'Emile Novis, afin de déjouer la surveillance de la censure de Vichy.

Simone Weil y met en lumière le lien profond entre la civilisation romane occitane et la Grèce antique, montrant comment l'inspiration qui a permis à la Grèce de développer sa civilisation, dont le génie en maints domaines se fondait sur l'harmonie des contraires, se retrouve chez les hommes de la civilisation occitane. Simone Weil, comme Joë Bousquet, voyait dans la France du Sud au XIIIᵉ siècle la véritable Renaissance où s'était opérée la synthèse des courants orientaux, byzantins et romans débouchant sur cet instant unique dont Joë Bousquet avait écrit : « La littérature d'oc est un *tournant* de la culture française, elle n'en est pas un affluent. Sa morale enveloppe son esthétique. La littérature populaire, elle-même, est imprégnée de cette bouleversante doctrine où *le connaître est la genèse du devoir*[2]. »

Simone Weil compare cette civilisation écrasée par les armées de Simon de Montfort, venues du nord de la France, à la Grèce écrasée par l'armée romaine. Dans le texte intitulé « En quoi consiste l'inspiration occitanienne », elle montre comment la Grèce a refusé la force au profit de l'amour, laquelle notion connut un renouveau et un prolongement dans la civilisation occitane avec l'amour courtois des troubadours. La philosophe remarque combien cette tradition a su « chanter la douleur avec une pureté telle qu'au fond de l'amertume sans mélange resplendissait la parfaite sérénité[3] ».

Voilà qui pouvait toucher profondément Joë Bousquet, d'autant que ces pages étaient propres à redonner courage et dignité à un pays envahi par des « barbares », mais aussi vicié de l'intérieur par cette même barbarie. Comme il l'avait souhaité, ce numéro spécial était désormais justifié en regard des événements dramatiques que vivait la France à cette époque. Il se dégageait tout à fait de l'érudition. Après avoir lu les deux contributions de Simone Weil, Joë Bousquet écrivit à Jean Ballard, à la mi-mars 1942 :

« L'article est justement ce qui manquait au fascicule : la flèche qui monte plus haut que les nues. Que chacun y puise autant de sujets de méditation que moi-même et nous aurons accompli une œuvre bien forte. L'idée de l'harmonie des contraires me paraît extraordinairement féconde. Mon avis est que nous ne mettrons jamais assez ce texte en évidence. Il n'en est pas un qui ne doive lui laisser la place[4]. »

Ce numéro, dans lequel leurs textes respectifs brillent d'une flamme singulière, devient, pour ces deux écrivains se situant hors de toute norme littéraire, l'occasion de formuler certaines de leurs pensées majeures, de creuser un peu plus, chacun, le sillon d'une recherche d'ordre métaphysique, de dégager, en fait, la source même de leur inspiration.

« Les hommes d'oc sont les héritiers d'une civilisation déchue et cette déchéance est, au regard de l'imagination, une aventure providentielle », écrit Bousquet. Et il ajoute un peu plus loin : « Il est assez naturel que l'échec d'une doctrine de salut engage le salut poétique de cette doctrine. En se brisant contre les circonstances extérieures, en se heurtant à la raison d'état, la religion d'oc, plutôt que de se mutiler, devait s'idéaliser, entrer dans le domaine de la pensée pure et fabulatrice. Voici justement où l'aventure paraît admirable et peut-être unique[5]. »

N'est-ce pas là une exacte métaphore de sa propre existence ?

Pour l'homme d'oc, « la poésie est le versant caché de chaque objet où il faut la faire apparaître par une lente application d'artisan[6] ». Joë Bousquet reprend ici, en lui faisant subir un transfert historique, son intuition de l'œuvre d'art déjà développée à propos de la peinture de Max Ernst : l'œuvre est à révéler plus qu'à créer, elle est là de tous temps. A l'homme de mettre sa vue à la hauteur requise.

L'essentiel, Joë Bousquet le dit plus loin, dans un texte assez obscur d'où se dégage, par instants lumineux, le sens profond de son intervention dans le numéro sur *L'homme d'oc*. Il porte sur l'expérience de séparation, qui est l'expérience la plus réelle et la plus cruciale du monde – celle-là même où se détermine l'impossible : « La situation de l'homme au milieu des objets de son désir serait désespérée s'il n'avait la faculté *divine* de créer de l'éloignement, et de se porter au large de ses actions en les pensant ; peut-être en les nommant. La devise de l'artiste d'oc est : *se détacher sans s'appauvrir*[7] ! »

C'est là toute la poétique des troubadours, une approche de la vie qui permet à la conscience de sortir du chaos engendré par la force. Ce thème est repris en écho par Simone Weil dans le même numéro : « L'éloignement, comme équivalent sensible du respect, de la reconnaissance de choses autres que moi et non moins réelles[8]. »

Ainsi la philosophe et le poète développent-ils parallèlement, quoique sur des registres différents, l'un des thèmes majeurs de leur art et de leur vie, celui de la poétique de la distance impossible et nécessaire, laquelle ouvre l'espace à l'imagination en dépassant les pesanteurs du désir, les consolations de la fuite. L'un et l'autre savent, pour l'avoir vécu, combien l'éloignement non seulement spatial, mais aussi envisagé comme distance intérieure (laquelle prendra chez Cristina Campo ses lettres de noblesse avec la notion de *sprezzatura*), en libérant l'homme du temps et de l'espace, le rend à sa vraie nature.

Leurs textes se répondent et se complètent, comme si le dialogue qui va avoir lieu, une nuit de mars, était en réalité bien antérieur à leur rencontre et devait se prolonger bien au-delà de cet instant.

L'homme d'oc, en réagissant à la force par une contemplation et une intériorisation de son malheur en a fait la précieuse substance d'une poétique, métamorphose au cours de laquelle le langage permet à la conscience de s'arracher au discontinu, au chaotique, à la violence faite à sa nature, en anoblissant l'impossible comme lieu secret de la vie spirituelle. « Il leur fallait l'amour impossible[9] », écrit Simone Weil, car seul cet amour avait le pouvoir d'échapper au contact dégradant de la force.

Chez tous les deux, l'impossible a le double statut de lieu de désespoir et de porte. Il est torture et révélation. Il est le réel. « *L'impossibilité* est l'unique porte vers Dieu[10] », écrira Simone Weil. Et puisque c'est là le constat premier, l'expérience fondamentale du monde, le noyau dur sur lequel achoppe leur conscience, c'est chez ces êtres blessés, lucides, auréolés d'intelligence que se profile la démarche unique consistant à entrer le plus avant possible dans la connaissance de ce qui les tue, au lieu d'en fuir la réalité. « Il n'y a qu'une façon de connaître les maux dont on a été l'objet, c'est d'en provoquer le retour[11] », écrit Joë Bousquet. Connaissance par la contemplation résolue et sereine, par l'attention, c'est bien à cela qu'incitent leurs œuvres.

La concordance est telle que certaines réflexions de Simone Weil, datant d'avant sa rencontre avec Joë Bousquet, dans le numéro des *Cahiers du Sud* sur le génie d'oc, semblent avoir été écrites à son intention. Ainsi : « Ne jamais faire violence à sa propre âme ; ne jamais chercher ni consolation ni tourment ; contempler la chose, quelle qu'elle soit, qui suscite une émotion, jusqu'à ce que l'on parvienne au point secret où douleur et joie, à force d'être pures, sont une seule et même chose ; c'est la vertu même de la poésie[12]. »

L'amour impossible, qu'il prenne la forme courtoise ou qu'il soit, dans sa forme éminente, amour de Dieu, est d'abord reconnaissance de la profondeur abyssale de la séparation qui existe entre les êtres et de la fécondité poétique de la distance. Dans l'impossibilité existentielle à ne faire qu'un gît un secret, dont tous les amants du monde ne font que s'approcher : c'est un fait de nature spirituelle, par lequel l'impossible, loin d'éteindre l'amour, au contraire le ravive, l'élargit, l'installe dans une dimension galactique, dont les amants sont les premiers à s'étonner car ils y découvrent une initiation : la prise de conscience de l'immensité de ce que l'on appelle l'amour, de son pouvoir d'échapper tout à fait aux normes habituelles de la sexualité ou de la tendresse, de l'intimité et des habitudes, pour acquérir soudain un sens bouleversant, en rapport étroit avec la conscience d'exister. L'impossible, dard douloureux dans la chair et dans l'esprit, n'en met pas moins l'homme en présence de son destin, faisant en sorte que ses actes se mesurent désormais à l'aune de cette immensité qui est en lui. Le Non fatal qui répond à son désir le fait entrer dans le cercle de la poésie – et celle-ci pourra avoir le visage de l'héroïsme, de la sainteté, ou encore d'une simplicité débarrassée de tout adjectif.

Il ne s'agit pas d'institutionnaliser l'empêchement, ce qui ne serait certainement l'intention ni de Joë Bousquet ni de Simone Weil, mais plutôt d'y porter attention autrement, car le premier accostage sur l'île de l'impossible s'accompagne de douleur et de désarroi – d'égarement. C'est bien là l'expérience première d'un Joë Bousquet après la blessure. Il fera souvent part à Marthe, dans ses lettres, de cette suspension de l'action à la porte d'une contrée noire, opaque, impénétrable : cette contrée est toujours là, en chacun de nous, il le sait, mais lui, de par sa condition, en a pris connaissance plus rapidement et de manière plus cruciale. Là gît le point de départ de la pensée : « On ne pense jamais que ce qui sépare[13]. »

L'impossible, le malheur et le réel seront au centre de l'unique rencontre entre Simone Weil et Joë Bousquet.

23.

« L'âme ne s'éveille que brisée »

Simone Weil séjourne à Marseille depuis plus d'un an, lorsqu'elle formule le désir de rencontrer Joë Bousquet. Comme elle a des amis à Carcassonne, les Roubaud, un couple d'enseignants, parents du futur poète Jean Roubaud, Jean Ballard lui propose de l'accompagner dans la petite ville où elle pourra faire étape avant de se rendre à l'abbaye d'En-Calcat pour assister aux offices de Pâques. La philosophe est alors en pleine interrogation sur le christianisme. Elle a rencontré à Marseille le père Perrin. Quelques mois plus tard, en novembre 1942, elle écrit une longue lettre au père Couturier, publiée plus tard sous le titre *Lettre à un religieux*. Cette époque précède de peu son départ pour Casablanca, d'où elle devrait s'embarquer pour New York avec ses parents, soucieuse de les mettre à l'abri des nazis.

C'est ainsi qu'une nuit de la fin mars 1942, Jean Ballard et Simone Weil descendent sur le quai de la gare de Carcassonne du train venant de Marseille. Il est aux alentours de onze heures du soir. Ils se rendent directement rue de Verdun et pénètrent ensemble dans la chambre du poète avec lequel ils parlent pendant près de deux heures. Ensuite Jean Ballard se retire et Simone Weil reste seule avec Joë Bousquet. Tous les deux s'engagent dans un entretien passionné qui dure jusqu'au petit jour. Puis la servante offre à Simone Weil de se reposer un peu dans une chambre voisine de celle de Joë Bousquet, ce qu'elle accepte à condition de dormir par terre, sur une natte, selon son habituelle horreur du confort. Finalement, il n'en sera rien. Joë Bousquet relate l'épisode à Jean Paulhan quelques jours plus tard, avec humour et perspicacité : « Entre Ballard, suivi d'Emile Novis, une femme maigre comme un sifflet sous un béret énorme. Lui, plus il ressemble à un gros rat et plus il ressemble à une petite souris. Elle, très office des ténèbres, en dépit d'un sourire charmant, et traînant derrière elle un sac de couchage, bien décidée à coucher n'importe où à la condition qu'on y soit très mal ; et me demandant sur quelle marche d'escalier, dans quel cul-de-basse-fosse elle pouvait dérouler son lit de poche. Embarrassé, dans ma maison caserne où il n'y a de libre que les couloirs ; et Ballard qui avait retenu une chambre confortable, s'écriant qu'il n'y avait rien de mieux pour sa compagne de voyage que les couloirs, me soufflant tout bas avec une mimique de chanoine : "Ascétisme, ascétisme !" Enfin Ballard s'est enfoncé dans un bon lit et Emile Novis a retraversé toute la ville afin de coucher à la gare. Et voilà pour la littérature[1] ! »

Lorsque, dans la matinée, la sœur de Joë Bousquet croise Simone Weil, elle est très surprise de voir cette grande femme maigre, enveloppée dans une cape, coiffée d'un béret basque, si peu soignée, si différente des habituelles visiteuses du poète. Mais elle se garde bien de demander à son frère de qui il s'agit, sachant qu'à cette époque celui-ci reçoit souvent des juifs venus lui demander de l'aide. Après sa visite à Joë Bousquet, Simone Weil passa trois jours chez ses amis Roubaud, puis elle partit pour l'abbaye d'En-Calcat où elle voulait suivre les offices grégoriens de la semaine sainte. Ensuite, elle retourna à Marseille, dans l'attente de son départ imminent. C'est de là qu'elle lui écrivit sa première lettre, le 13 avril, soit une quinzaine de jours après leur entrevue.

La rencontre qui eut lieu cette nuit-là n'eut aucun témoin. Les seules allusions connues sont les cinq lettres que les deux écrivains échangèrent dans les semaines qui suivirent : lettres d'une densité et d'une franchise extrêmes, comme si, l'un et l'autre, aux portes de la mort, s'étaient confié l'essentiel de leurs vérités respectives ; comme si, appartenant déjà – et sans doute depuis toujours – à une contrée dont on ne revient pas, l'un comme l'autre, n'ayant rien à prouver ni à perdre, avaient saisi l'instant fulgurant d'une reconnaissance mutuelle sans lendemain et presque sans trace.

Simone Weil venait d'être chassée de l'université par le gouvernement de Vichy qui refusait, en outre, de lui verser l'indemnité de mise en congé illimité qui lui était due. Joë Bousquet lui a proposé d'engager des démarches en sa faveur, ce qu'elle a refusé. En revanche, la jeune philosophe lui a demandé d'appuyer par une lettre aux autorités militaires sa demande de créer un corps d'infirmières de première ligne, destiné à secourir les blessés sur le champ de bataille.

La première lettre de Simone Weil à Joë Bousquet, à la veille de quitter la France, est pour lui dire combien leur rencontre a été pour elle importante – si forte, même, qu'elle n'hésite pas à lui confier une pièce de théâtre qu'elle vient d'écrire, au cas où il lui arriverait malheur, ayant ressenti combien il a été attentif à ce qu'elle lui a fait lire. Il s'agit de *Venise sauvée*. Toute Simone Weil est dans ces lignes adressées au poète : « L'attention est la forme la plus rare et la plus pure de la générosité. » Et elle ajoute : « Il est donné à très peu d'esprits de découvrir que les êtres et les choses existent[2]. » Vous êtes engagé dans cette découverte, lui dit-elle. Celle-ci émane directement d'une connaissance quasi initiatique de la douleur, laquelle modifie le regard sur le malheur en ne permettant plus de le considérer comme un mal.

Et cette réflexion touche Bousquet : c'est bien là le nœud de sa vie.

La pensée du malheur est au cœur de leur rencontre, et la pensée du réel qui l'accompagne. Ils l'ont tous les deux abordée dans le numéro des *Cahiers du Sud*. Ils en poursuivent l'exploration dans leur correspondance sur un ton plus intime, revenant à cette urgence de refuser ce qui voile la réalité des choses et des êtres.

Pour mieux comprendre l'ampleur de ce qui se dit alors dans ces lettres, il est bon de consulter les notes que Simone Weil a prises à l'époque de sa rencontre avec Bousquet. Elle est en train de lire la *Queste du Saint Graal*. Un épisode a retenu particulièrement son attention : celui du héros Anfortas, roi gardien du Graal, dont la similitude avec Joë Bousquet la frappe maintenant qu'elle connaît la cause réelle de sa blessure. Anfortas a combattu pour sa dame et il a été blessé d'une flèche empoisonnée aux parties viriles. Il ne peut plus se tenir ni debout, ni assis, ni couché. Leur blessure à tous les deux, remarque la philosophe, est celle du désir qui ne permet de rester, ni debout, ni assis, ni couché. Or le roi guérit le jour où lui est posée cette question : « Quel est ton tourment ? » L'interrogation se porte à la source du malheur et non plus sur ses effets. Seul un être marqué par le destin, ayant traversé des années de « nuit obscure », a la capacité de poser une telle question, « et du même coup, la pierre de vie est à lui. Et il guérit la souffrance d'autrui[3] ». Il est probable que l'un et l'autre, chacun à sa façon, à l'occasion de leur rencontre et à travers leur correspondance, se sont posé mutuellement cette question en laquelle était inclue leur délivrance.

Bousquet répond à la première lettre en affirmant que leur dialogue l'a amené à des réflexions foisonnantes et qu'il pressent entre eux une profonde amitié. « Plus que quiconque vous sauriez m'aider à anéantir tout ce qui reste en moi d'inévolué, d'hérité[4] », ajoute-t-il. Mais le poète a perçu autre chose chez son interlocutrice, quelque chose que Simone Weil s'efforce de juguler. A la manière d'un frère en poésie, il lui fait observer son manque de sûreté d'elle-même. Quel est votre tourment ? semble-t-il lui demander. Derrière la préoccupation sociale, en effet, il a décelé chez elle une sensibilité véritablement mystique. Il l'incite à écrire davantage dans ce sens et dans celui de la poésie, impatient de connaître sa conception de la foi : « Je voudrais lire de vous des impressions mystiques, et savoir que vous analysez ce que vous éprouvez, par exemple du fait de vos convictions, quelle est en vous la poésie de la foi. [...] Vous écririez de bien belles choses sur l'amour divin. Leur charme est comme prédit dans votre œuvre de violence [5]. »

Simone Weil, dans son angoisse du départ imminent et forcé, car elle ne souhaite pas quitter la France, lui réclame instamment la lettre promise. Elle devra encore l'attendre un peu car Joë Bousquet est malade : des escarres se sont rouvertes dans son corps, l'empêchant de se tenir assis. Il ne peut plus écrire.

Dès qu'il est rétabli, il envoie la lettre promise à l'attention des autorités militaires, lettre qui servira à Simone Weil, une fois qu'elle sera aux Etats-Unis. Il remercie aussi la philosophe pour son offre de lui procurer les médicaments dont il a besoin pour soulager ses souffrances. Ici, sa biographe, Simone Pétrement, a cru comprendre que Simone Weil avait offert à Bousquet de lui fournir le moyen de se supprimer en cas de trop grande souffrance. En réalité, comme l'a bien vu un ami de la famille Bousquet, il s'agissait tout simplement de procurer à Joë Bousquet de l'opium dont il manquait cruellement en cette période de restriction.

Il revient alors sur la guerre pour décrire à la jeune femme, désireuse de créer ce corps d'infirmières chargées de ramasser les blessés sur le front, ce qu'est très précisément un champ de bataille. Il rassemble ses propres souvenirs pour préciser le rôle et l'importance de ces femmes : « La charité qui réconforte le soldat blessé fortifie le soldat intact à qui elle reste promise [6]. » Joë Bousquet ne ménage pas sa correspondante, lui rappelant quelle était la consigne qu'il reçut de son capitaine au moment de monter à l'attaque, cette dureté de cœur indispensable au combattant, la nécessité pour le soldat qui se bat de ne pas regarder les blessés afin de ne pas s'affaiblir l'esprit. Il n'hésite pas à contredire Simone Weil à propos de son désir de rester en permanence sur le champ de bataille, de ne pas accepter la relève : cette idée romantique, lui dit-il, ne fait pas acception de la réalité d'une armée en campagne.

Romantisme, ou désir impérieux de mourir ? Son attitude étonnera toujours les proches de la philosophe, entre autres René Nelli, qui a dit d'elle après sa mort : « Il y avait chez elle le vrai désir de mourir qui est si rare même chez les désespérés... Je ne sais si l'on doit plaindre de tels morts[7]. »

Après avoir reçu la lettre tant attendue de la part de Joë Bousquet, Simone Weil lui adresse une dernière lettre, envoyée de Marseille le 12 mai 1942. C'est une lettre remarquable, qui a toutes les apparences d'un testament à la veille d'une disparition en même temps qu'une méditation sur le malheur et le mal, sur la guerre dont souffrent les hommes occidentaux à cette époque. Elle répond en cela à une réflexion de Joë Bousquet à propos de son sentiment de dualité. « Heureux, lui dit-elle, ceux pour qui le malheur entré dans la chair est le malheur du monde[8]. » Ce sont eux qui résolvent charnellement cette dualité, qui incarnent l'harmonie des contraires et parviennent à la sérénité. Et pour pouvoir réellement penser le malheur, il est nécessaire de « le porter dans la chair, enfoncé très avant comme un clou, et de le porter longtemps afin que la pensée ait le temps de devenir assez forte pour le regarder[9] ».

En quelques mots, Simone Weil rend justice à l'œuvre d'une vie : « Je crois que chez tous peut-être, mais surtout si le malheur est biologique, la racine du mal, c'est la rêverie. Elle est l'unique consolation, l'unique richesse des malheureux, l'unique secours pour porter l'affreuse pesanteur du temps ; un secours bien innocent ; d'ailleurs indispensable. Comment serait-il possible de s'en passer ? Elle n'a qu'un inconvénient, c'est qu'elle n'est pas réelle[10]. » La philosophe pouvait-elle, en cet instant, mieux toucher le point le plus sensible du combat du poète ?

Elle s'attache ensuite à répondre à la question que lui posait Joë Bousquet. A son tout récent ami, elle confie ce qu'elle n'a semble-t-il jamais dit à personne : la douleur physique qui la torture en permanence, « située autour du point central du système nerveux, du point de jonction de l'âme et du corps, qui dure à travers le sommeil et n'a jamais été suspendue une seconde[11]. » Mais surtout, elle fait état de la révélation qu'elle a reçue, trois ans auparavant, au plus fort de la douleur physique. Elle brise ainsi le silence, longtemps gardé, sur son expérience mystique : « Dans un moment d'intense douleur physique, alors que je m'efforçais d'aimer, mais sans me croire le droit de donner un nom à cet amour, j'ai senti, sans y être aucunement préparée – car je n'avais jamais lu les mystiques – une présence plus personnelle, plus certaine, plus réelle que celle d'un être humain, inaccessible et aux sens et à l'imagination, analogue à l'amour qui transparaît à travers le plus tendre sourire d'un être aimé. Depuis cet instant le nom de Dieu et celui du Christ se sont mêlés de plus en plus irrésistiblement à mes pensées[12]. »

Revenant sur la raison de son manque de sûreté de soi, qui est plus que cela : une aversion pour elle-même, elle avoue à Joë Bousquet n'avoir jamais pu imaginer qu'un être humain éprouve de l'amitié ou de l'amour pour elle, parce qu'elle éprouve son corps et son âme comme « inhabitables » pour sa pensée. La source de cette conscience de soi déchue étant à chercher dans la douleur physique qui la torture en permanence.

Sentiment de dégradation, voire d'abjection, celui d'une séparation irréparable engendrée par la souffrance ou la blessure : la conscience d'une déchéance biologique se communiquant au psychisme est la donnée élémentaire où commence, grandit, se développe leur œuvre. Tous les deux ont en commun un vif sentiment de non-existence, ou plutôt de négation de soi, du fait qu'exister est perçu continuellement comme difficile. C'est bien par ce sentiment de difficulté et la nécessité constante d'un abandon de la volonté propre que s'ouvre une brèche dans laquelle l'esprit passera à un autre plan, qui est celui de la foi pour l'une et de la poésie pour l'autre. Simone Weil éprouve cela comme le poète puisqu'elle lui écrit : « Je suis convaincue que le malheur d'une part, d'autre part la joie comme adhésion totale et pure à la parfaite beauté, impliquant tous deux la perte de l'existence personnelle, sont les deux seules clés par lesquelles on entre dans le pays pur, le pays respirable, le pays réel [13]. »

D'où cette détermination, chez l'un comme l'autre, de ne pas chercher d'échappatoire au malheur (ou à la joie), mais au contraire de s'y prêter le plus complètement possible, de ne se garder en rien, de ne rien sauver. Simone Weil ajoute dans la même lettre : « Je vais vous dire quelque chose de dur à penser, plus dur encore à dire, presque intolérablement dur à dire à ceux qu'on aime. Pour quiconque est dans le malheur le mal peut peut-être se définir comme étant tout ce qui procure une consolation. » Quel écho pouvaient avoir ces paroles en Joë Bousquet ? Lui qui n'avait cessé d'explorer, dès le lendemain de sa blessure, ce territoire du mensonge intime, par rapport à soi comme par rapport au réel, bien résolu à ne jamais jouer le jeu de la consolation, à ne jamais faire non plus le lit d'une pitié prête à fondre sur lui.

Leur reconnaissance mutuelle fut profonde, chacun voyant l'autre s'avancer sur le chemin sans armes et sans bagages. Bousquet reconnut en Simone Weil un tempérament poétique que la philosophe voulut maintenir comme musique de fond à sa vie, sans jamais la laisser prendre l'avantage sur le combat social et la quête philosophique. Simone Weil voyait Bousquet parvenu à la veille d'un consentement à Dieu. « Il me paraît certain que pour vous l'instant limite n'est pas venu. [...] Il me semble qu'il y a des signes qu'il n'est plus éloigné [14]. »

Leur différence existait.

Mal et malheur, au cœur de leurs œuvres, ne recevaient pas le même accueil. Si Bousquet abritait en lui un fond cathare, un goût de la pureté, y compris dans la volupté, un désir absolu de transparence, il n'avait à aucun moment amputé sa vie de la jouissance ou du bonheur. Il cherchait au contraire à recueillir l'esprit de bonheur (comme on dit l'esprit de parfum) que contenait son destin. Il recherchait, parce qu'il le savait là, le sel de la vie, quand bien même il en serait personnellement privé, apte qu'il était à y reconnaître le secret de toute joie, un absolu de l'existence, une valeur en soi de la vie. Tandis que Simone Weil développait en elle un ascétisme radical par désir de participation, plus que jamais en ces temps de guerre. Le refus de son propre corps allant souvent jusqu'à l'anorexie mentale, voire jusqu'à la recherche de la dégradation de soi. Le confort, la chaleur, la douceur lui faisaient mal, la heurtaient comme une atteinte à sa résolution absolue d'endosser le malheur du monde.

Il y eut longtemps, chez Joë Bousquet, une tendance à objectiver son malheur, à le considérer comme extérieur à son être, surtout dans les premières années qui ont suivi sa blessure. Il avoue, par ailleurs, dans l'une de ses lettres à Simone Weil, sa très grande difficulté à distinguer le bien du mal. A ce sujet, la philosophe le reprend, lui faisant grief d'une sorte de coquetterie pour subtilement lui faire remarquer que ce manque de distinction est à mettre sur le compte d'un refus, chez lui, de consentir à départager le bien du mal plus qu'à un défaut du discernement.

Pourtant, vis-à-vis du mal qu'est la souffrance, leur disposition était étrangement proche. L'un et l'autre ont envisagé cette possibilité impensable d'aimer le mal inscrit dans leur destin. Chez Joë Bousquet, ce fut là le travail métamorphique d'une vie entière. A maintes reprises, il reconnut, dans sa vie, le pouvoir que délivrait le malheur d'accéder à l'être véritable. Gilles Deleuze, qui lui a consacré un chapitre de *Logique du sens*, voyait dans cette manière de devenir digne de son destin un modèle de stoïcisme, accompli par une sorte de saut sur place permettant de passer d'un « vouloir organique » à un « vouloir spirituel » pour aboutir à un contre-effet, exercice suprême de la liberté, par lequel l'homme parvient à voir quelque chose de splendide *dans* ce qui lui arrive, et non pas en dehors de l'événement. Il cite Bousquet : « Deviens l'homme de tes malheurs, apprends à en incarner la perfection et l'éclat » et il ajoute : « On ne peut rien dire de plus, jamais on n'a rien dit de plus : devenir digne de ce qui nous arrive, donc en vouloir et en dégager l'événement, et par là renaître [15]. »

Pour sa part, Simone Weil admettait la nécessité d'aimer le mal dans certaines conditions : « Nous devons aimer le mal en tant que mal. Cette opération ne peut être pure que lorsque le mal est une douleur physique, qu'on subit, qu'on n'a pas cherchée, qu'on ferait tout au monde pour éviter [16]. »

Après la visite de Simone Weil, Joë Bousquet écrit à Jean Ballard pour le remercier d'avoir accompagné la philosophe chez lui : « Vous ne sauriez croire combien j'ai été heureux de causer un peu longuement avec Emile Novis. Il n'y a rien à reprendre en elle. J'accepterais bien volontiers de vivre dans sa peau, sauf quelques substantielles réformes côté ascétisme et plus de complaisance envers le mal. Elle a l'intelligence qui brûle, comme Molino [17] à qui elle ressemble. »

Une étrange similitude rapproche ces deux vies passées au crible du réel, ces deux œuvres d'une rare authenticité à l'image de leurs auteurs dont le souci fut d'atteindre les rives d'un langage qui serait la pure traduction de l'être. Ecrivains inclassables, dont les écrits martèlent à jamais le paysage littéraire d'un vivant témoignage sur l'exigence à laquelle doit tendre toute œuvre : une expérience à la limite de l'impossible.

Leurs écrits ont l'aspect d'un flot, jaillissant en fragments, faces visibles d'une recherche ininterrompue, comme si le langage seul pouvait tenir ouverte la fenêtre sur ce monde intérieur que tant de forces contraires tendent à refermer brutalement.

24.

Traduit du silence

Bousquet avait confié quatre de ses cahiers à Jean Paulhan en lui laissant libre cours pour en faire ce qu'il voulait, acceptant que l'éditeur en tire un livre. Lourde responsabilité ! En 1941 parut chez Gallimard *Traduit du silence,* un recueil de pensées dans lequel se trouve rassemblée la substance des méditations du poète.

Si l'on en croit la lettre qu'il écrivit au chanoine Sarraute au mois d'août 1942, Joë Bousquet fut très surpris de ce livre, dont il n'avait pas corrigé les épreuves, qui fut publié, d'une certaine façon, à son insu. Il le découvrit un beau matin sur son lit : le facteur l'avait apporté quelques jours plus tôt en même temps que d'autres services de presse et Joë Bousquet avait négligé d'ouvrir le paquet. « Paulhan se proposait de publier mes cahiers sans moi. J'avais accepté », écrit Joë Bousquet. Il avait en effet remis quatre cahiers dont, par mégarde, l'un de ses « cahiers noirs »... Il s'en aperçut plus tard et n'y prêta pas grande importance, certain que Gallimard lui soumettrait les épreuves ou lui demanderait au moins sa signature sur le « bon à tirer ». Il n'en fut rien. Mais il se résolut assez facilement à se montrer tel qu'il était : « On me jugera sur un livre que je n'ai écrit que pour moi. A Dieu vat [1]. » En dépit de ce consentement tacite, lorsqu'il reçut le livre, sa gêne fut grande de voir publiées ces lignes qu'il

n'avait jamais relues et auxquelles il trouvait « une allure gri-
maçante et un peu diabolique ». Il pensa que Jean Paulhan
et Monique Saint-Hélier avaient tenté de donner une unité
à tous ces textes et ces notes éparses, les mêlant comme on
bat les cartes. « Quand il leur manquait une scène, ils la prenaient dans un autre cahier. Ne sachant comment conclure,
ils ont introduit dans le texte une lettre de pure invention
que j'avais écrite ailleurs (comment le public ne s'en est-il
pas aperçu ?). Puis-je détenir encore une lettre que je suis
censé avoir envoyée[2] ? »

Reste que Joë Bousquet ne renie nullement le livre, bien
au contraire. « Si c'est un mensonge fait avec des bouts de
vérité, le livre n'en est pas moins vrai, d'une grande vérité
artistique. Il est l'image de mon être, il n'est pas l'image de
ma vie. Les inconvénients que je signale ne concernent que
le social... Ils doivent être dédaignés[3]. » Et il ajoute pour le
chanoine Sarraute : « Ce que nous vouons à l'oubli, nous
nous le dérobons. Il faut ne rien taire pour avoir sa taille[4]. »

Ainsi *Traduit du silence*, ce livre composé à la manière
d'un patchwork, par une main étrangère quoique amicale,
prend-il toute sa dimension et son importance en dépit de
l'artifice qui a présidé à sa composition. Il est un recueil au
vrai sens du terme : le réceptacle de l'essentiel d'un art poétique indistinct d'un art de vivre. C'est en définitive dans ce
livre que se trouvent réunis les aphorismes et les pensées si
particulières au poète, dans leur fulgurance souvent enveloppée de tristesse ou de peine à exister, lesquelles reçoivent une
rédemption possible dans l'amitié et dans l'amour.

Si Jean Paulhan n'avait tiré de ces cahiers le suc des pensées ininterrompues et quasiment illisibles à force d'être le
simple *continuo* d'une vie intérieure, nous aurions sans doute
plus de difficulté à accéder à la pensée de Joë Bousquet, cet
ensemble brisé à l'image d'un corps, d'une conscience à tout
moment cassée par la souffrance, noyée par les drogues destinées à l'apaiser. Le rôle de Paulhan, admirable travail d'édi-

teur, a consisté à renouer les fils, à rendre visible la trame d'une pensée trop facilement oblitérée par des causes biologiques ou autres. Les grandes lignes de la méditation du poète sont ici réunies, les réflexions sur l'amour, sur la solitude, sur l'écriture, sur la douleur et sur la mort. Il est une sorte d'incantation, dans cette langue si recueillie propre à Bousquet, de celui qui accomplit un effort surhumain pour se hisser d'entre les morts afin de célébrer la vie qui lui est donnée.

Des êtres religieux comme le chanoine Sarraute, ami de la famille Bousquet, comprirent difficilement le chemin alors suivi par Joë Bousquet parce qu'il leur semblait entaché d'une dureté inhumaine dans le refus d'un recours à une transcendance susceptible de le consoler. « Si depuis 1918 tout en gardant votre activité intellectuelle, votre curiosité intactes, vous aviez accueilli vos souffrances dans un esprit chrétien, vous seriez immensément riche[5] », lui écrit le chanoine Sarraute, dont le témoignage demeure précieux. Chez Joë Bousquet, toutes les actions et toutes les pensées étaient réglées en fonction d'une chance maximale donnée à la vie poétique que rien ne devait entraver – lui-même l'étant déjà tellement. En lui, la vie se glissait par tous les interstices où elle était encore possible, quand bien même ceux-ci paraîtraient détournés ou immoraux à des personnes pieuses, innocentes ou d'une intraitable exigence morale comme l'était Simone Weil. Lorsque celle-ci lui écrit à propos de la nécessité de « percer la coquille », ne donne-t-elle pas un écho profond à cette pensée de Joë Bousquet, à ce cri qui se détache en lettres d'or de *Traduit du silence* : « L'âme ne s'éveille que brisée[6] » ?

Sans doute Joë Bousquet avait-il dû refaire seul le parcours pour se redonner une intégrité par le langage, quand au fond de lui-même il se voyait comme un être avili – image de soi commune à tant d'hommes blessés par la vie. Ce parcours n'était ni tendre ni aimable, quand le rapport à la vie devait être tout entier réinventé. « J'aurais mis toutes mes forces à "naturaliser" l'accident dont ma jeunesse a été la victime[7]. » Pour cela, tout était fondamentalement bon, d'une « bonté » confirmée par les faits, quand bien même cela devrait être réprouvé par la morale. Mais les hommes ne partent jamais du même point. L'authenticité pour Joë Bousquet consistait à ne pas glisser sur des rails qui lui auraient apporté la consolation au détriment de la vérité de ce qu'il vivait, d'autant que le langage religieux en vigueur, souvent édulcoré ou perverti, vidé de sa substance spirituelle, ne pouvait répondre à la densité exacte et réelle de ce que vivait le poète jour après jour. Le réel lui importait trop. Là était la source de sa poétique et nulle part ailleurs.

« Pour traduire le silence, il faut vivre au-delà de son propre silence, entendre et retenir toutes les voix qui se taisent en nous[8]. » Le projet concerne l'écriture autant que la vie intérieure, ou plutôt cette « contrécriture » que Joë Bousquet projette pour se connaître soi-même et pour entrevoir un monde « où on parlera sans avoir à rencontrer ces mots qui font saigner le temps ». Projet mystique davantage que littéraire, car, répète-t-il, « Il n'y a pas de genre littéraire qui ne soit la fausseté même[9]. » Le salut qui en sera issu, le poète ne le conçoit que partagé car rien ne lui appartient en propre dans cette vie qui, en lui, est exilée par nature. Il l'explique dans une page magnifique du livre :

« Je veux que ces cahiers, insuffisants comme ils me paraissent, soient un jour relus et qu'ils soient pour quelqu'un comme une autre vie dans la sienne, apte à gagner de jour en jour sur toutes les circonstances qui le faisaient prisonnier, capable de ne plus rien laisser subsister de ce qui le rendait pareil aux autres. *Je sais pourquoi, la plume aux doigts, je veille,* malgré mes migraines. Je veux saisir au vol le plus grand nombre possible de ces instants privilégiés qui me soulevaient sur les flots de l'inspiration et faire à quelque homme pareil à moi un séjour de ce qui ne fut pour moi qu'un bonheur accidentel et toujours accordé en récompense d'un long effort. Je veux travailler régulièrement comme si j'avais à tirer de ma vie l'idée d'une vie plus haute. Je veux que toute mon existence ait été de *concevoir*. Entendu que ce terme est pris sous sa forme, pour ainsi dire, absolue, si riche de sens que j'en affaiblirais la portée en lui donnant un complément. Et l'on verra, au passage, cette résorption du complément inaugurer cet effort de réduction auquel je voudrais que tout mon langage soit soumis. Tous les mots de la langue sont comme les poissons dans une rivière. Les uns sont faits pour manger les autres.

» Concevoir, au sens absolu, signifie concevoir un autre soi-même. Toutes les fureurs d'un homme se ramènent facilement à cette ambition désespérée. Et je l'entrevoyais déjà quand je notais ailleurs certaines idées que résume assez bien la notion du même et de l'autre ; et ce sentiment si particulier que l'on peut nommer le vertige dans le même de l'autre [10]. »

Dès lors, Joë Bousquet entame la dernière phase de son parcours vers ce qu'il a appelé un « langage entier ». Il s'attelle à la recherche d'un vérité dont le lieu est le silence, à laquelle il consacre toutes ses forces pour la faire advenir depuis cet au-delà. Il a amorcé ce qu'il appelle le « contrécrire », consistant par les mots et sous une forme très simple à dégager ce qui consacre l'inutilité de la plupart des paroles. Autrement dit : « Tomber en trombe dans la forêt des développements, briser tous les miroirs. Plonger au sein des paroles pour en retirer l'idée devant laquelle elles reculent toutes comme un brouillard [11]. »

C'est là une démarche proprement mystique, dont on peut se demander si elle n'a pas toujours été la sienne en écriture : la recherche d'un langage qui livrerait passage au silence.

Un changement de perspective se serait, semble-t-il, instillé peu à peu dans sa conscience. Après avoir conçu le langage comme une forme de vie à lui tout seul, il commence de l'entrevoir aussi comme un chemin qui, à travers l'inspiration poétique, jette « un pont entre la vie intérieure et le monde réel ». Le changement est d'importance puisqu'il déplace le centre de gravité du poète, abolissant son individualité pour le rendre *médium* d'une vérité qui l'inspire et le traverse de part en part.

25.

« L'autre versant de ce que j'aime »

Le Cahier noir, publié après les grands textes, en tout dernier, au moment où apparaît comme dessiné en filigrane le portrait de Joë Bousquet par Hans Bellmer, s'impose par son caractère résolument érotique. Il présente la face interdite, déjà pressentie dans les lettres à Ginette, la face cachée, en tous les cas, d'une œuvre complexe où s'alternent les transparences et les opacités. Il semble, à le lire, que l'on atteigne le noyau, le magma de l'œuvre, la part de transgression, où s'est jouée toute la part lumineuse, l'une et l'autre toujours imbriquées et embrasées l'une par l'autre, abolissant toute frontière entre érotique et mystique.

Ce cahier n'est pas noir par hasard. Sa couleur est un choix délibéré, comme celle des autres cahiers. Avec lui nous abordons « l'œuvre au noir », le plus enfoui, le plus souterrain de l'imaginaire du poète, le plus indicible parce que le plus interdit : le domaine de la transgression sexuelle. Mais n'y étions-nous pas déjà rentrés, depuis son adolescence et, par la suite, avec la blessure qui a fait basculer sa vie hors des normes ? Dès l'aube de sa vie, Joë Bousquet voulut faire rendre à la sensation tout ce qui se pouvait par le langage. Là est l'aventure de sa vie.

Le Cahier noir se présente d'abord, très immédiatement, comme un écrit de l'obsession. Le poète est assiégé par la vision d'une très jeune fille lui dévoilant sa croupe charnue et réveillant en lui d'abord une désir de violence (lui donner une fessée), puis de pénétration sodomique, s'y prêtant complaisamment en une jouissance où se mêlent le plaisir intense pour lui, et la douleur mêlée de plaisir pour elle. La même scène va se répéter à l'infini en des théâtres d'opérations variés. Répétition de l'obsession, ou du fantasme, qui tourne très vite à l'incantation comme si le langage pour la décrire avait le pouvoir de faire réellement revenir une scène fondatrice à propos de laquelle Joë Bousquet a un jour reconnu : « Je n'ai jamais connu de joie extrême qu'en possédant une femme d'une façon particulière[1]. » Le livre est un long chant érotique destiné à faire advenir par les mots ce qui fut jadis physiquement possible.

Au fil des pages, en longues tirades comprenant des rythmes lents, d'autres effrénés jusqu'à l'extase par répétition inlassable du thème, s'ouvrent des territoires de sensation et de connaissance nouvelles. La scène se déroule toujours dans le halo de l'amour passionné, mêlé de tendresse pour une jeune fille dont le modèle existe parmi les jeunes femmes qui entouraient le poète et lui vouaient un amour exclusif. Il ne semble pas que l'érotisme, des plus charnels chez Joë Bousquet, ait jamais été distinct de l'amour : « Dès que je la vois je me sens comme expulsé de moi-même et plongé dans les plus épaisses ténèbres de la vie physique[2] », écrit-il à propos, sans doute, de Ginette. Il semble donc que la scène ne vise pas seulement la jouissance érotique, mais au-delà d'elle une reconnaissance, ou des retrouvailles, de l'être avec lui-même – une réunification de ce qui était séparé (ou déchu) : « Et moi, je me pénétrais moi-même dans cet accouplement, je pénétrais dans son image chassée de son désir, ma propre image qu'elle élevait au-dessus de son être humilié : Je pénétrais ma forme dans un berceau de terre et de vent et je me traversais du souvenir du ciel dans ce stérile et dérisoire accouplement[3]. »

199

S'incorporer l'autre c'est se changer en l'autre, se substituer
à l'être aimé, le posséder si complètement qu'il en devient
femme par la pensée. Il en fait l'aveu à Ginette dans une
lettre d'une franchise limpide, qui éclaire peut-être tout *Le
Cahier noir* : « Je n'ai pas connu d'homme, et j'adorais les
femmes. Un jour, à vingt ans, dans les bras d'une femme
j'ai senti à travers l'imperfection de mon plaisir, comment la
volupté me suspendait au-dessus de moi-même, se réservait
dans le sentiment que j'étais un homme, et j'ai compris : je
voulais me substituer à l'être que je possédais, je me sentais
me rêver au-dessus de lui, et ma réalité passait dans cette
femme foulée par mon amour. J'ai entrevu dans un éclair le
plaisir d'une femme qui, à l'esprit d'un homme, reste inima-
ginable. [...] J'ai senti dans ma chair comment vous cédiez,
vous autres. [...] J'ai tout compris : j'étais, en puissance, féminin. *L'amour d'une femme n'était que mon désir de me changer
en elle.* Si j'étais en moi-même homosexuel, c'était homosexuel passif. Je le sentais. Je n'avais qu'à essayer. *Je n'ai pas
voulu.* Car ma personnalité aurait sombré. J'aurais rencontré
le plaisir le plus haut, mais j'aurais perdu ma maîtrise de moi.
C'était l'abjection. Je n'ai pas voulu. Mais, penché sur cette
disposition intérieure, écoutant cette ombre d'une sœur que
je portais en moi, j'en suis arrivé (compensation inouïe) à cet
instant de divination qui fait que tout se passe comme si je
me parlais à moi-même quand je veux tenter une femme[4]. »

Par la sodomie, constamment renouvelée en imagination
dans *Le Cahier Noir*, Bousquet s'éprouve femme en même
temps qu'il « dématernalise » sa partenaire. Chacun des
amants, expulsé de son identité sexuelle, s'incorpore physiquement, mais plus encore mentalement, l'autre allant jusqu'à anticiper ses réactions et ses désirs. Dans la transgression
sexuelle ainsi décrite en une suite de variations, se révèlent
l'ardente fusion amoureuse, la quête d'une dépossession de
soi, y compris de l'image de soi masculine ou féminine, par
un retour à l'androgynie primordiale. C'est là où l'on

retrouve le grand Bousquet, dans sa lutte magnifique pour détruire toute image de soi, au regard des autres, certes, mais d'abord et avant tout en son for intérieur.

Lorsque, en 1945, Bousquet rencontre l'œuvre de Hans Bellmer, il commence à correspondre longuement avec l'artiste. La découverte des dessins et des photographies de la poupée suscite son enthousiasme : il y voit une expression graphique (ou visuelle) de sa théorie érotique. Tout de suite, il propose à Bellmer une collaboration, une création commune (à laquelle ils associeraient Y., une belle admiratrice de Joë Bousquet).

« Je sens qu'un peu de mon avenir est dans le vôtre[5] », écrit-il en janvier 1945 à Hans Bellmer.

A voir le travail de son ami, le poète est animé d'une fièvre créatrice et d'une véritable exaltation. Il se confie à lui en de longues lettres où se révèle un aspect moins connu de sa pensée. Nous apprenons, à travers cette correspondance, qu'il traverse une période de complète métamorphose de son œuvre. Il s'explique sur les découvertes qu'entraînent les dessins de Bellmer, pour lui de nature cosmique et spirituelle. Il s'en explique avec une précision enflammée, comme si soudain s'étaient éclairés des pans entiers de son être. « N'oubliez pas mes points de départ, écrit-il à Bellmer. Ils supposent que toute tendance sensuelle s'intègre à la gravitation cosmique c'est-à-dire qu'elle se l'intègre[6]. »

Cette conception cosmique de l'union sexuelle est de toute première importance chez lui : « Il n'y a pas un désir où l'attraction solaire ne compense l'attraction souterraine[7]. » Et il ajoute : « L'homme veut plus que pénétrer la femme, pénétrer le rêve qu'elle fait d'être lui », c'est-à-dire la retourner, comme les doigts d'un gant se retournent, et par là ouvrir un nouveau territoire.

C'est à cette époque, et dans ses échanges avec Bellmer,

que Bousquet réalise à quel point sa vie est une, de l'érotique à la mystique, du corps amoureux au corps blessé un seul mouvement, une même métamorphose, un même miracle : celui de la découverte d'un espace dans l'espace où peut s'accomplir l'unité de l'être. Dans la différence sexuelle, comme dans l'atteinte corporelle de la blessure, l'unité s'était perdue. Et pourtant, c'est au cœur de ces impossibles corporels que se révèle l'éblouissement de la découverte d'un espace intérieur où devra éclore la vie, donnée au départ comme un simple bourgeon. Plus grande est la douleur, plus grande l'exigence : « Il faut que ma nouvelle entreprise recouvre entièrement cette douleur, qu'elle ait toute la hauteur d'une vie à sauver [8]. »

Cette nouvelle entreprise s'apparente à l'alchimie. Il le sait. Il s'agit de transmutation, celle qu'il a vécue jusque-là : « Ma transformation morale a dénaturé mon infirmité, a créé la nécessité interne de l'accident que fut d'abord ma blessure [9]. »

Nécessité interne engendrée par le corps lui-même qui va bien au-delà de l'acceptation, à cette époque, de l'accident en le rendant indispensable : la blessure nécessaire pour que l'être soit. Et le corps faisant bien plus que consentir à la blessure en la « naturalisant » : c'est un terme surprenant qu'emploie là Joë Bousquet, changeant ainsi l'événement qui coupa sa vie en deux, en le faisant passer de l'état d'accident à celui d'essence. Naturaliser, c'est faire sienne charnellement cette blessure, se l'incorporer comme si elle avait toujours été, comme si elle devenait de l'être absolu, avec tout ce que cela comporte de sensation et d'incarnation érotique aussi bien mentale que spirituelle.

La sensation est un infini, ou du moins elle comprend un infini possible pour peu que l'on consente à lui donner sa profondeur. Et l'on sait combien chez Joë Bousquet cette conception de la sensation est surtout une pratique éprouvée. Dans l'une de ses lettres à Bellmer, il rend compte d'une découverte au sujet de la vision, découverte fondamentale pour sa représentation de l'érotisme. Il s'agit du phénomène d'accommodation visuelle dans lequel tout le corps participe. Le phénomène d'accommodation en effet ne se propage pas seulement dans la vision, mais aussi dans toute la musculation. Bousquet en déduit que « l'œil n'est pas fait pour voir, mais pour adapter l'homme à l'action qu'il va accomplir ». Les fibres nerveuses de l'œil agissent comme « un pantographe géant ». Par l'œil, l'homme s'incorpore ce qu'il voit. Le sens de la vision serait en quelque sorte avaleur d'images et la vision un organe de l'érotisme. Qui plus que lui pourrait en témoigner ?

Il existe un rapport étroit, écrit Joë Bousquet, entre la forme extérieure perçue et la courbure intérieure du corps (viscères, lobes cervicaux, globes oculaires, etc.). En somme, le corps « comprend toute l'échelle de la matière » depuis la forme jusqu'à l'esprit.

Cette conception cosmique du corps humain amène Joë Bousquet à écrire, dans une lettre à Magritte : « Mon corps est le firmament de tout le réel imaginable [10]. » Il comprend sa propre nuit : « Le dedans du corps est la nuit originelle de tous les objets que nous découvrons... le corps a donc toutes les profondeurs de la planète. » Témoignage authentique d'un homme qui eut à penser véritablement son corps comme un étranger familier à chaque heure de sa vie et qui réussit, en le pensant comme une planète intérieure, à l'explorer dans toute son étrangeté. Le cas limite a beaucoup à nous apprendre sur nous-mêmes. Parlant de son propre corps, Joë Bousquet ajoute, dans sa lettre à Magritte : « C'est une carte des terres, des choses et du ciel que l'on avait roulée et qui s'est mise à vivre dans le coin où on l'abandonnait [11]. »

Lui n'a cessé de dérouler cette carte qui constitua son unique et réel trésor.

Pour avancer dans la compréhension de l'érotique de Joë Bousquet, il faut relire attentivement les lettres qu'il écrivait à Ginette vers la fin de sa vie, alors que la jeune femme était mariée et mère de famille. Le poète revient à l'amour lucide qu'il portait à son amie et qu'il décrit comme une folie d'essence poétique.

« Cet amour, lui écrit-il, était, contrairement à l'usage, fondé sur une exacte connaissance de ma misère : il ne m'aveuglait pas sur moi-même. Plus je t'aimais, plus je voyais mon infirmité ; plus je sentais donc la folie de t'aimer. Or explorer dans la conscience de ma dégradation la folie de t'aimer, c'était courir à cette unique folie, la vouloir unique, entière... Or, sous cet engagement, il te faut voir, non des mots, des hyperboles, mais un lent travail de cristallisation que j'ai continuellement observé[12]. »

Cette folie, Joë Bousquet la décrit comme une descente, en lui, vers des zones obscures, des zones où s'accomplit une révélation de l'être.

Ici sans doute Joë Bousquet exprime l'une des constantes les plus essentielles de sa vie, le fait que l'amour charnel a toujours été pour lui un fait d'ordre poétique et mystique, le visage même de l'aventure qu'a été sa vie dont les risques insensés l'auront amené aux portes d'une révélation, ce qu'il évoque dans une autre lettre à Ginette : « J'ai eu ma vie, je l'ai cassée. Il reste ma certitude que je devais exister, agir ainsi, qu'il fallait tout cela – et le risque insensé que j'ai créé... pourquoi ? Pour un inconnu dont je n'ai saisi encore que très furtivement l'image entre tes bras. Et le risque, c'est celui des mystiques. *Créer et creuser un abîme où s'enfoncer à la recherche de la toujours plus improbable chance de salut*[13]. »

Créer un abîme. Telle est la démarche du poète, anticipant toute peur, celle d'être l'infirme que les autres voient, celle d'une identité, celle d'une minéralisation de la vie. Ainsi l'homme immobile doit-il plus que tout autre retrouver en lui, dans les cavernes de son âme, la source du mouvement. Raison pour laquelle il se présente à nous comme plus éveillé, plus sensible à tout ce qui peut entraver la vie et en gêner le développement. Il voit et il ressent ce que d'autres ne peuvent ni voir ni ressentir.

Pénétrer l'aimée par le regard et se pénétrer d'elle, dans une tension vers l'androgynie, jusqu'à la fusion qui le rendait femme et la faisait homme, était pour lui une expérience de nature artistique, poétique. *Le Cahier noir* représente une tentative de rendre la substance de l'enchantement érotique, la saisie de cet instant unique de l'extase dans ce qu'elle réalise d'explosion de tous les repères d'identité et d'incorporation. Danse incantatoire autour de l'Absente ou de l'Impossible charnel, danse de mort autour du sacré enfoui dans le corps fait d'humeurs, de viscères et de sécrétions, cet intime inconnu. La chair sacralisée comme voie vers l'Etre, la chair transmuée en un seul être androgyne – l'impossible.

L'attrait fulgurant pour l'œuvre de Bellmer ne durera pas. A partir de 1946, Bellmer commence à l'ennuyer par ses plaintes continuelles et ses provocations. Installé à Carcassonne depuis 1944, il vit à la charge de Joë Bousquet qui l'entretient et lui trouve des commandes auprès de ses amis. Peu à peu Bousquet se lasse.

Dans une lettre d'août 1946 il exprime un profond agacement devant le manque de rigueur de Bellmer vis-à-vis de son œuvre : « Votre inconscient ne veut pas que vos dessins vous quittent. Vous les exécutez sur un papier qui les voue à une prompte destruction. Même vos portraits, vous les faites sur un papier trop fragile. Cela déplaît (ce qui vous plaît). » Quelques lignes plus loin, Bousquet lui reproche ses goûts de bourgeois : « J'ai – pardonnez-moi – rigolé comme un Templier en lisant que votre chambre au *Terminus* vous coûtait 1 000 f par semaine, AVEC PETIT DÉJEUNER.

» Qu'est-ce que "le petit-déjeuner" ?

» Ecoutez cet aveu : je n'ai, depuis l'âge de 18 ans, *jamais déjeuné. Par mépris.* Pour de pauvres types de professeurs célibataires que cette question imbécile empoisonnait (réchaud dans la chambre, chocolat, café à moudre... A se marrer).

Eussé-je été cent fois millionnaire, plutôt que de me laisser emmerder par cette habitude de c... j'aurais préféré garder dans ma poche un croûton de mon dernier dîner. Je nie ce qui est sans importance. Et rien n'a d'importance sinon ma culture, mon œuvre, où mes amitiés et mes amours sont compris. [...]

» Un artiste c'est avant tout *une force*. Il me semble que le mot : *petit déjeuner* me ferait tomber raide...

» Pratiquement : édifiez un plan pour vivre sur des ressources normales. Ne vous condamnez pas vous-même en vous définissant par les misérables exigences d'une vie bourgeoise.

» *Si vous ne vous armez pas de ces certitudes, vous êtes compromis dans vos possibilités créatrices*[14]. »

Un peu plus tard, il fera ce constat : « Bellmer me fatigue ! »

Le même Bellmer a dessiné en 1945 un admirable portrait de Joë Bousquet, dont le visage méditatif semble émerger du magma.

26.

Seconde métamorphose

Il semble que la rencontre avec Simone Weil ait été beaucoup plus décisive encore pour son œuvre qu'il n'y paraît. Elle marque le début d'un renversement de ses valeurs. Lorsqu'il écrit : « Mon œuvre commence en 1943 avec l'élaboration d'un langage sans métaphores[1] », Joë Bousquet s'attelle à la dernière partie de cette œuvre. Il décide d'abandonner un certain lyrisme et des artifices qui lui étaient d'autant plus naturels qu'il usait beaucoup de la métaphore et de l'analogie. Il délaisse aussi, à cette époque-là, le foisonnement surréaliste, une certaine inspiration voguant librement dans les territoires de l'inconscient ou de l'imaginaire. Il ne s'agit pas de domestiquer le langage, certes, mais de l'épurer pour le faire rayonner plus encore. Une telle démarche correspond, pour lui qui a déjà quarante-cinq ans, à un dénuement général, lié à sa condition physique. Depuis sa grande maladie de 1939, les crises d'urémie et les infections se succèdent dangereusement, le laissant chaque fois plus faible et plus épuisé.

En décantant son langage, le poète est animé d'une intention très précise : en s'en tenant désormais à une description sèche de faits hautement significatifs, il désire s'approcher plus encore du réel : « La réalité est toute dans chaque objet. Pour s'en apercevoir : saisir la réalité dans une de ses visions qui ne laisse rien hors d'elle : un langage entier[2]. » Il avait écrit à Maurice Blanchard : « Par les biais les plus singuliers, je vais des langues anciennes aux expressions les plus neuves de la vie des rues. Je cherche un langage[3]. »

Le langage qu'il cherche viendra du réel. Il s'apparente peut-être à ce vieux souhait huguenot inscrit sur le pourtour d'une fenêtre de Vézelay : *Conveniant rebus nomina faxo suis.* Une adéquation parfaite entre le nom et la chose – entre le langage et le réel – car c'est le réel qui contient l'art en germe. Plus que jamais, le poète qui a été amputé d'une part du réel rappelle qu'il faut à ce réel prêter une attention passionnée, car « l'attention créatrice délie la langue de la vie[4] ». Et Bousquet d'écrire à maintes reprises que c'est à l'art de faire les artistes et non aux artistes de faire de l'art. « Il faut délocaliser l'art », écrit-il encore. Cette conception nous ramène à sa certitude vécue que ce sont les faits eux-mêmes qui contiennent une puissance poétique à laquelle il n'est point besoin d'ajouter des enjolivements ou des doublages métaphoriques. Si la réalité est tout entière dans chaque objet, comme il le pense, le langage nouveau aura pour fonction d'en capter tout le rayonnement et toute la portée. Pour lui, cette nouvelle démarche poétique prendra la forme du conte et celle de poèmes en rimes.

Dans ses lettres à Magritte, Joë Bousquet précise, en l'exprimant différemment, cette nouvelle recherche : « Il s'agit pour moi de tenter, par un vrai coup de théâtre, une annulation de ma vie subjective, alors qu'elle paraissait devoir être tout. » A ce sujet, se référant à Raymond Lulle, il définit magnifiquement, dans l'une de ces lettres, le sens du verbe « être » :

« Le verbe "être" est un *intransitif* dont nous ne disposons que par abus – non qu'il ait été ravi à un dieu comme il est facile de l'écrire par métaphore, mais parce qu'il introduit dans un langage lié à nos puissances d'action un mot irréductible à nos actes et à nos pensées, un mot chargé d'explosifs que nous n'évaluons que sur leur poids. L'être d'une chose

suppose la totalité de l'être, c'est-à-dire une réalité entièrement inconcevable et qui ne peut se proférer qu'en glissant
dans l'abstrait. [...] Lulle l'avait deviné : "*est quaedam catena
aurea...*", il est une chaîne d'or... qui lie les uns aux autres
tous les phénomènes de l'univers[5]. »

Ailleurs, il recommande de lever les interdits posés par
l'esprit de justice et par le sens social pour voir « une masse
de réalité se précipiter à pleines eaux dans notre imagination
libérée ». Ici se retrouve le conseil qu'il donnait à Simone
Weil de laisser vivre en elle les perceptions poétiques et mystiques de la foi.

Une seconde métamorphose de son œuvre est alors en ges-
tation, témoignant du dynamisme constant de sa pensée : ce
refus – fidèle en cela à ce qu'il a toujours été – de tomber
dans ses propres pièges, ceux, entre autres, que lui ouvrait
tout naturellement son expérience de blessé. Une fois encore,
au crépuscule de sa vie, Joë Bousquet cherche à renaître des
cendres de ce qu'il n'est déjà plus ou de ce qu'il se refuse à
continuer d'être. Cela apparaît dans une lettre à Bellmer du
22 mai 1946, dans laquelle il fait le bilan de son œuvre littéraire – bilan lucide et désespéré, ou, en tous les cas, revenu
des illusions qu'un écrivain entretient généralement au sujet
de ses écrits :

« Mon œuvre de quatorze volumes, plus quatre ou cinq
ou six à sortir, forme un tout qui se définit du dehors comme
une victoire sur le mal physique et une réduction à zéro de
la condition humaine, c'est-à-dire une sorte de grand espoir
spiritualiste. C'est en regardant cette œuvre se publier et
achever de me définir comme l'homme de ma blessure que je
veux, de texte en texte, désormais poursuivre, haineusement,
contre moi-même, une contre-œuvre, de pure poésie. » Et
un peu plus loin il ajoute qu'il va « tenter une renaissance
complète[6] ». Ce qui le gêne alors, c'est l'aspect prévisible de

l'œuvre accomplie : « On pouvait s'y attendre. L'infirme se pare de son mal. Même incroyant, il se christianise. »

Cette rébellion, ce sursaut de conscience critique, provoqué sans doute par la rencontre de Simone Weil puis, en partie, semble-t-il, par la découverte de l'œuvre de Bellmer, est aussi le cri de colère du créateur devant ce qu'il a accompli, le « déjà fait » si pâle en regard de ce qui lui reste à faire et toujours démenti par la tâche à venir. Cela ne suffit pas. Cela ne suffira jamais : il empêchera toujours ses propres vérités de se poser, de se reposer, et, plume à la main, le poète veillera. Il n'en a pas fini.

« La vie n'est pas à vivre si elle n'est pas consumée dans la recherche d'un introuvable trésor[7]. »

Cette « renaissance complète », ce sera le langage sans métaphore – le « langage entier » – dont il faut comprendre l'enjeu en tenant compte du fait que le poète se voyait privé de son intégrité et qu'il pensait que cette amputation, comme on l'a vu dans la lettre à André Breton, touchait aussi sa création littéraire, son mode de pensée et d'expression, physiologique, intellectuel et spirituel ne faisant qu'un. D'où l'importance de ce langage poétique nouveau, en train de naître sur le cadavre de ses écrits publiés, dont Joë Bousquet se débarrasse aisément, puisque rien ne lui importe d'autre que ce qui est à venir. « Je ne garde que par hasard tel ou tel de mes livres[8] », écrit-il à Christiane Burucoa ou encore : « L'assentiment du public, le suffrage des éditeurs, tout cela n'est exactement rien[9]. » Dans une lettre à Gaston Bachelard, il avoue avoir brûlé d'un seul coup onze tomes de ses journaux : « Dans un accès de folie – je crois – j'ai brûlé onze cahiers pleins de ces intuitions sordides et sûres : c'était une espèce d'autopsychanalyse qui m'a fait peur[10]. »

L'introuvable trésor gît quelque part entre le mot et la chose. Le langage qui le contient et l'exprime sera d'un absolu si radical et d'une si extrême simplicité qu'il conduit nécessairement au silence. En 1944, il écrit encore à André Ferran :

« Je veux, soit dans un dialogue, soit dans un essai, définir mon appétit spirituel. Je voudrais appuyer cette quête sur tout ce que mon expérience m'a fait découvrir dans le domaine des sens. Sous des apparences fort humbles, mon ambition est immense. [...] Faire servir la parole et la poésie à déshabiller la nature de l'homme, à réfléchir dans cette nudité la hauteur où nous sommes appelés. [...] Dans un tel écrit, Dieu ne serait que pressentiment [11]. » Et à Christiane Burucoa, il parle de ses « intuitions mystiques » et il écrit : « Je cherche à *être*. [...] L'homme est cette valeur négative qui ne revêt un soupçon d'être qu'en tendant vers zéro [12]. »

Retournement, renversement, la tâche infinie remet en perspective ce qui a déjà été dit pour sonder les entrailles de l'être. Joë Bousquet rebondit de toutes ses forces dans une recherche métaphysique qui va le mener, lui le Meneur de lune, le « ferreur de cigales », sur des chemins où il se passionnera successivement pour un étrange traité sur les araignées d'eau et pour le dernier essai de Jean Paulhan.

27.

Langage entier

Les premiers écrits de cette nouvelle période, celle du
« langage entier », sont des contes, *Les Contes du cycle de
Lapalme*, et des poèmes en forme de chansons, les poèmes de
La Connaissance du soir. La boucle d'un cheminement magique vers l'enfance, amorcé dans toute l'œuvre, y compris et
surtout peut-être dans les textes érotiques, est en train de se
boucler. Cette remontée de l'enfance, en lui, n'a, au fond,
jamais cessé : le magma originel d'impressions n'a jamais été
recouvert, comme il l'est d'ordinaire par des couches successi-
ves de vie active. Du fait de l'immobilité, chez Joë Bousquet,
l'enfance demeure à vif, si l'on peut dire, et il est possible
d'en reconnaître les traces dans chacun de ses écrits, particulièrement dans les cahiers. Son souvenir n'est pas une nostalgie (douleur du retour), mais une source active, opérant sur
son imagination un effet catalyseur dont il s'émerveille
souvent.

Couché, il est demeuré dans l'irresponsabilité d'un enfant.
Soigné, il a été maintenu dans la passivité physique de l'enfance. Le monde tourne autour de son lit comme une famille
autour d'un nouveau-né. Cette situation exceptionnelle a
dégagé des possibles insoupçonnables. La référence à l'enfance, chez Bousquet, ne signifie nullement une régression
de la pensée. Au contraire, l'irresponsabilité sociale a ouvert

212

au cœur de son existence une liberté métaphysique peu commune, permise grâce à la délivrance des tâches quotidiennes et des devoirs sociaux. En poète, il a saisi cette chance à bras-le-corps et ne l'a plus jamais lâchée : « Je me dois à mon temps qui découvrira dans mon exemple le type d'une vie affranchie de ses exigences matérielles [1]. » Retenons le « je me dois » : la conception de l'art comme devoir envers les hommes.

Les Contes du cycle de Lapalme, situés dans le village de bord de mer où Joë passait ses vacances d'enfant, sont les premiers témoignages de sa résolution de se consacrer désormais à une écriture sans métaphore – gageure pour un écrivain à l'imagination foisonnante ! L'atmosphère des romans s'y retrouve, plus légère, réduite à l'essentiel. La magie s'accroît de cette simplicité. L'étrangeté presque irréelle des personnages y gagne en émotion, en fragilité. Les très jeunes filles, les braconniers, les vieillards, les sorcières, les amoureux sont bien plus touchants que dans les romans où le foisonnement des mots et des images avait tendance à les intellectualiser. Dans les contes réapparaissent le folklore cher au poète, les chemins de bord de mer, les ombres découpées par la nuit, les sorts et les malédictions, les conseils aux amoureux sonnant comme des sentences. Chacun semble bâti autour d'un personnage central pathétique, sorte de double du poète, détenteur d'une sagesse d'outre-monde. Il est tantôt le Roi du Sel, tantôt le jeune homme triste, le parrain de « Celle qui naquit les yeux ouverts », le peintre de « Morte-la-vive », Guillaume l'aveugle ou Bastien, l'homme qui avait trop de cœur. Il lui arrive d'être femme, comme la jeune fille du conte « Demain, c'est toi... » découvrant avec bonheur que sa vie n'est pas repoussée loin d'elle, par l'attente, mais tout près, à portée de main, dans ce qu'elle touche. L'un de ses visages les plus émouvants est peut-être celui du tailleur du « Conte des sept robes », tissant une robe de toiles d'araignées et de fils de la Vierge entremêlés d'ombre et de courants

213

d'air, « une robe de mousseline transparente comme le vent »
pour les sept filles du roi. Dans ce conte, Joë Bousquet a très
probablement mis en scène les sept jeunes femmes qu'il a le
plus aimées : L'Hirondelle blanche, Rose-des-Blés, Le Poisson Rouge, l'Abeille blanche, Saut-de-Rainette, Princesse
Abricot et l'Œillet-de-Mer... faisant jouer à chacune son rôle
de sotte, de frivole, de distraite ou de rêveuse selon les
moments. Lui-même se profile derrière le petit tailleur
insomniaque, dont les yeux ne se ferment jamais – le veilleur –, s'en allant à la fin du conte sur le chemin que lui
désignera l'ombre... Et n'est-il pas reconnaissable dans l'aveugle Peau-de-pioche disant à son ami : « Mon malheur est
plus grand que ma mémoire, il est plus grand que mon esprit,
il est plus grand que lui-même. Mon malheur est son propre
maître. Je le suivrai où il me mènera : il le faut[2] » ?

Chaque conte enchâsse une fable, comme l'enseignement
d'une sagesse venue de ce Midi noir auquel il appartient de
toutes ses fibres, sagesse que l'on pourrait aussi qualifier
d'orientale (à cette époque le Tao et les Upanishad sont
parmi ses livres de chevet) si elle ne rappelait la fraîcheur
des réflexions et des sentences de la servante Françoise (alias
Cendrine, alias Marie) des cahiers et des romans, celle dont
la vigilance et le bon sens populaire apportent si souvent un
apaisement à l'esprit douloureux du poète.

« Ne cherche pas le bonheur loin de toi. Quand tu regar-
des trop loin, c'est toi-même que tu cherches et c'est bien la
seule chose que tu n'aies pas à trouver...[3] » Ou encore :

« Un homme n'a pas le droit de trop regarder ce qu'il
aime. Ne te sers pas trop de tes yeux. Tous les regards ne
sont pas à toi. Fais attention qu'ils n'ouvrent pas la porte à
ce qu'on ne voit pas[4] ! »

Images raréfiées. N'a-t-il pas écrit : « J'ai cherché toute ma
vie le miroir qui ne me renverrait aucune image[5] » ?

Air purifié. Au fil des *Contes du cycle de Lapalme*, le lecteur
pénètre dans un univers magique où défilent au ralenti des

personnages porteurs d'angoisse ou de secrets de vie. Les objets comme les humains s'y colorent d'une inquiétude latente : ils se métamorphosent, jettent des sorts ou portent malheur, les objets se font maléfices et les femmes se muent en sorcières. Cet aspect moins connu de l'œuvre de Bousquet recèle bien des enchantements, au vrai sens du terme. Il a son contrepoint, intellectuel cette fois, et sa clé dans la démarche philosophique qui a occupé toute la fin de sa vie.

D'une tout autre veine, les rimes chantantes de *La Connaissance du soir* évoquent le murmure de la source dans les hautes herbes du jardin de Villalier. Berceuses qui pourraient se chuchoter au bord du lit, quoique leur sens trop énigmatique évoque plutôt le monde des Idées platoniciennes dont la clarté n'apparaît qu'en reflet sur les murs de la caverne à condition de tourner le dos à la lumière. Cette connaissance vespérale, Bousquet l'a puisée chez saint Bonaventure où elle se distingue des deux autres moyens d'accès au divin – la matutinale et la méridienne – en ce qu'elle est une approche de Dieu dans les choses, et notamment par le langage, comme le poète l'explique à Jean Paulhan dans une lettre de 1944[6]. Les mots suscitent une métaphysique, ils sont un moyen d'approcher de l'Etre – et du silence qui le nimbe. La Connaissance du soir débouche sur l'Inconnaissance... Les mots sont en eux-mêmes une voie mystique.

Ces rares poèmes en rime dans une œuvre qui est tout entière poésie en prose peuvent surprendre. Ils furent suscités par Paulhan qui pensait que Joë Bousquet trouverait dans la rime et le quatrain une manière de contenir son génie poétique, qu'il devrait essayer au moins de s'astreindre à cette discipline : « Tu m'as montré comment j'abusais en choisissant parmi mes écrits ce qui était le plus "littéraire", le plus poétique. Après m'avoir rendu ce qui était le plus mien, tu m'as engagé dans l'activité strictement poétique, en m'obligeant à en faire un acte à part, impliquant le recours à une *forme* différente... ce qui n'allait pas sans me donner, dans l'autre voie, la liberté qui m'avait toujours manqué – ce *départ* qu'il a polarisé sur *Traduit du silence* d'un côté, *Mon frère l'ombre* de l'autre [7]. »

L'entreprise sera éphémère. Bousquet avait une réticence profonde à se dire poète avec rimes et rythmes, à la manière des grands qui l'entouraient, Eluard, Valéry ou Aragon. Dans une lettre à Louis Emié, il précise que l'on écrit en vers ce à quoi on ne veut pas qu'un mot soit changé. Ce qui laisse à penser qu'il ne souhaitait pas une « minéralisation » de ses écrits. Il avait d'ailleurs renoncé très jeune à écrire des poèmes. Il en donne la raison dans une lettre à Paulhan en 1938 :

« C'était à Villalier, j'avais vingt ans. Je lisais beaucoup, j'écrivais des sonnets. Un jour j'ai lu l'*Anthologie* du Mercure. Elle contenait le Narcisse de Valéry. "Voilà un homme à qui la poésie n'a même pas apporté de raisons de rester poète. Je n'écrirai plus..." Je viens d'avoir devant *Les Fleurs de Tarbes* une impression bien plus sévère encore [8]. »

Il lui arrivait aussi de se révolter contre cette idée que la poésie serait bien plus facile à un homme déresponsabilisé socialement, considérant, en réalité, la poésie – sa vie tout entière vouée à cette tâche – comme relevant de la plus haute responsabilité.

« Un homme couché et condamné à avoir des serviteurs et des nourritures de choix ne sera poète que par un extraordinaire privilège et à force d'avoir défendu ce qu'il portait d'amour contre la violence faite chaque jour à son esprit [9]. »

S'ils étaient mis en musique, les poèmes de *La Connaissance du soir* s'apparenteraient à des villanelles ou à des virelais, ces courts poèmes à danser. Mais leur signification rejoint la sphère de la philosophie. Dès le départ, il est question d'abolition ou d'oubli du moi : « Ne me demandez pas de vous parler de moi », annonce le récitant... Et pourtant :

En cherchant mon cœur dans le noir
mes yeux cristal de ce que j'aime
s'entourent de moi sans me voir [10]. »

Par le sonnet et le quatrain – le lied, à la manière des
romantiques allemands – Joë Bousquet franchit, semble-t-il,
un nouveau degré de l'être. L'acte poétique le mène à une
sagesse proche de l'équanimité, à « une adhésion à la parole
au regard de quoi vivre et ne pas vivre s'équivalaient [11] ». Une
aura de sérénité entoure ces rimes au cœur desquelles gît
une énigme. Allers et reculs, tournoiements et effleurements
mènent une danse de mort, abritant en son cœur le plus
intime d'une vie :

Possédant ce que je suis
Je saurai sur toutes choses
Que la chambre où je grandis
Dans mon cœur était enclose [12].

Cette manière de danser avec les mots – « Dansemuse » –
ou de penser en poésie – « Pensefable » – se rapproche du
folklore, des sardanes catalanes, des rondes enfantines, de
l'élémentaire mouvement de langage, dernier degré, peut-
être, avant le silence vers lequel tend la poésie lorsqu'elle
s'aventure dans ces zones à l'air raréfié où subsistent des lam-
beaux de douleur...

Mon cœur ouvert de toutes parts
Et l'effroi du jour que je pleure
D'un mal sans fin mourant trop tard
Je ne fus rien que par hasard
Priez qu'on m'enterre sur l'heure [13].

... Des réminiscences de l'amoureuse initiation...

217

Je vous aimais avec mes yeux
Mon amour en aimait une autre
Que me reste-t-il de vous deux[14] ?

... teintées d'absence...

L'absence aux souliers de feuilles
Donne son cœur pour toujours
Au seul galant qui la veuille
Le vent qui change les jours[15].

... teintées de douce sérénité, scorie de consentement à ce que l'on appelle le destin...

Et pareil à la colombe
Qui meurt sans toucher le sol
Entre l'absence et la tombe
L'oubli referme son vol

Mais il survit du murmure
Où tout se berce en mourant
L'amour des choses qui dure
Au cœur d'un mort qui m'attend[16].

La vie poursuit son cours dans les mots, et l'âme songe parfois qu'il est l'heure de réintégrer le corps. Alors le corps se rappelle, bien plus par des aspirations et des nostalgies que par des besoins... souliers de paille ou de pierre, pas sur le gravier, chanson de route, chemin du cimetière, vol dans le vent, ailes de cendres, légèreté, transparence, reflet... tout ce qui lui est interdit, tout cela auquel il aspire, certain qu'en le nommant il le fera advenir. Ce à quoi rêve le poète remonte naturellement à la surface et prend sa place, à travers des mots simples et purs grâce. Ainsi Joë Bousquet met-il l'esprit

de son lecteur en présence de « l'état de manque de mots »,
selon l'expression de Maurice Blanchot. « Il les prépare à cet
autre langage qui rend muet, qui fait apparaître l'inutilité de
toute parole [17]. »

28.

De Mygale aux *Capitales*

Un étrange personnage, désigné sous le nom de « Mygale », apparaît dans *Le passeur s'est endormi*. Son identité est
changeante, tantôt il désigne Myriam, femme aux contours
incertains, cousine d'Elsie, l'amoureuse disparue, tantôt il
désigne le poète lui-même. Cette noire et terrible image,
symbole de terreurs ancestrales, ressurgit dans un passage
douloureux de *Traduit du silence* où il est question de l'usage
de la drogue :

« C'était un soir : Mygale avait de la peine. Et, comme
toujours, il se sentait porté à fuir son chagrin dans l'accomplissement d'une folie.

Mais cela tombait mal. Il n'y avait que trois jours qu'il
avait accompli l'effort nécessaire pour rompre avec ses habitudes de fumeur d'opium. Et le soir même où sa liberté d'esprit commençait à se rétablir, quand il avait besoin encore
de toutes ses forces pour mettre autre chose de bien frêle
encore à la place d'un vice qui l'avait aidé à vivre, quand il
se savait par sa propre volonté désarmé devant la douleur,
une femme jalouse venait empoisonner tous ses songes... [1] »

La tristesse de ce soir-là le ramène vers la morphine dont
il connaît, averti par son père, le risque mortel. Pourtant
l'attrait du toxique est plus fort, tandis que dans le fond de
la scène se profile la mort, sirène ô combien tentatrice...

Mygale saisit l'aiguille, manie la petite pompe de verre, et, pris d'un ultime scrupule, car la seringue est sale, il la nettoie de quelques gouttes du parfum *N'aimez que moi* laissé par son amie. Puis il se pique en songeant que « ce serait une assez belle mort »...

L'origine de cette inquiétante métaphore d'araignée est à rechercher dans un mémoire sur les araignées aquatiques élaboré par un certain abbé Le Large de Lignac, auquel Bousquet fait allusion dans une lettre à Jean Paulhan[2].

Ce texte va le passionner durant plus d'une année. Il en préfacera même une édition prévue dans *Les Cahiers de la Pléiade*, laquelle ne verra jamais le jour.

D'après Thierry Chaumet[3], qui a analysé cette image de l'araignée dans l'œuvre de Joë Bousquet, c'est en lisant un texte de Maurice Maeterlinck, *L'Araignée de verre*, paru en 1932, que Joë Bousquet aurait rencontré le nom de Mygale. Dans ce livre, Maeterlinck fait état d'un ouvrage du XVIIIᵉ siècle écrit par un prêtre de l'Oratoire, l'abbé Le Large de Lignac, à propos des araignées et en particulier de la mygale pionnière et de l'argyronète aquatique. La première vit cachée au fond d'un terrier qu'elle a construit. La seconde, l'araignée d'eau, est un animal amphibie qui trouve sa subsistance dans l'eau alors qu'il a besoin d'air pour respirer. Aussi est-il obligé de bâtir avec ses soies une sorte de bulle qu'il remplit d'air pour pouvoir respirer lorsqu'il est sous l'eau.

Les deux arachnides renvoient au poète un miroir de sa propre existence de reclus, l'une parce qu'elle vit dans un terrier, à son image d'homme enfermé dans une pièce aux volets clos ; l'autre parce qu'elle construit sa bulle de survie, tissant sa toile en forme de cloche, inventant ainsi son propre chemin vers la vie. L'ouvrage le passionne, d'autant plus qu'il a toujours été hanté par l'image de l'araignée qui apparaît à maintes reprises dans son œuvre. Ainsi dans *La Tisane de sarments*, elle apparaît dans un rêve : « Je m'endormais : il y avait toujours dans mon rêve une statue de pierre à la fenêtre.

Une araignée que je ne savais comment ôter de mon veston avait son logis dans une anfractuosité de la pierre. Je m'éveillais : l'araignée était devant moi, cramponnée à mon verre à boire[4]. » Ou encore, dans *Langage entier* : « L'araignée qui tisse sa toile travaille à se donner des ailes ; et croit les voir au premier rayon envoyé par le matin aux rosées qu'elle devait à la nuit. A la première vibration elle s'élance : c'est pour elle s'envoler qu'anéantir la mouche tombée dans ses fausses ailes[5]. »

Le personnage de l'abbé Le Large de Lignac aussi attise sa curiosité. Oratorien atypique, vivant en dehors de son ordre, paralysé comme lui, soigné par une servante, il fume et travaille sans relâche à des écrits de nature philosophique et scientifique aux titres prometteurs : *Témoignage du sens intime et de l'expérience, Eléments de métaphysique tirés de l'expérience...* La question du *sens intime* ou du sentiment d'exister revient chez cet auteur comme une sorte de donnée immédiate de la conscience, antérieure à la pensée et à la raison, une notion d'intuition innée constituant une philosophie de l'existence corporelle qui avait de quoi émouvoir Bousquet puisque c'était là le cœur de sa recherche.

Qu'il s'agisse de la mygale tueuse ou de l'argyronète aquatique, le poète déploie son existence entre les deux pôles, l'une ingénieuse et touchante, l'autre inquiétante et mortelle, d'une araignée occupée à tisser sa toile, prisonnière de cette toile, et pourtant libre d'en tisser l'étendue à sa guise, car l'araignée crée elle-même son propre espace, le gîte dans lequel elle prend au piège les insectes qui seront nécessaires à son alimentation. Système presque complètement autarcique, analogue à l'enfermement dans lequel vivait le poète. C'est aussi le lieu obscur d'où il tire son imaginaire, le magma auquel renvoie Mygale, la noire et mortelle aranéide cachée au creux des pierres ou des vêtements, présence silencieuse, dont l'apparition suscite toujours l'effroi.

Un texte de Bachelard, dans *La Terre et les rêveries du repos*, nous fournit une clé importante pour la compréhension de cette œuvre. Bachelard écrit : « Les pages de Joë Bousquet expriment, sous de nombreuses variations, cette prison charnelle de la nuit, pour laquelle Jonas n'est qu'une histoire trop naïvement contée[6]... »

Aller toujours de l'organique au spirituel, et vice versa, sans jamais se contenter d'un seul plan de réalité... Bachelard avait raison de voir là le témoignage d'un nouvel esprit littéraire... une démarche initiée par les surréalistes, héritiers à cet égard des alchimistes, qui permet à l'image littéraire d'agir à la fois comme image et comme idée.

A la même époque, dans les dernières années de sa vie, Bousquet s'est attelé à la conception d'un livre qui contiendrait l'essentiel de sa pensée, qui serait en quelque sorte sa déclaration de foi. Ce sont *Les Capitales*, un ouvrage qui parut en 1955. Les thèses de l'abbé de Lignac n'y sont pas étrangères, mais c'est avant tout à l'œuvre de Jean Paulhan que Bousquet rend un hommage appuyé. Il établit un lien métaphysique entre le docteur illuminé Raymond Lulle, le docteur subtil Jean Duns Scot et Jean Paulhan en accomplissant un grand écart au-dessus de Descartes, qu'il a au préalable réduit à l'état de cadavre. Dans une langue difficile, véhémente et d'un hermétisme assez opaque, brillent par moment des diamants qu'il faut saisir et tenir. Le livre est écrit sur le mode du conte, avec des têtes de chapitre annonçant le déroulement de l'action, bien que le développement soit essentiellement philosophique. Ce livre testamentaire a la vertu de formuler les conclusions auxquelles était parvenu le poète à propos du langage et du mystère de la création. Etape mystique sans doute, surprenant par son ton critique et polémique, plus caractéristique, chez lui, des comptes rendus littéraires auxquels il s'est livré toute sa vie avec maestria.

Paulhan en lut une première version en août 1942. Il s'en trouva ému et quelque peu embarrassé :

« C'est très bouleversant, les *Capitales*. Naturellement je n'ose pas m'y reconnaître. Je les lis comme une très belle œuvre de toi, où je ne suis guère plus qu'un prétexte innocent. Quand il me faut tout à fait me retrouver ici ou là, je me sens très fier que tu uses de moi comme d'une sorte d'exemple ou de métaphore. Que ce livre m'est précieux ! [...]

» N'es-tu pas injuste pour Descartes ? (Ici Alquié te répondrait mieux que moi.) [7] »

Quant à René Nelli, il jugea le livre truffé de contresens à propos de Descartes chez qui, pensait-il, Joë Bousquet avait confondu pensée et langage [8]. Le livre ne parut pas du vivant de Bousquet. En 1953, Jean Paulhan le fit lire en manuscrit à René Etiemble en lui demandant son avis. Voici sa réponse :

« Eh bien ! Pour un navet ! Léger, mais prétentieux, le Bousquet deux jours après ne me laisse rien de plus précis à vous dire ; Swedenborg et Rimbaud ; Scot et Paulhan, curieuse façon de penser. Et quel sacrifice perpétuel aux dadas de notre temps. Vraiment je trouve ça exécrable [9]. »

Et pourtant, il faut prêter attention à tout ce qui se dit à travers cet ouvrage où s'exprime la très grande familiarité de Bousquet avec la scolastique médiévale, surtout Raymond Lulle et Duns Scot, mais aussi saint Thomas d'Aquin et saint Bonaventure auquel il emprunta la notion de *cognitio vespertina* (« connaissance de Dieu par la clarté qui subsiste en ce monde ») sous l'égide de laquelle il a placé son œuvre poétique.

Nelli jugeait en professeur de philosophie, mais non en artiste. Or tout le développement de Bousquet dans *Les Capitales* est une tentative de compréhension de l'acte créateur. L'amour qu'il portait à l'œuvre de Raymond Lulle court tout au long de ses cahiers. Le philosophe alchimiste est certainement son compagnon le plus fidèle des nuits de solitude et de peine. Lulle l'a passionné plus que tout autre :

« Raymond Lulle réclame trois mois d'une attention intelligente à qui voudrait assimiler son Grand Œuvre. Si l'élève a plus d'esprit, il lui faudra deux fois plus de temps, mais une année entière s'il bénéficie d'une intelligence tout à fait exceptionnelle [10] », et Bousquet d'ajouter : « A René Descartes, il aurait fallu deux ou trois existences pour comprendre Raymond Lulle. » Le ton est donné. Une attaque en règle se profile : Bousquet reproche à Descartes une tricherie aux conséquences inestimables et le considère comme un penseur acharné à réduire le mystère de l'homme (idée que n'aurait pas reniée Jean-François Revel avec son *Descartes inutile et incertain* !). En réalité Descartes n'est qu'un prétexte, un repoussoir servant à Bousquet à affirmer sa propre recherche de cette clarté si simple qu'elle est inaccessible à l'intelligence la mieux structurée. Il suggère pour cela de tenir sa pensée en quarantaine afin d'appréhender « cette évidence hors de tous les liens ». L'homme de lettres doit quitter son art, écrit-il, afin que son art ne le quitte plus, paradoxe d'« une vie cachée dans le grand jour [11] ». Ce qu'il recommande, c'est de faire une place à l'inexplicable afin de laisser grandir en soi cette intuition de l'être absolu que tout homme porte en lui, atteindre et laisser vivre en soi ce « conservatoire inaccessible du naturel [12] ». C'est en un sens le contraire de la démarche cartésienne. Et l'on retrouve bien là le grand Bousquet soucieux de vouloir toujours ce qui est en nous, gisant, à dévoiler, et de laisser agir en lui le principe inconnu dont le langage est la première manifestation, la première incarnation, la forme même.

Ce très beau passage sur Raymond Lulle témoigne de cette démarche résolue à ne jamais se dérober à l'ombre qui est en nous : « Quiconque nie l'être se nie lui-même. Bien plus, sa négation même exalte l'être ; elle le pose comme une Parole inséparable des choses et qui régit leurs différences... L'auteur du Grand Œuvre nous a appris que la créature continuait Dieu comme à la montagne s'attache la vallée, qu'elle emplit d'ombre. Comme elle se connaît, elle connaîtra son créateur [13]. »

Ailleurs, il réclame une connaissance qui soit livrée pleinement aux événements (n'est-ce pas là toute sa vie ?) afin de « faire tressaillir en nous la nuit d'avant nos yeux : Connaître afin d'apprendre à ne pas connaître, nous irons jusque-là [14] ». Connaissance qui n'a plus rien de rationnel, mais qui se rattache à une participation spirituelle à l'Etre, passant, chez lui, par les profondeurs charnelles.

L'Inconnaissance sera la dernière étape de la vie du poète...

29.

Inconnaissance

Joë Bousquet entre alors dans une période de grandes souffrances physiques. A partir de 1947, les crises d'urémie se font plus fréquentes et de plus en plus graves. Il en relève les détails avec un souci de précision extrême, habité par la conviction que ce corps observé – le sien – le portera toujours plus loin dans l'Inconnu. L'immense tâche qui consistait, dès le moment de la blessure, à se « réincorporer » n'est pas finie. Il s'y appliquera jusqu'à son dernier souffle : « Il s'agit beaucoup plus d'entrer dans son corps que d'en sortir. Le vrai problème mystique, y compris l'instant de la mort, c'est la naturalisation de l'âme[1] », écrit-il dans son dernier recueil, les *Notes d'Inconnaissance*, dont le titre n'est pas sans évoquer le grand texte mystique du XIVᵉ siècle *Le Nuage d'Inconnaissance*, écrit par un auteur anglais dont l'identité nous est inconnue.

Le poète accompagnera son corps jusqu'au bout, notant sa progression vers cet instant où pourra se réaliser l'union impossible, où s'accomplira l'intuition parfaite en lui du langage enfin entier en lequel se résoudront tous les déséquilibres : « Mourir signifie peut-être qu'un esprit échappe à l'illimité et qu'il se forme un homme à l'ombre d'une vie bouclée. Une leçon de bonheur qui change les échelles morales[2]. »

Dans le *Journal dirigé* qu'il tient autant à bout de plume qu'à bout de forces, il entame sa descente dans le gouffre de l'urémie. Crises aiguës qui lui nouent l'intérieur ou crises glacées, se manifestant par un « froid illimité » qui s'empare de tout son corps. Il claque des dents pendant des jours entiers et, comme un bateau sur une mer démontée, voit sa coque sur le point d'éclater ; il sent sa résistance faiblir. Des congestions pulmonaires, un empoisonnement du sang et des humeurs s'ajoutent et contribuent à plonger ses entrailles dans un effroyable et purulent chaos. Dans ces moments-là, sa lucidité reste vive. Les mots continuent de se former et le langage d'incarner la conscience de ce qu'il vit. Il continue d'écrire et de donner ainsi corps à la nuit traversée.

« Un espace à perte de vue entre le souffle et la chair, l'immensité si hors de mesure que, dans le corps où elle a dépassé l'ombre et la nuit, et l'espace, elle n'est plus que la palpitation silencieuse du corps inutilement créé [3]. »

Des pages magnifiques témoignent des champs poétiques ouverts pendant et après la crise, à l'approche de la mort : « J'avais pénétré dans des endroits que mon regard avait pris dans mon cœur [4]. » Bousquet décrit ces réalités comme étant les instants où il atteint à ce qu'est la vraie vie, « celle dont la pensée est le pressentiment et notre existence la prison [5] ». Il reçoit, dans une illumination, le sentiment, à l'instant de quitter son corps, de l'habiter enfin pleinement. Le paradoxe n'est qu'apparent et nullement dicté par on ne sait quel idéalisme. C'est là l'émouvante beauté et la cohérence d'une œuvre-vie tout entière entravée : la révélation de ce qu'il nomme l'âme enfin tout à fait incarnée. Démarche philosophique autant que physiologique, car il s'agit bien, chez Bousquet, depuis le début, et sans doute bien avant la blessure, dans les mouvements instinctifs de la jeunesse, de faire rendre à la part obscure et maudite de l'homme, à la nuit qui est en lui, l'immensité de son rayonnement ; de voir là, dans le noir de source – constitué de pesanteur, d'humeurs, de peines, de tortures physiques, au fond de ces ténèbres appelées généralement le malheur ou le mal, auquel nul homme n'échappe –, l'écrin même de l'illumination de l'âme.

Comment ne pas songer ici à Georges Bataille, qui écrivait : « La nuit aussi est un soleil » ? Leurs expériences intérieures respectives se ressemblent dans la transgression, dans l'idée que c'est dans l'obscur que se tient le secret de l'être. En réalité, elles vont à l'inverse l'une de l'autre. Parti d'un oui entier à la vie, Bataille voulut atteindre la mort – petite et grande – par le chemin de la déchéance et il en explora tous les possibles. Bousquet fut contraint de partir du traumatisme et de la mort pour remonter jusqu'aux sources de la vie et de l'être qu'il trouva dans le langage. Pour l'un, le choix fut d'aller vers la mort. Expérience délibérée. Pour l'autre, il n'y eut point de choix possible, seulement une nécessité de vivre dans cet espace raréfié où le laissait sa blessure – et il en fit un palais des Mille et Une Nuits.

Leurs trajectoires se frôlent sans doute à l'instant de l'illumination au cœur du plus obscur de l'expérience intérieure, mais ensuite leurs chemins ne se rejoindront plus, car pour l'un la jouissance est dans la mort et pour l'autre elle est dans la vie en laquelle il a déposé tout son être.

30.

Nuits

L'œuvre entière est un hymne à la nuit, un va-et-vient entre une amoureuse délectation de la nuit cosmologique en laquelle s'accomplit l'essentiel et une conscience aiguë de ce noir de source qui est en nous et nous taraude de son invincible opacité. Déjà les titres de ses livres en disent long à ce sujet. Le tout premier s'intitule *Il ne fait pas assez noir*. Suivront : *Le Rendez-Vous d'un soir d'hiver, Le Meneur de lune, La Connaissance du soir, L'Œuvre de la nuit, Le Mal du soir...*

Joë Bousquet a reconnu son goût pour la nuit. Très jeune, très tôt, enfant déjà il s'échappait le soir pour s'aventurer dans les rues sombres de Carcassonne, échouant parfois à la porte d'une taverne ou d'un bordel. Déjà dominait en lui l'attrait pour ces heures où s'intensifiait le désir de vivre lorsque tout sommeille. Leur charme s'aiguisait sans doute de la transgression, au-delà du sommeil, au-delà de la lucidité par l'usage des drogues. Il est homme du Sud, sensible à ces secrets révélés par les nuits d'été dans ce Midi noir, lorsque de la chaude douceur monte une chorale de bruissements et de stridulations, de frôlements et d'appels, d'odeurs entêtantes, lorsque le murmure des ruisseaux est rendu plus cristallin par le silence des humains. La nuit rapproche le poète du cœur des choses en élargissant les limites de l'espace. Sa magie, Bousquet l'a souvent décrite, surtout à Villalier dans la pièce ouverte de plain-pied sur le jardin, cette pièce où, de son lit, il veille, aux aguets de toutes sensations possibles, dans l'attente de la femme aimée, Alice, Ginette... les passagères de la nuit : « L'air était tendre et contenu. La nuit immobile, dans sa luminosité prise aux magies d'une transparence éternelle, semblait regagner insensiblement sur la vague d'argent de ses heures vivantes les murailles et les végétations que j'avais sous les yeux et sur la pureté de leurs contours géométriques inventer des limites à sa propre beauté[1]. »

La nuit est à la poésie et à l'amour associée. Elle offre ces longues stances de silence et de solitude qui sont les berceaux de son inspiration poétique. Certaines pages restent inoubliables :

« Nuits bleues, nuits vertes, nuits noires, nuits dans les fers, oiseau de nuit de l'autre nuit qui avait pris, pour me fuir, la forme d'une femme ; c'est le vent qui parle tout seul, nuits de ma peur, nuits de cyprès, nuits qui n'ont pas voulu de moi, mon âme n'est pas revenue.

» L'éternité dans ton absence, grande nuit de l'amour où je ne fus jamais qu'une pensée de désespoir.

» Ma jeunesse est morte en chantant, nuits habillées de blanc sous les mains chaudes comme des cœurs, toutes les nuits qui refermaient les portes sur les portes dans les matins couleur de chair.

» Pour que la nuit jamais rêvée gonflât ses voiles dans la pensée d'un monde trop beau pour se souvenir que j'avais souffert[2]. »

A mille détails infimes, il apparaît que l'œuvre a été écrite dans la pénombre et le silence, presque dans le noir, au propre comme au figuré, à ces moments de confrontation tremblante avec l'inconnu, sans le risque de l'interruption que nous connaissons trop souvent dans la vie diurne. Le poète observe les silhouettes qui se découpent dans l'obscurité, il est à l'affût des bruits infinitésimaux comme la chute d'un pétale de pivoine sur le parquet. Les tableaux de sa chambre prennent un relief singulier, le petit nu de Fautrier s'anime, la forêt de Max Ernst l'enveloppe et l'enchante. Rien n'est banal. Chaque objet se drape d'immensité. La nuit s'allie naturellement aux métamorphoses qu'il conduit en son for intérieur. Bousquet a fait le choix de la nuit. Il a installé son langage dans cet écrin où il puise ses sensations. Lentes transformations des apparences, imperceptibles glissements, dessillements, extension du champ de vision... Au cœur de la nuit, l'arbre mort se transforme en sorcier, l'oiseau à lunettes devient Dame blanche à la respiration remplie de présages, les pas de l'amoureuse crissent sur le gravier, la mort amie fait de brèves incursions dont aucune trace ne subsistera au lever du jour, l'amour révèle des féeries. Une autre face de la vie apparaît et c'est celle-là que poursuit ardemment le poète.

Novalis est tout proche :

« Mais moi je me tourne vers la Nuit sacrée, l'ineffable, la mystérieuse Nuit. Là-bas gît le monde, au creux d'un profond sépulcre enseveli[3]. »

Bousquet aussi va se tourner vers la nuit. Un jour, il choisira de ne plus ouvrir ses volets et d'établir une parfaite continuité de pénombre dans sa chambre, comme s'il voulait abolir le temps. Une fois acquis ce renoncement au jour, le poète sonde la nuit pour en révéler les ressources de beauté et de lumière. Et ce sera toute sa tâche d'en creuser les profondeurs pour lui faire rendre toute sa clarté.

Mais il est une autre nuit, chez Bousquet, qui rend compte d'une expérience physiologique autant que spirituelle. Le poète sait qu'il existe un soleil souterrain dont l'attraction conduit les actions corporelles et les pensées. C'est ce qu'il appelle la « nuit d'outre-noir » ou le « noir de source » dont il s'explique à maintes reprises, en particulier dans une lettre à Magritte : « Il y a deux noirs : le *noir d'éclipse*, le *noir de source*. L'homme ne connaît que le noir d'éclipse. *La couleur seule le mène vers le noir de source.* [...] La nuit que nous habitons n'est pas la nuit, mais l'absence de jour, l'ombre que la terre fait sur elle-même. La visière de la casquette.

» La nuit mangeuse, antipodique du soleil, n'est pas celle que nous habitons, elle nous habite, elle a ses astres dans la terre... [4] »

C'est là pour Joë Bousquet ce qu'il appelle « une physique du bon sens » occultée par des siècles de spiritualisme. « Purgez votre regard, écrit-il. L'existence du noir de source ne peut se mettre en doute, il ruisselle dans la pourpre des volcans et du sang, rougit au grand jour parce qu'il saigne la lumière. »

Cette expérience du noir de source est celle d'un principe qui meut le monde, un principe antagoniste au soleil et intérieur à la terre même, en lequel le temps et l'espace se voient refusés. « Il enferme l'homme dans la pure et simple négation de ce qui est et, par la belle avenue de l'idéalisme, trouve "dieu", lequel se réinvente sous les espèces du diable qu'il enrichit de la définition de lui-même [5]. »

Pour lui, ce principe interne, magmatique, exerce une action attractive égale à celle du soleil et complémentaire à elle. A Hans Bellmer, il parlera de « cette nuit absolue qui loge entre nos os », formulant ainsi la certitude d'une source ténébreuse insondable en nous, dont les preuves sont à trouver dans les couleurs et l'odeur « excrémentielles » que prend la peau de ses amies lorsque le soleil fait « charbonner » leur nudité. Cette conception a un enracinement physiologique et mystique qui la confirme et la rend plus crédible encore.

Ainsi, Bousquet voyage vers les sources de la nuit. Jamais il ne pose son bagage, certain de l'existence de ces racines obscures, en l'homme, non nocives mais nocturnes, à aimer après les avoir reconnues. Il s'en va, comme le petit tailleur du « Conte des sept robes », prenant « le chemin que lui montre l'ombre ». Il s'enfonce dans la nuit, à la rencontre de ces profondeurs généralement redoutées. Bravement, il affronte le « noir de source », ce principe antagoniste au soleil, intérieur à la terre même.

Plus il avancera dans sa vie, plus cette source deviendra la localisation, si cela se peut, du spirituel. Aussi pourra-t-il observer vers la fin de sa vie : « Ne dites plus : la vie intérieure ; dites : la nuit intérieure[6]. »

31.

Extinction

A la fin du mois d'août 1950, Jean Paulhan écrit à son ami après l'avoir vu longuement en rêve : « Qu'avais-tu à me dire cette nuit ? [...] Je te voyais nager vers moi – mais nager des jambes seulement, les bras et le torse hors de l'eau (tu avais une grande grâce). Nous étions plus tard réunis, à moitié allongés sur des aiguilles de pin, et tu m'expliquais des secrets (que j'avais cherchés inutilement...) [...] Bonsoir Joë. Reviendras-tu cette nuit ? Je t'embrasse[1]. »

Lorsque Joë reçoit la lettre, il y voit une confirmation de ce qu'il pressent. Il demande alors à ses proches de faire envoyer à Jean Paulhan le tableau de Paul Klee, *Le jardin de la garde-barrière*, qui devait lui revenir si Bousquet mourait avant lui. Un accord entre eux stipulait que, dans le cas contraire, si Paulhan mourait le premier, Bousquet devrait recevoir de lui un Chirico. A ce moment-là, il était donc bien conscient de sa fin prochaine, rigoureusement attentif à ne faire venir un prêtre qu'au tout dernier moment.

Ce prêtre, il l'avait lui-même désigné comme le digne successeur du père Houdard, sur le front en 1918. C'était le chanoine Gabriel Sarraute du diocèse de Carcassonne, un familier de la chambre de la rue de Verdun qui, comme tant d'autres, n'a pas échappé à la moquerie de Bousquet dans *Le Médisant par bonté*[2]. Mais le modeste chanoine ne lui en voulut pas. Il se contenta d'en déduire que « Joë Bousquet avait cédé une fois de plus à son goût de faire dire à ses personnages des paroles qui n'ont pas de sens et qui peuvent sembler profondes[3] » – ce qui se passe de commentaire. C'est donc à lui que Bousquet se confia : « Je tiens beaucoup à recevoir la mort, les yeux ouverts, avec urbanité, en sachant ce que je fais. Il me paraîtrait trop triste d'avoir effleuré une belle mort sur le plateau de Brenelle pour entrer vingt-cinq ans après dans la mort, un bandeau sur les yeux[4]. »

En juin 1949, il avait aussi écrit une longue lettre à Mgr Pays, l'évêque de Carcassonne, en lui disant qu'il avait fait savoir au chanoine Sarraute son « désir formel de mourir religieusement[5] ». Et il ajoute, dans cette lettre essentielle : « Ma faiblesse est de penser que les certitudes assignées à l'avance à mes derniers moments remonteront vers moi par des chemins de poésie ; et que le principe humain de ma survie spirituelle aura l'accent même des paroles auxquelles je dois la sérénité de ma vie. »

Le chanoine Sarraute rendait souvent visite à Joë Bousquet. En août 1950, averti par des proches que le poète va très mal, il se rend à son chevet et le trouve au sortir d'une grave maladie. Ses reins ne fonctionnaient plus. Le médecin, le Dr Soum, le soigne alors à la pénicilline, afin d'enrayer l'infection des reins. Mais, depuis trois mois, Joë Bousquet n'a plus travaillé car il est assailli de maux de tête, d'étranges cauchemars au cours desquels il voit son corps se dédoubler par un phénomène que le médecin identifie comme de l'hébéphrénie. L'urée s'accompagne d'assoupissements, de pertes de mémoire. A la fin août le mal s'aggrave à nouveau. Il a encore la force de jeter quelques notes dans son journal durant le mois de septembre : « J'ai vu mourir des arbres par allées entières ; j'ai vu des sources tarir. Je n'ai plus d'âge, je suis vieux...[6] »

Une phrase jetée dans ses dernières pages contient peut-être la clé de sa vie : « Tout semble perdu, mais il nous reste l'issue de sauver le mal[7]. » Ce sera une des dernières réflexions de Bousquet, ensuite il ne pourra plus tenir la plume.

Le 9 septembre, il est transporté à l'hôpital de Carcassonne. Son médecin garde espoir de le sauver. Dans sa chambre les fleurs affluent par brassées, ce que certains jugent ridicule et funéraire. Le 20 septembre, le chanoine Sarraute, qui a décrit minutieusement ses dernières visites à Joë Bousquet, le trouve très mal. Il demande à l'infirmière de bien vouloir sortir pour rester seul avec lui. S'approchant alors du malade, il lui conseille de se confesser, « par prudence », dit-il, même si le médecin pense encore le sortir d'affaire. Et Joë Bousquet lui murmure en souriant : « Je suis imprudent. » Il lui confie cependant un secret, que le chanoine recueille comme une première marque de ce que l'on appelle en langage chrétien la contrition. Ce même jour, il tend son stylo à sa sœur Henriette en lui disant : « Prends, je n'écrirai plus. »

Revenu le voir le 26 septembre, il trouve Joë Bousquet mourant mais conscient, pouvant à peine parler. Il le confesse, lui fait réciter son acte de contrition, que le poète connaît par cœur, et il lui donne l'extrême-onction.

Les derniers jours, il est ramené chez lui. Sa sœur et ses amis le veillent. Ferdinand Alquié, James Ducellier sont là. Comme il souffre beaucoup, le médecin lui propose un calmant qu'il refuse. Il a interrompu l'opium, toujours désireux de « mourir en pleine clarté ». Sa mère, disparue quelques mois auparavant, n'avait aucune crainte de la mort. Lui non plus, il n'a pas peur. Il est serein : « Ce n'est pas un péril, pour moi, de fermer les yeux, de me fermer[8]. » Quelques jours auparavant, il écrivait à Jean Paulhan « qu'il avait une liberté et un bonheur tels que ce ne serait pas trop, pour les payer, de la perte de sa santé[9] ». Et Paulhan se demandait si cette liberté et ce bonheur n'étaient pas dus justement à la perte de sa santé.

Dans la matinée du 29 septembre, vers onze heures, il

réclame qu'on lui fasse sa toilette. Au moment où sa sœur et l'infirmière le tournent sur le côté, il a un râle et, d'un visage souriant et délivré, il s'éteint dans les bras de sa sœur.

La dernière ligne de son journal comporte ces mots :
« Ne plus être... c'est trop difficile d'exister [10]. »

Le chanoine Sarraute, venu le bénir, fit ce constat : « Il est sur son lit comme sur un champ de bataille. »

C'était cela. Depuis trente ans.

Le long combat avait pris fin, sans capitulation, dans la simplicité, la rectitude d'une vie tenue à bout de bras. Son refus de la forme, jusqu'à celle d'une religion, restait intact, de même son vœu de mourir dans le sein de la religion qui l'avait vu naître, non certes par un retournement de dernière minute, mais par un désir rigoureux d'être rendu en toute fin à son terreau spirituel.

En dépit de l'ironie et des boutades à l'égard du monde clérical, Bousquet a travaillé toute sa vie à tenter de réunir la mystique et la poésie, comme il l'écrivit à Mgr Pays. C'est là l'objet de sa quête. Celui qui aurait fait une incursion dans sa bibliothèque et dans ses livres de chevet, y aurait rencontré saint Jean de la Croix, la Bhagavad-gîta, le Tao-te-king... Le poète lisait Duns Scot et saint Augustin directement dans le texte latin. Raymond Lulle fut son ami le plus constant. Les grands textes mystiques le passionnèrent entièrement, remplissant de leur compagnie ardue ses nuits de veille. Sa culture à cet égard était immense, cependant elle ne se voulait pas culture, mais recherche fiévreuse d'un dieu dont il refusait les preuves d'existence classiques : « Je ne veux pas prouver l'existence de Dieu. Elle ne se prouve pas [11] », écrit-il dans son journal, rayant ainsi d'un trait toute la scolastique, qu'il fouillait pourtant sans relâche. A la recherche de quoi ? D'un dieu, sans doute, qui pourrait répondre par son absolu à la vie qui lui était faite. Il cherchait le réel de Dieu et trouvait dans la poésie l'approche la plus poussée de ce que l'on désigne généralement par ce nom. Sa mystique ne pouvait être que charnelle. « La foi, a-t-il écrit, c'est de voir Dieu à travers tout ce qui me fait connaître dans mon corps la singularité de ma personne [12]. » C'est là sa grandeur et sa spécificité qui la rendent indispensable à beaucoup d'hommes, puisqu'il avait compris que son cas n'était en rien une exception et que nul n'échappe à la peine d'exister.

Ses écrits témoignent d'une disposition à la contemplation amoureuse qui prit très vite la forme d'une méditation sur les manifestations, même les plus infimes, de la vie en lui et autour de lui. « Je ne peux prendre connaissance de ma vie sans y trouver quelque chose à adorer [13] », écrivait-il, très proche en cela de la réflexion de Claude Terrier, l'ami de Léon Bloy : « Tout est adorable. »

Cet instinct, depuis l'enfance, bien avant la blessure, qui le poussait à ne pas répondre de son être social, ressemble étrangement à une violente aspiration mystique. Pour lui, le moi n'avait aucune importance, ce n'était que de la « graisse », de même les habitudes et les codes sociaux, tant il se sentait traversé par une force poétique, tragique sans doute, tant il se sentait l'instrument d'un ineffable à formuler de toute nécessité. A cet égard, il restait très critique vis-à-vis du catholicisme : « Si l'homme ne devait consacrer à sa conservation matérielle que le temps d'une messe dominicale, on verrait formidablement s'accroître les besoins de sa personne spirituelle [14]. »

La personne spirituelle, chez lui, se heurtait à l'absence et à l'inconnaissance de Dieu, pour reprendre une formule apophatique. S'agissait-il du Dieu chrétien ?

Le poète et romancier Robert Vallery-Radot, venu voir Bousquet en 1942 en compagnie de François-Paul Alibert, conclut, après une longue conversation sur la foi avec lui : « C'est un gnostique. »

Gnostique, cathare, hérétique... Son Dieu fut peut-être

239

celui de Raymond Lulle. Joë Bousquet aimait beaucoup raconter cet épisode survenu durant le cours du jeune grammairien Jean Duns Scot, à l'université de Paris en 1306. Au moment où le Docteur Subtil posait la question « Comment la syntaxe en use-t-elle avec le nom de Dieu ? », un vieillard, au fond de la salle, se leva et gronda en levant le poing : « Il n'est rien que Dieu ne soit [15] ! » C'était Raymond Lulle, immédiatement reconnu et vénéré par son jeune condisciple.

La guerre inscrite dans son corps à jamais força Bousquet à se confronter sans relâche à l'irrationnel dont sa vie était pétrie et c'est bien là qu'il développa cette mystique à l'état sauvage, comme il le disait de lui-même, fondée sur une perception de réalités qui échappent à la raison : « La parole reçoit son sens, comme son autorité, d'un principe qui nous oriente, nous éclaire et que la philosophie ne définit pas sans se contredire et obscurcir le langage [16]. »

Ce principe actif, impensable, a conduit son existence. Et sa route dans le langage, avec pour tout bâton son stylo, fut un long dialogue avec l'impossible, seul à seul, dans la nuit de sa chambre.

« C'est par un dialogue avec l'impensable que notre propre identité se reconstitue, que le langage de l'amour ou de l'effroi accouche d'une pensée [17]. »

Envoi

Au crépuscule d'une vie en poésie revient souvent sous la plume du poète un mot que l'on ne s'attend guère à rencontrer dans ses écrits. Il n'a généralement pas bonne presse en matière de littérature ou de philosophie parce qu'il recouvre des notions plutôt hostiles à la vie de l'esprit : confort, certitudes, antiromantisme, antitragédie, tranquillité, paix des sens et paix du cœur – le contraire de la grande inquiétude philosophique, source de questions et d'aventure intérieure. Ce mot, souvent associé aux œillères offertes par l'égoïsme dans le domaine moral, par le confort dans le domaine affectif, par la sclérose, voire la régression, dans le domaine de la pensée, vient tout naturellement se poser dans les écrits et y prend sa place avec l'infinie discrétion de l'évidence : bonheur.

Présage d'abord, puis chance, bonne chance, bonne fortune, sort favorable – « bonheur », le mot ne pouvait, chez Joë Bousquet, recevoir d'acception plus fidèle à son étymologie. Là gît peut-être la clé d'un destin, chez un homme qui a trouvé sa vie, après l'avoir longuement, obstinément, désespérément, cherchée, et non seulement trouvée mais reconnue comme le trésor qu'il abritait en son cœur depuis toujours.

Peu à peu le mot « bonheur » a investi les écrits de Bousquet, jusqu'à ce constat : « Cette terrible épreuve était l'aube

241

d'un bonheur profond, illimité et si vraiment étourdissant qu'il se demandait quelquefois si la tristesse d'adolescent, loin d'être l'instinct, la sensibilité au malheur, n'en était pas la nostalgie[1]. »

Ce bonheur ne ressemble à rien de connu. Il est celui de l'homme à qui sa vie appartient, l'homme parvenu à se comprendre intégralement dans son existence vécue, au double sens du verbe « comprendre » : il s'inclut dans sa propre existence et il a l'intelligence de sa situation. Il est parvenu à l'essence du bonheur, dénuée de toute image, lavée de toute représentation, un bonheur auquel plus aucun lambeau d'adjectif ne s'accroche – un bonheur traduit du silence.

Aimer sa vie, cela signifiait se défaire une à une de toutes les idées et représentations de l'existence telle qu'elle devrait être, et de celles du bonheur allant avec, de toutes les formes qu'il prend généralement. « Une longue ascèse de l'imagination », a écrit Joë Bousquet, afin de laisser se développer en lui la sensibilité à ce qui est (au détriment de ce qui fut ou de ce qui aurait dû être). Etre, verbe intransitif, verbe de l'absolu et de l'instant éternel. L'amour de l'être a peu à peu fait glisser le poète vers cet état qu'il nommait le bonheur, par un mouvement d'abandon et de conquête simultanés, par une démarche sacrificielle, en somme, constituée d'un lâcher de tous les repères connus – ceux proposés par l'habitude, en particulier –, un lâcher-prise rigoureux et inlassable afin de ne pas se donner la possibilité de revenir en arrière, si bien qu'à la fin de sa vie il admettait qu'il s'était volontairement levé sous les balles ennemies pour aller au-devant de son destin, sans savoir encore quelle forme exacte prendrait celui-ci, et qu'il le referait *si c'était à refaire*. Il y eut bien un acte sacrificiel au début de cette existence singulière en vue d'un choix poétique total. Et le don de soi à la poésie est devenu la voie royale d'une conquête de la vie conçue comme un immense territoire intérieur à explorer par le moyen du langage – un moyen bien plus mobile que les jambes, en fin

242

de compte – quand bien même la personne de son auteur en serait exclue.

Le jour vint où Bousquet réalisa qu'il n'appartenait plus à rien, mais qu'il avait réintégré sa vie. La méditation poétique de Joë Bousquet donne corps, en la formulant, à la possibilité qu'a tout homme de rompre progressivement avec sa naissance charnelle et avec les événements qui s'y rapportent pour mettre au monde l'être qui est en lui. C'est la question qui se pose à tout homme, celle d'habiter entièrement la vie qui lui est donnée, de ne pas en rejeter un seul arpent ou un seul versant, d'aborder ainsi tout l'humain, en lui et hors de lui, quand bien même il appartiendrait à l'interdit, au nocturne, à la noirceur ou au malheur le plus opaque. Il y fallait une sévérité impitoyable envers soi. Sa nature « cathare », souvent évoquée et acceptée, l'a certainement aidé dans ce mouvement intérieur pour découvrir son être aux feux du langage poétique. Bousquet s'est dénudé par le moyen des mots. Nu-pieds, cela ne suffisait pas. Il fallait aussi la nudité des mots et celle de l'âme. Il s'est dépouillé de tout ce qui pouvait voiler sa conscience, y compris dans le domaine de l'écriture. Blessé ou non, il portait en lui cette intransigeance à l'égard de soi. Celle-ci compensait peut-être sa déficience physique, mais elle lui fut surtout un accès privilégié à ces zones de l'être pressenties par lui et dont il cherchait à exprimer la réalité.

De quelle nature fut son bonheur ? Une disposition de l'être, sans doute, plus qu'un état, composée d'une aptitude à la jouissance, d'un goût de la vie dans ses infimes traces et d'une disposition à l'amour. Toute l'existence de Joë Bousquet s'inscrit sous le signe de la relation amoureuse, de l'aube de sa vie jusqu'à son dernier souffle, ce moment où, se voyant mourir, il fit appeler auprès de lui celle à laquelle il tenait plus que tout. Aucune ligne de son œuvre n'a été, semble-t-il, écrite sans qu'il n'y eût, penchée sur lui, au propre ou au figuré, l'une des jeunes femmes dont la tendresse l'émer-

243

veillait autant que l'inconstance ou la trahison le torturait. Présence féminine, en creux, le plus souvent. « Elles m'ont donné ce qu'elles ne donnent à personne, et j'ai compris qu'il y avait un ciel dans leurs yeux dont leur regard n'était que le crépuscule. De mon cœur elles ont fait un palais. Il faut avoir été le dernier des hommes pour savoir tout ce qu'une femme peut donner avec son amour[2]. »

Bousquet étonne, mais surtout il inquiète par le très haut degré de vivacité spirituelle atteint lorsque toutes les conditions de l'humanité se sont éteintes : la mobilité, la santé, la sexualité, la liberté par-dessus tout – celle d'aller et venir paraissant primordiale. Rien. Rien de tout cela. Le vide, en quelque sorte. Une expérience à nulle autre pareille d'une perte existentielle. La solitude aussi, si l'on songe aux milliers de nuits de veille, au plus profond d'une chambre silencieuse, seul avec ses tableaux et ses livres, avec la possibilité à tout moment de se noyer dans l'opium, d'y sombrer tout à fait, sans jamais remonter à la surface. Ce n'est pourtant pas ce qui advint au poète, mais tout à fait autre chose avec l'entrée en poésie et la traque sans relâche des mots qui pourraient exactement coïncider avec la sensation vécue. Puis la recherche, non d'une issue ou d'une sortie plus ou moins élégante dans les mots ou dans la stupeur narcotique – les deux pouvant se ressembler : tant d'écrits sont des fuites ! –, mais d'une voie de pénétration la plus fine et la plus avancée possible vers ce qui constituait son malheur : une longue descente méditative vers les enfers du cœur et du corps – un chant du *cor*, qui chez les troubadours du pays d'oc désignait aussi bien le cœur que le corps, lieu de la douleur et de la ferveur, point de contact le plus cuisant avec ce que l'on nomme la vie, pierre d'achoppement du verbe « être ». Bousquet a redécouvert à sa manière, comme l'ont fait les grands mystiques, l'intransitivité du verbe être, le fait qu'il ne peut recevoir d'attribut, qu'il est bien au-delà de tous les transitifs et les compléments, qu'il n'est pas besoin d'être ceci ou cela, ni même besoin de penser, comme l'a cru Descartes, pour être de la plus haute manière qui soit. Sa pierre philosophale était là. Joë Bousquet l'a trouvée au terme d'une véritable alchimie de la conscience, dans laquelle il a brûlé tous les métaux lourds de sa vie : souvenirs, images de soi, nostalgies, regrets, désirs, projets, actions. Lorsqu'il eut fait table rase de tout cela, par force et par choix, il a compris qu'il commençait d'être. Tombé très bas, au plus bas de la perte, il a rencontré des paysages intérieurs, des sons et des sensations inouïs, d'une vérité poignante pour chacun d'entre nous. Confronté à la noirceur absolue, à cette pierre noire, à cette lave coulant au fond du cœur humain – l'impossible – à la rencontre de laquelle nul n'échappe, noir de source, comme il l'appelait, il y a révélé un ciel encore capable de lui donner de bonnes raisons de vivre.

C'est alors que Bousquet rejoint l'intuition de sa jeunesse, en ces années où il dialoguait avec Carlo Suarès et René Daumal, et où, repoussant le sens statique du mot bonheur, il affirmait déjà : « Ce bonheur actif, celui de la création poétique, ne se connaît pas comme état : il est le sens dynamique de tout acte désintéressé, au sens très fort de ce mot[3]. »

Nous sommes parvenus aux sources mêmes de la création.

En art, le bonheur existe donc. Il tient beaucoup plus au chemin qu'au but, drôle de chemin dont les tenants et les aboutissants demeurent drapés dans la brume. Il se réengendre chaque fois dans l'effort pour découvrir la pépite du réel, le mot juste, la sensation intacte extraite d'un océan d'indifférence. Travail d'attention, où les yeux de l'âme comptent beaucoup, étant donné l'indistinct dans lequel flotte la conscience. Il n'est rien d'indifférent à l'artiste, rien de banal, car son regard accommode sans cesse pour voir. Et ce qui est à voir est à la fois terrible et beau.

Le bonheur, chez Joë Bousquet, tenait à l'effort de mise au monde de celui qu'il portait en lui. « Il n'y a qu'une définition de la poésie, a-t-il écrit, elle est l'accueil que l'homme

fait à la vie[4]. » Le poète a engendré l'homme. La geste poétique, en balayant tous les degrés de l'être, a découvert des
zones généralement enfouies et leur a donné un scintillement
exceptionnel, une dignité de vie. Et c'est ainsi : il n'y a pas
qu'un seul versant de la vie, mais une multitude de facettes
brillantes comme du diamant, même lorsque la boue la
recouvre et lorsque la vie se montre sous les apparences d'une
masse monolithique, impossible à soulever, lourde de désespoir. Nous l'appelons alors le mal ou le malheur. Le mot
pèse aussi lourd que le plomb. Mais il est encore possible de
« sauver le mal » et c'est à cela que s'est attelé le poète par la
poésie. La démarche relève de l'alchimie bien plus que de la
morale. Par l'acte d'écriture, par l'exercice de plus en plus
affiné du langage, il a réussi à sauver sa vie de son malheur
au point de pouvoir prononcer le mot « bonheur » :
   « Le secret de son bonheur est un secret de poésie[5]. »

Notes

Introduction

1. Carlos Ossola, *L'Avenir de nos origines*, Jérôme Millon, 2003.

1. « Le jour trouble de ma naissance »

1. *Le Meneur de lune*, J.-B. Janin, 1946, p. 17 ; *Œuvre romanesque complète* (ORC), t. II, Albin Michel, 1979. Réédition Albin Michel, coll. « Espaces libre », 2006.
2. *Ibidem*, p. 36.
3. *Le Livre heureux*, ORC, t. IV, p. 184, Albin Michel, 1981.
4. *Traduit du silence*, Gallimard, 1941, p. 14-15 ; réédition, coll. « L'Imaginaire », 1995.
5. *Journal dirigé*, ORC, t. III, p. 325, Albin Michel, 1982.
6. *Le Cahier bleu I*, ORC, t. IV, p. 326, édition citée.
7. *La Marguerite de l'eau courante*, ORC, t. III, p. 276, édition citée.
8. *Le Livre heureux*, *op. cit.*, p. 80.
9. *Journal dirigé*, *op. cit.*, p. 425.
10. *L'homme dont je mourrai*, Rougerie, 1974, p. 40.
11. Ginette Augier, « Joë Bousquet et l'expérience émotionnelle de l'irréel », in *Cahiers du Double*, automne 1980, p. 143-144.

2. Le diable au corps

1. *Lettres à Marthe*, Gallimard, 1978, p. 263.
2. *Traduit du silence*, *op. cit.*, p. 230-231.

3. *Lettres à Marthe*, 16 décembre 1920, *op. cit.*, p. 67.

4. *Le Médisant par bonté*, Gallimard, coll. « L'Imaginaire », p. 229.

5. *Idem.*

6. Voir le chapitre XX du *Médisant par bonté*, *op. cit.*

7. *Lettres à Carlo Suarès*, Rougerie, 1973, p. 32.

8. *Traduit du Silence*, *op. cit.*, p. 17.

9. *Ibidem*, p. 18.

10. *La Tragédie d'Hamlet*, acte I, scène 5, ligne 128, traduit par Yves Bonnefoy, Club français du Livre, 1983.

11. *Deux lettres à un ami*, Sables, 1991, p. 32.

12. *Traduit du silence*, *op. cit.*, p. 202.

13. *Lettres à Carlo Suarès*, *op. cit.*, p. 33.

3. La blessure

1. *Lettres à Carlo Suarès*, *op. cit.*, p. 150.

2. *Ibidem*, p. 150.

3. *D'une autre vie*, Rougerie, 1970.

4. *Joë Bousquet*, numéro spécial des *Cahiers du Sud*, Rivages, 1981, p. 80-81.

5. *Lettres à Carlo Suarès*, *op. cit.*, p. 32.

6. *Minotaure*, 1933, Albert Skira, p. 104.

7. *Lettres à Jean Cassou*, Rougerie, 1970, p. 129.

8. *Lettres à Carlo Suarès*, *op. cit.*, p. 152.

9. *Lettres à Jean Cassou*, *op. cit.*, p. 116.

10. *Lettres à Marthe (1919-1937)*, Gallimard, 1978, p. 299.

11. *Ibidem*, p. 301.

12. *Lettres à Carlo Suarès*, *op. cit.*, p. 157.

13. *La Neige d'un autre âge*, ORC, t. II, p. 368.

14. *Lettres à Carlo Suarès*, 3 mai 1936, *op. cit.*, p. 359.

4. Le supplice de l'espérance

1. *D'une autre vie*, *op. cit.*

2. *Idem.*

3. *Lettres à Marthe*, *op. cit.*, p. 42.

4. *Ibidem*, p. 90.

5. *Ibidem*, p. 41.

6. *Ibidem*, p. 108.

7. *Lettres à Carlo Suarès, op. cit.*, p. 162.
8. *Lettres à Marthe, op. cit.*, p. 122.
9. *Ibidem*, p. 139.
10. *Ibidem*, p. 154.
11. *Ibidem*, p. 175.
12. *Ibidem*, p. 141.
13. *Ibidem*, p. 240.
14. *Ibidem*, p. 102.
15. *Ibidem*, p. 101.
16. *Ibidem*, p. 165.

5. *« Ils m'ont fait le père de mon bonheur »*

1. *Lettres à Jean Cassou, op. cit.*, p. 23.
2. Correspondance d'André Gide et de François-Paul Alibert, Presses universitaires de Lyon, 1991, p. 334.
3. *Traduit du silence, op. cit.*, p. 61.
4. Lettre à René Char du 29 septembre 1945, citée au cours de l'émission « Joë Bousquet – l'homme dont je mourrai », réalisée par N. Triandafylidès, France Culture, 1ᵉʳ juin 2002.
5. *Lettres à Carlo Suarès, op. cit.*, introduction.
6. Lettre du 3 mai 1936, *in* Lettres à Carlo Suarès, *op.cit*, p. 149 et *sq.*
7. *Les Paralipomènes de la Comédie psychologique*, José Corti, 1932, p. 73.
8. *Ibidem*, p. 63.
9. *Voie libre*, Sans Pareil, 1930.
10. *Lettres à Carlo Suarès, op. cit.*, p. 22.
11. *Ibidem*, p. 170.
12. Carlo Suarès, à propos de Joë Bousquet, p. 4. Documents prêtés par Marc Thivolet.
13. *Lettres à Carlo Suarès, op. cit.*, p. 25.

6. *« Sans cieux ni lieux »*

1. *La Fiancée du vent*, ORC, *op. cit.*, t. I, p. 45.
2. Paul Eluard, *Lettres à Joë Bousquet*, Les Editeurs français réunis, 1973, p. 47.
3. Lettres à Jean Paulhan, Archives Jean Paulhan/IMEC, 1938/n° 42.

4. *Ibidem*, 1938/n° 8.
5. *Lettres à Jean Cassou, op. cit.*, p. 22.
6. Paul Eluard, *Lettres à Joë Bousquet, op. cit.*, p. 105.
7. *Lettres à Ginette*, Albin Michel, 1980, p. 92.
8. Maurice Blanchot, *Joë Bousquet*, Fata Morgana, 1987, p. 16.
9. *Lettres à Jean Cassou, op. cit.*, p. 39.
10. Rainer Maria Rilke, *Correspondance*, Le Seuil, 1976, p. 590.

7. Immobilité

1. *Les Paralipomènes de la Comédie psychologique, op. cit.*, p. 65.
2. *Cahiers du Sud*, numéro spécial Joë Bousquet, *op. cit.*, p. 84.
3. *Notes d'Inconnaissance*, Rougerie, 1967, réédition 1981, p. 14.
4. *La Neige d'un autre âge*, ORC, t. II, *op. cit.*, p. 365.
5. Lettres à Jean Paulhan, Archives Jean Paulhan/IMEC, 1938/n° 27.
6. *La Neige d'un autre âge, op. cit.*, p. 367.
7. *Ibidem*, p. 368.
8. *Lettres à Ginette, op. cit.*, p. 237.
9. *Ibidem*, p. 136.

8. « Elle a mis ma vie dans mes yeux »

1. *Il ne fait pas assez noir*, ORC, t. I, *op. cit.*, p. 94.
2. *Ibidem*, p. 92.
3. *Ibidem*, p. 104.
4. *Ibidem*, p. 86.
5. *Lettres à Carlo Suarès, op. cit.*, p. 34.
6. *Le Mal du soir*, ORC, t. II, *op. cit.*, p. 344.

9. « Une forme de vie à lui tout seul »

1. Lettres à Jean Paulhan, Archives Jean Paulhan/IMEC, 1938/n° 27.
2. Lettres à Carlo Suarès, *op. cit.*, p. 35.
3. Lettres à Jean Paulhan, Archives Jean Paulhan/IMEC, 1938/n° 9.
4. *Il ne fait pas assez noir*, ORC, t. I, *op. cit.*, p. 117.
5. Lettres à Jean Paulhan, Archives Jean Paulhan/IMEC, 1943/n° 56.
6. « Pensées du Galant de neige », *Signe du temps*, n° 6, 1951, p. 39.
7. *Traduit du silence, op. cit.*, p. 137.

8. *Idem.*
9. *Ibidem*, p. 135.
10. *Papillon de neige*, Verdier, 1980, p. 40.
11. *Traduit du silence, op. cit.*, p. 136.
12. *Ibidem*, p. 141.

10. *Camera obscura*

1. *Le Livre heureux*, ORC, t. IV, *op. cit.*, p. 193.
2. *La Connaissance du soir*, Poésie/Gallimard, 1981, p. 53
3. Georges-Emmanuel Clancier, exposition du Centre Joë
à Carcassonne.
4. Pierre Guerre, *Cahiers du Sud*, n° 303. Cité dans Alain P
niques des « Cahiers du Sud » 1914-1966, IMEC éditions, 199.
5. Jean Ballard, *Cahiers du Sud*, 1981, numéro spécial sur
lard, p. 43.
6. *Journal dirigé*, ORC, t. III, *op. cit.*, p. 381.

11. *« Délier la langue de la vie »*

1. *Correspondance*, Gallimard, 1969, p. 182.
2. *Idem.*
3. *Journal dirigé*, ORC, t. III, *op. cit.*, p. 352.
4. Précisions tirées de la thèse d'Anne Cathala : *La Collection d'œ
d'art de Joë Bousquet*, faculté des lettres de Montpellier, 1992-1
Bibliothèque du Centre Joë Bousquet et son Temps, Maison Joë B
quet, Carcassonne.
5. *D'une autre vie, op. cit.*
6. Lettres à Jean Paulhan, Archives Jean Paulhan/IMEC, 1943/n°
7. *Ibidem*, 1943/n° 86.
8. *Ibidem*, 1944/n° 20.
9. *Ibidem*, 1945/n° 2.
10. *Ibidem*, 1945/n° 16.
11. *Correspondance, op. cit.*, p. 181.
12. « Confession spirituelle », *Journal des Poètes*, n° 1, 1948.

2. *Révolution surréaliste*

1. *Manifestes du surréalisme*, Gallimard, coll. Idées, 1970, p. 234.
2. *Ibidem*, p. 76-77.
3. Lettres à Jean Paulhan, Archives Jean Paulhan/IMEC, 1945/n° 55.
4. *Joë Bousquet, op. cit.*, p. 91.
5. Paul Eluard, *Lettres à Joë Bousquet, op. cit.*, p. 118.
6. *Ibidem*, p. 64.
7. « Sur un défaut de la pensée critique », *Commerce*, n° XVI, 1928.
8. Lettre de Jean Paulhan à Joë Bousquet, Archives Jean Paulhan/IMEC, 1929.
9. Paul Eluard, *Lettres à Joë Bousquet, op. cit.*, p. 48.
10. « Le cheval académique » (n° 1, avril 1929) ; « Le langage des fleurs » (n° 3, juin 1929) ; « Le gros orteil » (n° 6, novembre 1929).
11. Paul Eluard, *Lettres à Joë Bousquet, op. cit.*, p. 45.
12. *Ibidem*, p. 43.
13. *Ibidem*, p. 56-57.
14. Lettres à Carlo Suarès, mai 1929, *op. cit.*, p. 47.
15. *Ibidem*, p. 54.
16. *Ibidem*, p. 48.
17. *Ibidem*, p. 80.
18. *Ibidem*, p. 110.
19. Numéro 1 du *Grand Jeu*.
20. *Idem*.
21. Fondation Carlo Suarès, 1979, n° 2, p. 16.
22. *Lettres à Carlo Suarès*, mai 1932, *op. cit.*, p. 115.

13. *Une passante bleue et blonde*

1. *Une passante bleue et blonde*, ORC, t. I, p. 237.
2. *Lettres à Ginette, op. cit.*, p. 213.
3. *Ibidem*, p. 65.
4. *Ibidem*, p. 66.
5. *Ibidem*, p. 43.
6. *Ibidem*, p. 178.
7. *Ibidem*, p. 195.
8. *Ibidem*, p. 199.
9. *Ibidem*, p. 208.
10. *Ibidem*, p. 200.
11. *Ibidem*, p. 144.

14. « Tous les hommes sont blessés »

1. *Lettres à Jean Cassou, op. cit.*, p. 90.
2. *Idem.*
3. *Lettres à Ginette, op. cit.*, p. 205.
4. *Le Meneur de lune, op. cit.*, p. 169.
5. *D'une autre vie, op. cit.*

15. « Vous commencez, vous allez commencer »

1. *Traduit du silence, op. cit.*, p. 11.
2. *D'une autre vie, op. cit.*
3. *Idem.*
4. Extrait d'une causerie retransmise de la chambre de Joë Bousquet, dans l'un des salons de l'hôtel de ville de Carcassonne, 1949. *In Joë Bousquet, op. cit.*, p. 138.
5. *D'une autre vie, op. cit.*
6. Samuel Beckett, *Proust*, éditions de Minuit, 1990.
7. Marcel Proust, *A l'ombre des jeunes filles en fleurs*, La Pléiade, Gallimard, p. 713.
8. *Le Meneur de lune, op. cit.*, 1946, p. 46-47.
9. Lettres à Jean Paulhan, Archives Jean Paulhan/IMEC, 1938/n° 8.
10. *Ibidem.*
11. *Traduit du silence, op. cit.*, p. 82.
12. *La Neige d'un autre âge*, ORC, t. II, *op. cit.*, p. 403.
13. *Lettres à Ginette, op. cit.*, p. 119-121.

16. « Ces noces sans nom... »

1. *Lettres à Ginette, op. cit.*, p. 133.
2. « Exploration de mon médecin », *Revue Formes et Couleurs*, n° 3, 1943.
3. *Idem.*
4. *Idem.*
5. *Lettres à Jean Cassou*, 24 octobre 1937, *op. cit.*, p. 116.
6. « Exploration de mon médecin », *op. cit.*
7. *Idem.*
8. *Idem.*

9. *D'une autre vie*, *op. cit.*
10. *Idem.*
11. *Idem.*
12. *Correspondance*, *op. cit.*, p. 33.
13. *Ibidem*, p. 34.
14. *Journal littéraire*, ORC, t. IV, *op. cit.*, p. 378.

17. La Tisane de sarments

1. Heinrich Zimmer, *Le Roi et le cadavre*, Fayard, 1972, p. 205.
2. *Traduit du silence*, *op. cit.*, p. 39.
3. *La Tisane de sarments*, ORC, t. 1, *op. cit.*, p. 448.
4. *Ibidem*, p. 405.
5. *Ibidem*, p. 411.
6. *Ibidem*, p. 360.
7. *Ibidem*, p. 313.
8. *Ibidem*, p. 337.
9. *Ibidem*, p. 314.
10. *Ibidem*, p. 371.
11. *Ibidem*, p. 378.
12. *Ibidem*, p. 379.
13. *Ibidem*, p. 411.
14. *Ibidem*, p. 453.

18. Drogues

1. Max Milner, *L'Imaginaire des drogues*, Gallimard, 2000, p. 318-325.
2. Lettre à Christiane Burucoa, 26 mars 1944, *Correspondance*, *op. cit.*, p. 260-261.
3. *Traduit du silence*, *op. cit.*, p. 117.
4. *Ibidem*, p. 184.
5. Marguerite Yourcenar, *L'Œuvre au noir*, Gallimard, 1968, p. 140.
6. *Lettres à Marthe*, *op. cit.*, p. 303.
7. Appendice des *Lettres à Ginette*, *op. cit.*, p. 259.
8. *Correspondance*, *op. cit.*, p. 11-12.
9. *La Tisane de sarments*, *op. cit.*, p. 320.
10. Cité par Gaston Bachelard, *La Terre et les rêveries du repos*, José Corti, 1992, p. 174-175.

11. Episode raconté dans *Le Vrai Livre heureux*, ORC, t. IV, *op. cit.*, p. 297.

19. Poisson d'Or

1. *Lettres à Poisson d'Or*, Gallimard, 1967, p. 21.
2. *Ibidem*, p. 75.
3. *Ibidem*, p. 143.
4. *Ibidem*, p. 160.
5. *Ibidem*, p. 164.
6. *Ibidem*, p. 32.
7. *Ibidem*, p. 71.
8. *Ibidem*, p. 35.
9. *Ibidem*, p. 22.
10. *Ibidem*, p. 39.
11. *Ibidem*, p. 36.
12. *Ibidem*, p. 189.
13. *Ibidem*, p. 101.
14. *Ibidem*, p. 178.
15. *Ibidem*, p. 158.
16. *Ibidem*, p. 230.

20. Seconde blessure

1. Lettre à Jean Ballard, 8 ou 9 octobre 1939, « Joë Bousquet ou le génie de la vie », *Cahiers Joë Bousquet et son temps*, Maison Joë Bousquet, Carcassonne, 2000, p. 139.
2. *Ibidem*, p. 140.
3. Lettre à Jean Cassou, 5 février 1940, *ibidem*, p. 144.
4. Gabriel Sarraute, *La Contrition de Joë Bousquet*, Rougerie, 1981, p. 60.
5. *Cahiers Joë Bousquet et son temps*, *op. cit.*, p. 142.

21. Temps de guerre

1. *Le Livre heureux*, *op. cit.*, p. 119.
2. *La Marguerite de l'eau courante*, ORC, t. III, *op. cit.*, p. 207.
3. *Ibidem*, p. 287.

4. Lettre à Jean Paulhan, Archives Jean Paulhan/IMEC, 29 décembre 1932.
5. Jean Paulhan, *Choix de lettres*, 24 décembre 1938, t. II, Gallimard, 1992, p. 77.
6. Jean Paulhan, *Choix de lettres*, 23 août 1943, t. II, *op. cit.*, 1992, p. 327-328.
7. *Ibidem*, mai 1943, p. 309.
8. *La Marguerite de l'eau courante, op. cit.*, p. 222.
9. *La Tisane de sarments, op. cit.*, p. 341.
10. Jean Cau, *Croquis de mémoire*, Julliard, 1985, p. 197.
11. Lettres à Jean Paulhan, Archives Jean Paulhan/IMEC, 1945/n° 18.
12. Deux lettres de Joë Bousquet à Maurice Nadeau, « Joë Bousquet ou le génie de la vie », *op. cit., Cahiers Joë Bousquet et son temps*, p. 69.

22. *L'homme d'oc*

1. *Cahiers Simone Weil*, tome XXV, n° 2, juin 2002, p. 124.
2. Joë Bousquet, « Présentation de l'homme d'oc », *in* « Le génie d'oc et l'homme méditerranéen », *Cahiers du Sud*, n° 249, p. 11.
3. *Cahiers Simone Weil, op. cit.*, p. 99.
4. *Ibidem*, p. 97.
5. Joë Bousquet, « Présentation de l'homme d'oc », *op. cit.*, p. 9.
6. *Ibidem*, p. 12-13.
7. « Conscience et tradition d'oc », *in* « Le génie d'oc », *op. cit.*, p. 385.
8. *Ibidem*, p. 387.
9. Simone Weil, « En quoi consiste l'inspiration occitanienne », *in* « Le génie d'oc... », *op. cit.*, p. 92.
10. *Cahiers Simone Weil, op. cit.*, p. 30.
11. Joë Bousquet, « Conscience et tradition d'oc », *op. cit.*, p. 378.
12. Simone Weil, « En quoi consiste l'inspiration occitanienne », *in* « Le génie d'oc... », *op. cit.*, p. 93.
13. *Traduit du silence, op. cit.*, p. 120.

23. *« L'âme ne s'éveille que brisée »*

1. Lettre à Jean Paulhan, Archives Jean Paulhan/IMEC, 3 avril 1942.
2. Correspondance entre Simone Weil et Joë Bousquet, *Cahiers du Sud*, numéro spécial sur Joë Bousquet, *op. cit.*, p. 74.
3. *Ibidem*, p. 74.

4. *Ibidem*, p. 76.
5. *Ibidem*, p. 78.
6. *Ibidem*, p. 82.
7. *Cahiers Simone Weil*, t. XXV, n° 2, juin 2002, p. 118, note 20.
8. *Cahiers du Sud*, *op. cit.*, p. 85.
9. *Ibidem*, p. 84.
10. *Ibidem*, p. 86.
11. *Ibidem*, p. 87.
12. *Ibidem*, p. 88.
13. *Cahiers du Sud*, *op. cit.*, p. 89.
14. *Ibidem*, p. 86.
15. Gilles Deleuze, *Logique du sens*, Minuit, 1969, p. 175.
16. *Cahiers Simone Weil*, tome III, Plon, 1956, p. 30.
17. Il s'agissait de Franz Molino, l'ami de Joë Bousquet et de Ferdinand Alquié, qui s'était tué dans un accident de motocyclette quelques années auparavant et qui était par ailleurs le frère de Suzanne Roubaud, professeur agrégé de lettres au lycée de Carcassonne.

24. *Traduit du silence*

1. Gabriel Sarraute, *La Contrition de Joë Bousquet*, Rougerie, 1981, p. 56-57.
2. *Idem.*
3. *Idem.*
4. *Idem.*
5. Gabriel Sarraute, *op. cit.*, p. 51.
6. *Traduit du silence*, *op. cit.*, p. 72.
7. *Ibidem*, p. 11.
8. *Mystique*, Gallimard, 1973, p. 63.
9. *Traduit du silence*, *op. cit.*, p. 126.
10. *Ibidem*, p. 104.
11. *Ibidem*, p. 33.

25. « *L'autre versant de ce que j'aime* »

1. *Traduit du silence*, *op. cit.*, p. 250.
2. *Le Cahier noir*, Albin Michel, 1996, p. 36.
3. *Ibidem*, p. 57.
4. *Lettres à Ginette*, *op. cit.*, p. 165-166.

5. *Correspondance, op. cit.,* p. 117.
6. *Ibidem,* p. 119.
7. *Idem.*
8. *Ibidem,* p. 127.
9. *Ibidem,* p. 121.
10. Joë Bousquet, *Lettres à Magritte,* Talus d'approche, 1981, p. 16.
11. *Idem.*
12. *Lettres à Ginette, op. cit.,* p. 199.
13. *Ibidem,* p. 208.
14. Correspondance, *op. cit.,* p. 167.

26. *Seconde métamorphose*

1. ORC, t. III, *op. cit.,* p. 17.
2. *Ibidem,* p. 19.
3. *Correspondance,* 20 novembre 1938, *op. cit.,* p. 27.
4. *La Marguerite de l'eau courante,* ORC, t. III, *op. cit.,* p. 242.
5. *Lettres à Magritte, op. cit.,* p. 23.
6. *Correspondance, op. cit.,* p. 161.
7. *Langage entier,* Rougerie, 1981, p. 161.
8. *Correspondance,* 26 mars 1944, *op. cit.,* p. 262.
9. *Ibidem,* avril 1944, p. 264.
10. *Ibidem,* avril 1948, p. 12.
11. *Ibidem,* p. 285-286.
12. *Ibidem,* p. 264.

27. *Langage entier*

1. *Journal littéraire,* ORC, t. IV, *op. cit.,* p. 378.
2. *Contes du cycle de Lapalme,* ORC, t. III, *op. cit.,* p. 77.
3. *Ibidem,* p. 38.
4. *Ibidem,* p. 24.
5. *Une passante bleue et blonde,* ORC, t. I, *op. cit.,* p. 272.
6. « *Cognitio matutina* : la connaissance intellectuelle ; *cognitio vespertina* : la Connaissance de Dieu dans les choses », Lettres à Jean Paulhan, Archives Jean Paulhan/IMEC, 1944/n° 31.
7. *Ibidem,* 1949/n° 27.
8. *Ibidem,* 10 août 1938.
9. *Le Livre heureux,* ORC, t. IV, *op. cit.,* p. 118.

10. *La Connaissance du soir*, *op. cit.*, p. 43.

11. *Correspondance*, Lettre à Louis Emié, 20 janvier 1948, *op. cit.*, p. 59.

12. *La Connaissance du soir*, *op. cit.*, p. 49.

13. *Ibidem*, p. 76.

14. *Ibidem*, p. 51.

15. *Ibidem*, p. 63.

16. *Ibidem*, p. 64.

17. Joë Bousquet par Maurice Blanchot, *op. cit.*, p. 26.

28. *De Mygale aux « Capitales »*

1. *Traduit du silence*, *op. cit.*, p. 118.

2. Lettre à Jean Paulhan, Archives Jean Paulhan/IMEC, 21 septembre 1947.

3. « Joë Bousquet ou le génie de la vie », *op. cit.*, p. 331-342.

4. *La Tisane de sarments*, ORC, t. I, *op. cit.*, p. 442.

5. *Langage entier*, *op. cit.*, p. 48.

6. Gaston Bachelard, *op. cit.*, p. 176.

7. Jean Paulhan, *Choix de lettres*, t. II, Gallimard, 1992, 24 août 1942, p. 283.

8. ORC, t. III, p. 19, note 3.

9. Jeannine Kohn-Etiemble, *226 lettres inédites de Jean Paulhan*, Klincksieck, 1974, p. 337 (août 1953).

10. *Les Capitales*, Le Cercle du Livre, 1955, rééd. Deyrolle, 1996, p. 23.

11. *Ibidem*, p. 37.

12. *Ibidem*, p. 44.

13. *Ibidem*, p. 56.

14. *Ibidem*, p. 41.

29. *Inconnaissance*

1. *Notes d'Inconnaissance*, Rougerie, 1967, p. 51.

2. *Idem*.

3. *Journal dirigé*, ORC, t. III, *op. cit.*, p. 403.

4. *Ibidem*, p. 405.

5. *Ibidem*, p. 406.

30. Nuits

1. *Le Rendez-Vous d'un soir d'hiver*, ORC, t. I, *op. cit.*, p. 174.
2. *Une passante bleue et blonde*, ORC, t. I, *op. cit.*, p. 258.
3. Novalis, *Hymne à la nuit*, traduit par Gustave Roud, Mermod, Lausanne, 1948, p. 102.
4. *Lettres à Magritte*, *op. cit.*, p. 17-18.
5. *Correspondance*, Lettre à André Breton, *op. cit.*, p. 37.
6. *Notes d'Inconnaissance*, *op. cit.*, p. 91.

31. Extinction

1. Jean Paulhan, *Correspondance*, t. III, *op. cit.*, p. 83.
2. *Le Médisant par bonté*, *op. cit.*, p. 149-151.
3. Gabriel Sarraute, *op. cit.*, p. 28.
4. *Ibidem*, p. 61.
5. *Ibidem*, p. 100.
6. *La Neige d'un autre âge*, ORC, t. II, *op. cit.*, p. 422.
7. *Idem.*
8. *Ibidem*, p. 424.
9. Jean Paulhan, *Correspondance*, t. III, *op. cit.*, p. 89.
10. *La Neige d'un autre âge*, *op. cit.*, p. 424.
11. *Cahiers du Sud*, numéro spécial sur Joë Bousquet, *op. cit.*, p. 5.
12. *Notes d'Inconnaissance*, *op. cit.*, p. 107.
13. *Ibidem*, p. 40.
14. *Journal littéraire*, ORC, t. IV, *op. cit.*, p. 378.
15. *Les Capitales*, *op. cit.*, p. 77.
16. *Ibidem*, p. 81.
17. *Ibidem*, p. 120.

32. Envoi

1. *La Marguerite de l'eau courante*, ORC, t. III, *op. cit.*, p. 216.
2. *Le Livre heureux*, ORC, t. IV, *op. cit.*, p. 143.
3. *Paralipomènes de la Comédie psychologique*, *op. cit.*, p. 68.
4. *Mystique*, Gallimard, 1973, p. 122.
5. *Journal dirigé*, ORC, t. III, p. 373.

Bibliographie
de Joë Bousquet

Il ne fait pas assez noir, éd. René Debresse, 1932 ; *Œuvre romanesque complète*, Albin Michel, 1979 (ORC, t. I).
Le Rendez-Vous d'un soir d'hiver, éd. René Debresse, 1933 (ORC, t. I).
Une passante bleue et blonde, éd. René Debresse, 1934 (ORC, t. I).
La Tisane de sarments, éd. Denoël et Steel, 1936 (ORC, t. I).
Le Mal d'enfance, éd. Denoël, 1939 (ORC, t. I).
Iris et Petite-Fumée, éd. Guy Lévis-Mano, 1939 (ORC, t. I).
Le passeur s'est endormi, éd. Denoël, 1939 (ORC, t. I).
Traduit du silence, éd. Gallimard, 1941 (réédition, coll. L'Imaginaire, 1995).
Le Médisant par bonté, éd. Gallimard, 1945 (réédition, coll. L'Imaginaire, 1980).
La Connaissance du soir, éd. du Raisin, 1945 (réédition, coll. Poésie/Gallimard, 1981).
Le Meneur de lune, éd. J.-B. Janin, 1946 (réédition Albin Michel, coll. Espaces libres, 2006).
Le fruit dont l'ombre est la saveur, éd. de Minuit, 1947.
La Neige d'un autre âge, éd. Le Cercle du Livre et Suzanne André, 1952 (ORC, t. II).
Le Mal du soir, éd. Bordas, 1953 (ORC, t. II).
Les Capitales ou de Jean Duns Scot à Jean Paulhan, éd. Le Cercle du Livre, 1955 (réédition Deyrolle, 1996).
Langage entier, éd. Rougerie, 1966 (réédition, 1981).

261

Joë Bousquet

Lettres à Poisson d'Or, éd. Gallimard, 1967 (réédition, coll. L'Imaginaire, 1988).
Notes d'inconnaissance, éd. Rougerie, 1967 (réédition, 1981).
Le Sème-chemins, éd. Rougerie, 1968 (réédition, 1981).
Correspondance, éd. Gallimard, 1969.
Le Pays des armes rouillées, éd. Rougerie, 1969.
D'une autre vie, éd. Rougerie, 1970.
Lettres à Jean Cassou, éd. Rougerie, 1970.
Mystique, éd. Gallimard, 1973.
Lettres à Carlo Suarès, éd. Rougerie, 1973.
L'homme dont je mourrai, éd. Rougerie, 1974.
Lettres à Stéphane et à Jean, éd. Albin Michel, 1975.
La Romance du Seuil, éd. Rougerie, 1976.
Le Roi du sel, suivi de Le Conte des sept robes, éd. Albin Michel, 1977.
Le Bréviaire bleu, éd. Rougerie, 1977.
Lettres à Marthe, éd. Gallimard, 1978.
Isel, éd. Rougerie, 1979.
Œuvre romanesque complète, tome I, éd. Albin Michel, 1979.
Œuvre romanesque complète, tome II, éd. Albin Michel, 1979.
Lettres à Ginette, éd. Albin Michel, 1980.
Papillon de neige, journal 1939-1942, éd. Verdier, 1980.
A Max-Philippe Delatte, éd. Rougerie, 1981.
Lettres à Magritte, éd. Talus d'approche, 1981.
Œuvre romanesque complète, tome III, éd. Albin Michel, 1982.
D'un regard l'autre, journal 1948-1949, éd. Verdier, 1982 (réédition 1990).
Note-book, éd. Rougerie, 1982.
Œuvre romanesque complète, tome IV, éd. Albin Michel, 1984.
Un amour couleur de thé, éd. Verdier, 1984 (réédition Gallimard, coll. L'Imaginaire, 1993).
Lumière, infranchissable pourriture et autres essais sur Jouve, éd. Fata Morgana, 1987.
Deux lettres à Lucie Lauze, éd. Sables, 1988.
Exploration de mon médecin, éd. Sables, 1988.
La Nacre du sel, éd. J.-M. Savary, 1988.
Le Cahier noir, éd. Albin Michel, 1989 (réédition 1996).
Le Galant de neige, éd. Fata Morgana, 1994.

Remerciements

L'auteur tient à exprimer sa reconnaissance à Mmes Geneviève Patau-Cahuzac et Denyse Aurengo, Claire Paulhan, Marc et Danielle Thivolet, René Piniès, Myriam Revial, au Centre Joë Bousquet et son Temps à Carcassonne, à l'Institut Mémoire de l'Edition contemporaine (IMEC), à Sophie Richardot, et à Daniel Buisine, directeur de la Maison Jules Roy à Vézelay.

Table

DU MÊME AUTEUR

La Ballade des pèlerins, Mercure de France, 1993.

Teilhard de Chardin, une mystique de la traversée, Pygmalion, 1999. Livre de poche, Albin Michel, collection Spiritualités vivantes, 2003.

« Entretien sur le Mal », dans *Variations sur les ténèbres* de Gustaw Herling, Le Seuil, 1999.

Vézelay, l'esprit du lieu, Pygmalion, 2000. Petite Bibliothèque Payot/Voyageurs, 2006).

Du volcan au chaos, Journal sicilien, Pygmalion, 2002.

Vézelay, poème illustré par Jean-Marie Queneau, La Goulotte, 2003.

Guerres, Arfuyen, 2003.

Composition Nord Compo
Impression : Imprimerie Floch, février 2006
Éditions Albin Michel
22, rue Huyghens, 75014 Paris
www.albin-michel.fr

ISBN : 2-226-17088-X
N° d'édition : 24101. – N° d'impression : 65055.
Dépôt légal : mars 2006.
Imprimé en France.